« LE FRANÇAIS SANS FRONTIÈRES »
Collection dirigée par Christian Baylon
Maître assistant de linguistique à l'université de Montpellier

PHILIPPE DOMINIQUE
Agrégé de l'université
Maître assistant à l'université d'Aix-en-Provence

MICHELE VERDELHAN
Assistante en linguistique générale
à l'université de Montpellier

ARIELLE STROMBONI
Professeur à la Maison de
la Légion d'Honneur

MICHEL VERDELHAN
Professeur à l'École Normale
de Montpellier

A Contemporary Program for Communicating in French

In collaboration with

Marie-Pierre AFFERGAN
(Professeur au centre Derelvans - Université de Paris VII)

Chantal PLUM
(Professeur certifie)

Anne-Marie MARTIN
(Professeur au centre Derelvans - Université de Paris VII)

Jacques ROGERO
(Maître assistant à l'universite de Provence)

Illustrations Christian Vicini et Max Lenvers

National Textbook Company
NTC a division of *NTC Publishing Group* • Lincolnwood, Illinois USA

1. DIALOGUES ET TEXTES

2. SYSTÉMATISATION ORALE

3. VOCABULAIRE, GRAMMAIRE

4. EXERCICES ÉCRITS

5. PRISE DE PAROLE

6. DOCUMENTS CIVILISATION

1991 Printing

© 1986, 1982 National Textbook Company, a division of NTC Publishing Group,
and CLE International (Nathan, Paris).

0 CP 9 8 7 6 5 4

Table des matières

Preface... v

unité 1

1.1. Un départ précipité.. 3
1.2. L'autostop.. 12
1.3. L'arrivée à Briançon... 21
1.4. Dans le magasin.. 30
1.5. Dernière journée de ski.. 39

Bilan 1 48

unité 2

2.1. Départ pour l'Afrique 50
2.2. Dans l'avion de Bamako 59
2.3. Lettre du Mali 68
2.4. A la Foire du Livre 77
2.5. Projets d'avenir.. 86

Bilan 2 95

unité 3

3.1. Une Française au Québec 97
3.2. Une nouvelle vie...106
3.3. Un jour bien ordinaire 115
3.4. Sports et loisirs 124
3.5. Etre québécoise 133

Bilan 3 142

L'affaire des starlettes..145

Grammar Notes 153

Index grammatical 168

Lexique 169

Vocabulaire 177

Preface

Continuing the *Sans Frontières* emphasis on communication skills, *Sans Frontières 2* is designed to help intermediate French-language students develop their abilities to speak, read, and write French. By focusing on a study of the French-language media (radio, television, and the press), you will deepen your knowledge of the French language as it is spoken in everyday situations.

This textbook and the workbook that accompanies it are both enlivened by numerous photos, drawings, charts, authentic documents, and other visual materials. These will expand your understanding of the culture and customs of the French, while they heighten your awareness of the cultures of other French-speaking peoples—for example, in Canada and in the nations of West Africa.

Authentic, realistic dialogues and readings invite you to become a part of everyday life in the French-speaking world. Through them, you will handle a family emergency, hitchhike, shop, go skiing, attend a book fair, conduct a business transaction, spend a typical day in Montreal, participate in the pastimes of French Canadians, and follow the French police as they attempt to solve a baffling mystery. These texts, along with related in-class activities, will help you sharpen skills that will allow you to communicate throughout the French-speaking world.

The *Sans Frontières 2* student text is divided into three Units *(Unités)*, each containing five lessons. The Unit themes are all woven around a central character and/or group of people and depict real-life situations set in a French-speaking country. Each Unit concludes with a summary review section *(Bilan)* that gives you a second look at the language structures studied during the previous five lessons.

Following the three Units of the text, you will find a mystery tale, *L'Affaire des starlettes*. This story gives you the opportunity to tackle lengthier French prose, as you seek to identify the perpetrator of a series of mysterious kidnappings at the Cannes Film Festival.

Each lesson in this book is divided into subsections that develop specific French-language skills. These subsections are identified by pictograms that show you at a glance the skill you will be practicing. The subsections are as follows:

Sensibilisation et mise en situation—Warm-Up.
This preliminary segment is designed as a first introduction to the material of each new lesson. It introduces you to the theme of the lesson, and presents the language structures that will be studied. Material for this section is recorded on cassette tape. However, if cassettes are not available, your teacher will present the material orally in class.

Dialogues et textes—Listening and observing.
Each lesson opens with a reading (dialogue, letter, interview, etc.) that is recorded on tape (or will be read by your teacher). Each

text is accompanied by illustrations that will give you visual "clues" to the meaning of what is being read.

Systématisation orale—Speaking practice.
The model conversations and role-plays here are designed to help you develop your speaking skills in French. This section is also accompanied by numerous photographs to stimulate free conversation.

Vocabulaire/Grammaire—The meaning of words and how to use them.
New vocabulary is presented under three separate headings. **Thèmes** highlights vocabulary already introduced in *Dialogues et textes,* along with synonyms and idiomatic expressions. **Echanges** teaches you new expressions that you will use orally in the speaking sections of the text, *Systématisation orale* and *Prise de parole.* **Dico** (dictionary) gives you practice using a French dictionary, and offers practical exercises to build dictionary skills *(A vous).* In addition, a French-English Vocabulary arranged by lesson and subsection will be found at the back of the book. This Vocabulary provides you with explanations in English of new or difficult terms. Definitions are given according to the *context* in which the words are found in the lesson.

The grammar segment of this section is presented systematically by means of rules, charts, illustrations, and brief explanations. (For a more complete explanation of grammar usage in English, see the *Grammar Notes* at the back of the book.)

Exercices écrits—Writing exercises.
As you move ahead through the book, this section will help you progress from structured grammar exercises, to rewriting sentences, to writing personal and business letters, and, finally, to writing your own ending to an unfinished story.

Prise de parole—Your turn to speak.
These exercises are designed to help you acquire fluency in French conversation through oral activities that range from simple questions and answers to role-playing, spontaneous conversations, and even debates. Communication may take place as conversations among students, between students and teacher, or in the form of commentaries by individual students on the documents, photos, or humorous drawings in the text. Some reports may first be written and then given orally.

Documents civilisation—Cultural documents.
These documents are authentic reflections of the culture and life-style of today's French people. They are presented as either *Documents écrits* or *Documents oraux.*

Documents écrits. These printed documents all relate directly to the theme of the lessons. The questions that accompany them will clarify and sharpen your understanding of the content of each document.

Documents oraux. Recorded live on tape, these documents are excerpts of actual radio broadcasts, interviews, street scenes, and telephone communications. To make the best possible use of this recorded material, at least two listening sessions are necessary. The first session *(écoute globale)* asks you to identify the document in a general way—for example, the medium used (telephone, radio, personal contact, etc.), the number of persons in the group, and the person to whom each is speaking. The second listening session *(écoute détaillée)* requires a detailed understanding of the oral documents in each lesson. You will analyze each recorded document and discover specifically how it relates to the written documents in the text. You and other members of the class may then use these documents and their presentation on tape to create similar situations.

Offering a complete and balanced approach to language learning, *Sans Frontières 2* provides materials that allow you to increase your command of French, as well as to deepen your understanding of the cultures of the French-speaking world. This combination of linguistic and cultural skills aims at helping you develop the multilevel communication skills essential to successful interactions with native French speakers.

SANS
2
FRONTIERES

La scène se passe un vendredi après-midi à 13 heures dans une chambre d'étudiant à la cité universitaire d'Aix-en-Provence.

Jean-Claude : — Gilles ? Tu es là ?
Gilles : — Oui.
Jean-Claude : — J'ai pris ton courrier. Tu as reçu un télégramme.
Gilles : — Les télégrammes, je n'aime pas beaucoup ça ! Oh, mon Dieu !
Jean-Claude : — Qu'est-ce qu'il y a ? Une mauvaise nouvelle ?
Gilles : — Mes parents sont à l'hôpital. Ils ont eu un accident de voiture. Je vais téléphoner tout de suite à ma grand-mère.
Jean-Claude : — Je viens avec toi.

PRIERE TELEPHONER URGENT
PARENTS HOPITAL ACCIDENT VOITURE HIER SOIR GRANDMERE

Gilles : — Tu as des pièces de 1 F ou de 5 F ?
Jean-Claude : — Peut-être... Oui, j'ai deux pièces de 5 F. Ça va ?
Gilles : — Oui, oui. Très bien, merci. Je te donne une pièce de 10.
Gilles : — Allô ? C'est toi, Grand-mère ? ... Ici, c'est Gilles... Ton télégramme ? Oui, je l'ai reçu. Qu'est-ce qui s'est passé ? ... Et c'est grave ? ... Et Maman, qu'est-ce qu'elle a ? ... Ça s'est passé quand ? ... Bon, j'arrive. ... Je pars tout de suite. ... En train. ... Je t'embrasse.

Jean-Claude : — Alors ?

Gilles : — Ça s'est passé hier soir. Ils ont dérapé sur une plaque de verglas. Leur voiture a quitté la route et ils sont tombés dans le fossé.

Jean-Claude : — Ils sont blessés ?

Gilles : — Mon père a une fracture de la clavicule et ma mère un bras cassé.

Jean-Claude : — Pas de chance ! C'est un coup dur ! Qu'est-ce que tu vas faire ?

Gilles : — Je pars tout de suite. Je remonte faire mon sac et je prends le premier train pour Briançon.

Gilles : — Bon, j'ai pris ma trousse de toilette, mon pyjama, mes cours pour travailler un peu... je n'ai rien oublié ?

Jean-Claude : — Et tes après-ski, tu ne les emportes pas ?

Gilles : — Si, je vais les mettre pour partir.

Jean-Claude : — Je t'emmène à la gare en moto ?

Gilles : — Merci, c'est sympa.

❶ Pour téléphoner de la poste.

— *Mademoiselle, je voudrais téléphoner en Italie. Le numéro, c'est le...*
— *Non, non. Vous le faites directement par l'automatique. Vous faites 19, 39, le code de la ville et le numéro de votre correspondant.*
— *19, 39. Merci.*
— *Prenez la cabine 4.*

A vous

a) Téléphonez en Allemagne : 19, 49 (cabine 3).
b) Téléphonez en Grande-Bretagne : 19, 44 (cabine 1).
c) Téléphonez à Marseille : 16 et code de la ville : 91 (cabine 2).

❷ Pour téléphoner d'une cabine.

— *Excusez-moi, monsieur. Pouvez-vous me faire la monnaie de 10 F pour téléphoner ?*
— *Désolé. Je n'ai plus de monnaie. Demandez au guichet 3.*
— *Vous avez la monnaie de 10 F pour téléphoner, s'il vous plaît ?*
— *Oui, voilà : 2 pièces de 50 centimes, 4 pièces de 1 F et 1 pièce de 5 F.*
— *Merci beaucoup.*

A vous

Demandez la monnaie de 100 F en pièces de 5 et 10 F.

❸ Raconter un accident.

— *Mon frère a eu un accident de moto.*
— *Ah, oui ? Qu'est-ce qui s'est passé ?*
— *Il a raté un virage et il est tombé dans un fossé.*
— *Et il est blessé ? C'est grave ?*
— *Non. Il n'a rien eu.*

A vous

a) Voisins, accident de voiture, verglas, trois tonneaux. Lui : fracture du pied. Elle : rien.
b) Grand-père, accident de vélo, quitté route, heurté arbre, fracture du crâne.

– Vocabulaire

THÈMES

● Un télégramme

rédiger ⎫
envoyer ⎬ un télégramme
recevoir ⎭

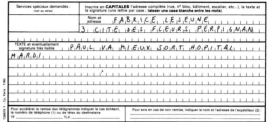

● Le téléphone

téléphoner à/appeler quelqu'un
donner/recevoir un coup de téléphone
chercher un numéro dans l'annuaire
décrocher/raccrocher le téléphone
appeler en PCV (votre correspondant paye la communication)
un appel/une communication (un coup de fil)

ÉCHANGES

— « *Je voudrais parler à...* » — « *Ne quittez pas...* »
— « *C'est de la part de qui ?* » — « *C'est occupé.* »
— « *Qui est à l'appareil ?* » — « *Ça ne répond pas.* »
— « *Il n'y a pas d'abonné au numéro que vous avez demandé.* »
— « *Veuillez vérifier le numéro de votre correspondant.* »

DICO

● Un accident de voiture

La voiture **a**	heurté un arbre. raté un virage. dérapé sur le verglas. fait un tête-à-queue. fait un tonneau. quitté la route...	La voiture **s'est**	mise en travers. renversée. écrasée contre un mur...

❶ Le passé composé (voir memento grammatical, 15.1)
Il se forme avec le présent de AVOIR ou ÊTRE + le participe passé du verbe.
☐ Se conjuguent avec *avoir*
tous les verbes qui ont un complément d'objet direct :
« Tu as reçu un télégramme. »
☐ Se conjuguent avec *être*
a) les verbes pronominaux :
« Qu'est-ce qui s'est passé ? »
b) les verbes suivants :
— partir, monter, descendre
— aller, venir, entrer, sortir, arriver, passer par, tomber, naître...

❷ Le futur immédiat ou composé (voir memento grammatical, 17.3)
Il se forme à l'aide du verbe ALLER au présent + l'infinitif.
« Qu'est-ce que tu vas faire ? — Je vais téléphoner. »

❸ Les pronoms personnels compléments (voir memento grammatical, 9.3)
☐ **Les pronoms compléments d'objet direct,**
— **remplaçant un nom commun :** *le, la, l', les*
(le télégramme) « Je l'ai reçu. »
(les après-ski) « Je vais les mettre. »
— **remplaçant un nom de personne :** *me, te, se, nous, vous, le*
(Jean-Claude parle à Gilles) « Je t'emmène à la gare. » (t' = Gilles).
☐ **Les pronoms compléments d'objet indirect sans préposition :**
me, te, lui, nous, vous, leur
Jean-Claude lui donne un télégramme (lui = à Gilles).
☐ **Les pronoms compléments d'objet indirect après une préposition :**
toi, moi, elle, lui, nous, vous, elles, eux
« Je viens avec toi. »

❹ Les adjectifs possessifs (voir memento grammatical, 6)
Mon, ton, son, ma, ta, sa, mes, tes, ses, notre, votre, leur, nos, vos, leurs.
Ma mère, mon père, mes parents, ton télégramme, tes après-ski, leur voiture...

❺ Accord de l'adjectif (voir memento grammatical, 8.1 et 8.2)
Un bras cassé - les deux bras cassés. Il est blessé - elle est blessée.
Une jambe cassée - les deux jambes cassées. Ils sont blessés - elles sont blessées.

1. Les bagages. Complétez :
Tu as fait tes bagages ? — Non, je vais **les** faire.
Tu emportes tes cours ? — Oui, je vais .... emporter.
Tu veux ta trousse de toilette ? — Oui, je .... veux.
Tu prends tes après-ski ? — Oui, je .... prends.
Tu emportes aussi ton manteau ? — Non, je ne .... emporte pas.
Tu attends ta sœur pour partir ? — Non, je ne .... attends pas.

2. Le départ. Complétez :
Tu vas à la gare ? — Oui, un copain va **m'** emmener en voiture.
— Mais j'ai ma moto. Ça va plus vite. Je peux .... conduire à la gare.
— Non, je pars avec mon frère et deux amies. Et notre copain .... attend. Merci bien.
— Et tes amies, elles sont là ?
— Non, on va .... prendre chez elles.

3. Une invitation. Complétez :
— Salut, Paul. Je suis content de **te** voir. J'ai des nouvelles de Sophie. Elle .... a écrit hier. Elle .... invite, toi et moi le week-end prochain.
— Zut ! Je ne suis pas libre. Il faut .... téléphoner. Elle .... a donné son numéro ?
— Elle .... a donné le numéro de ses voisins mais on peut .... téléphoner. Ils sont très gentils.

4. Qu'est-ce qui s'est passé ? Complétez :
Jean-Claude **est allé** chercher le courrier. Il .... (trouver) un télégramme pour Gilles. Il l'............ (prendre) et l'............ (donner) à Gilles. Gilles l'............ (lire). Immédiatement, il .... (aller) téléphoner à sa grand-mère. Il .... (remonter) dans sa chambre, il .... (faire) son sac et il .... (aller) à la gare. Son copain Jean-Claude l'............ (emmener) sur sa moto.

5. On dîne ensemble. Complétez :
Jean : — Je vais au cinéma avec ma sœur et mon beau-frère. Tu viens avec **nous** ?
Daniel : — Non, j'ai du travail. Je reste chez .... cet après-midi. Mais après le cinéma, je peux dîner avec ....
Jean : — Bonne idée. Ils ont acheté un magnifique gigot. Où est-ce qu'on se retrouve ? Chez .... ou chez eux ?
Daniel : — Tu habites trop loin.
Jean : — Alors, chez .... à huit heures et demie. Ça va ?
Daniel : — D'accord.

6. Qu'est-ce qu'ils vont faire ? Complétez :
Daniel reste chez lui cet après-midi : il **va** travailler.
Jean .... aller au cinéma. Après le cinéma, ils .... dîner ensemble.
Ils .... manger du gigot chez la sœur et le beau-frère de Jean.

7. Ils ne sont pas là.
Une étudiante cherche Jean-Claude et Gilles. Elle parle avec le voisin de Gilles. **Complétez :**
Elle : — Tu n'as pas vu **mes** copains Jean-Claude et Gilles ? Ils ne sont pas dans .... chambres.
Lui : — .... copains sont allés à la gare. Jean-Claude a emmené Gilles sur .... moto. Gilles a reçu une mauvaise nouvelle : .... parents ont eu un accident. .... voiture a dérapé sur une plaque de verglas. Gilles a téléphoné à .... grand-mère. Il est revenu, il a fait .... sac et il est parti.

8. Télégrammes.
Style télégraphique : *Parents hôpital. Accident de voiture. Téléphoner. Urgent.*
Texte complet : « *Tes parents sont à l'hôpital. Ils ont eu un accident de voiture. Téléphone-moi vite.* »

a) Écrivez le texte qui correspond au télégramme suivant :
Bien arrivés Biarritz. Beau temps. Trouvé hôtel pour vous. Vous attendons. Bons baisers. ....

b) Rédigez le télégramme qui correspond au texte suivant :
« *Je suis arrivé hier à Paris. J'ai eu une interview avec le directeur. Ça s'est très bien passé. Je t'embrasse.* »

9. Un film à la télé. Accordez l'adjectif :
J'aime bien les (vieux) comédies (musical) (américain).
Hier soir, à la télé, j'ai vu « *La Brune et la Rousse* ». C'est l'histoire de deux (jeune) New-Yorkaises, Nancy et Doris. Nancy est (petit) et (brun). Elle a de (beau) yeux (bleu). Doris est (différent) : c'est une (grand) (roux) aux yeux (vert). La musique est (merveilleux) et les comédiennes sont très (bon). C'est une comédie (amusant). Mais je ne vais pas vous raconter le film !

● Le courrier.

Vous rentrez chez vous le soir. Vous vous arrêtez chez votre concierge.
Vous : — Bonsoir, madame. Il y a du courrier pour moi ?
Elle : — Bonsoir, monsieur (madame, mademoiselle). Oui, il y a une lettre, mais j'ai aussi du courrier et un paquet pour vos voisins.
Vous : — Bon, je vais les prendre.
Vous montez chez vous et vous frappez à la porte de vos voisins M. et Mme Ducros.
Jouez la scène.

● Le grand voyage.

Racontez un grand voyage que vous avez fait.
Votre voisin(e) vous pose des questions : Où êtes-vous allé ? Comment avez-vous voyagé ? Qu'est-ce que vous avez vu ? Où avez-vous dormi ?...

● Les accidents.

Qu'est-ce qui s'est passé ? Racontez.

● Le télégramme.

Il est 15 h. Patrick reçoit un télégramme de son beau-frère.
« STÉPHANIE NÉE HIER. MÈRE ET ENFANT VONT BIEN. SIGNÉ : GEORGES. »
Il est 15 h 05. Que va faire Patrick ? Pourquoi ?
Il est 16 h 25. Pourquoi Patrick est-il dans le train ? Qu'est-ce qui s'est passé ?

● Indiscrétions.

Vous entendez une conversation téléphonique entre Monsieur X et Monsieur Y. Voici ce que dit ou répond Y. Trouvez ce que dit ou répond X.

X. — ...?
Y. — Oui, c'est moi.
X. — ...?
Y. — Oui, ça va.
X. — ...?
Y. — Non, je ne l'ai pas reçue.
X. — ...
Y. — Ta femme ? Un accident ? Qu'est-ce qui s'est passé ?
X. — ...
Y. — Trois tonneaux ? Elle est blessée ?
X. — ...
Y. — Ah, oui ! Beaucoup de chance !

● Au téléphone.

La grand-mère de Gilles a dit les phrases ci-dessous. Remettez-les dans l'ordre et jouez la scène entre Gilles et sa grand-mère.

« Ton père a une fracture de la clavicule. / Ils sont à l'hôpital. / Ils vont être bien contents. / Hier soir. / Tu pars quand ? / Ah ! Tu as reçu mon télégramme. / Est-ce que tu peux venir les voir ? / Oui, ils sont blessés. / Tes parents ont eu un accident de voiture. / Comment vas-tu venir ? / Elle s'est cassé le bras. / »

● Une bonne nouvelle.

Linda, de New York, téléphone à son amie Nathalie de Paris pour lui annoncer son mariage. Qu'est-ce qu'elles se disent ?

● Une triste nouvelle.

Jean-Louis est chez lui. Le téléphone sonne. Il décroche. Son ami Jacques lui raconte une triste nouvelle : sa femme est partie avec son directeur ! Jouez la scène à deux.

A

**pour
appeler en PCV**

L'opératrice avisera votre correspondant que vous
désirez communiquer avec lui, à ses frais.
S'il accepte, il paiera la communication
et la taxe PCV.

Tarif du 8-6-1979 :
le prix de la communication, plus 7,00 F

> Les communications sur carte de crédit,
> libre-appel et PCV
> sont obtenues en composant le 10.

**faites-vous
réveiller
à l'heure
appelez le 463.71.11**

Vous aurez l'assurance d'être réveillé à l'heure désirée.

réveil-plus

Utilisez aussi le **service réveil** comme aide-mémoire
pour votre emploi du temps.

Tarif du 8-6-1979 : 3,00 F par appel.

**horloge parlante,
vivez
à l'heure exacte
appelez le 463.84.00**

L'appel est taxé comme une communication téléphonique
destinée à un abonné.

B

```
SERVI   DOMINIQUE COLOMBANI
        26 RUE DU CDT MOUCHOTTE BAT H
        PARIS14A/4/PARIS147


        ARRIVERAI CE SOIR GARE D AUSTERLITZ
            PASCAL


        COL 26 PARIS14A/4
```

LEVÉES

JOURS OUVRABLES

10 h 30	17 h 30
12 h 30	18 h 30
16 h 15	20 h 30

DIMANCHES
ET JOURS FÉRIÉS
levée unique à 15 h

C

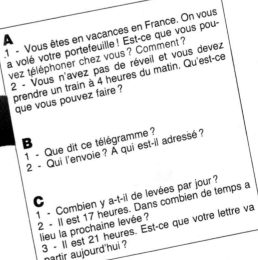

A
1 - Vous êtes en vacances en France. On vous
a volé votre portefeuille ! Est-ce que vous pouvez téléphoner chez vous ? Comment ?
2 - Vous n'avez pas de réveil et vous devez
prendre un train à 4 heures du matin. Qu'est-ce
que vous pouvez faire ?

B
1 - Que dit ce télégramme ?
2 - Qui l'envoie ? À qui est-il adressé ?

C
1 - Combien y a-t-il de levées par jour ?
2 - Il est 17 heures. Dans combien de temps a
lieu la prochaine levée ?
3 - Il est 21 heures. Est-ce que votre lettre va
partir aujourd'hui ?

1. 2. L'autostop

Il est 13 h 58. Les deux jeunes gens sont dans le hall de la gare d'Aix-en-Provence.

Gilles : — Il n'est pas 2 heures. Le bureau de renseignements n'est pas encore ouvert.

Jean-Claude : — Mais, regarde : Il y a un panneau... Départ des trains... Briançon : 18 h 56. Arrivée : 22 h 58.

Gilles : — Plus de train avant 6 h du soir ! Et je viens de rater le train de 13 h 56 ! C'est mon jour de chance.

Jean-Claude : — Qu'est-ce que tu vas faire ?

Gilles : — Je vais faire du stop. Tu peux me déposer à la sortie de la ville, sur la route des Alpes ?

Jean-Claude : — D'accord. Allez, monte.

Il est 14 h 20. Une voiture s'est arrêtée, skis sur le toit. Gilles court vers la voiture.

Une fille : — Vous allez où ?

Gilles : — A Briançon.

La fille : — Nous aussi. Montez.

Gilles : — Merci... Vous allez faire du ski à quel endroit ?

L'autre fille : — A Serre-Chevalier.

Gilles : — Ah, je connais bien.

La même : — Ah oui ? Vous y êtes déjà allé ?

Gilles : — J'y vais très souvent. Je suis de Briançon. Mais je suis étudiant à Aix. Et vous, d'où venez-vous ?

La première : — De Marseille.

Gilles : — Qu'est-ce que vous faites dans la vie ?

L'autre fille : — On travaille dans une banque. Je m'appelle Florence. Et vous ?

Gilles : — Moi, c'est Gilles.

La première : — Et moi, Mireille... On se tutoie, d'accord ?

Gilles : — Bien sûr.

Mireille :	— Dis, Florence, tu n'as pas envie de manger, toi ?
Florence :	— Si, j'ai un peu faim.
Mireille :	— Où est le sac avec les sandwiches ?
Florence :	— Derrière. A côté de Gilles. Passe-moi le sac noir, s'il te plaît, Gilles... Merci. Il y a des sandwiches au jambon, des biscuits, de l'eau, du coca. Tu veux manger ou boire quelque chose, Gilles ?
Gilles :	— Non, merci, j'ai déjà déjeuné. Je peux fumer une cigarette ? Ça ne vous dérange pas ?
Mireille :	— Non.
Gilles :	— Et toi, Florence ?
Florence :	— Moi non plus.
Gilles :	— Quelqu'un a du feu ?
Florence :	— Oui, moi j'en ai. Tiens, voilà mon briquet. Mais ne mets pas la cendre par terre. Il y a un cendrier.

Mireille :	— Qu'est-ce que tu vas faire à Briançon ? Tu es en vacances ?
Gilles :	— Oh non ! Mes parents sont à l'hôpital. Je vais les voir.
Florence :	— Ils ont eu un accident ?
Gilles :	— Oui, un accident de voiture hier soir.
Florence :	— Et c'est grave ?
Gilles :	— Pas très mais c'est surtout ennuyeux. Ils sont commerçants. Ils ont un bureau de tabac. Alors, je vais m'occuper du magasin... Vous avez bien de la chance d'aller skier. Moi, je vais vendre des cigarettes et des cartes postales !

▉ Au guichet des renseignements.
(Gare de Lyon, à Paris.)

— *Quels sont les horaires des trains pour Perpignan, s'il vous plaît ?*
— *Quel jour voulez-vous voyager ?*
— *Mardi. Je voudrais arriver l'après-midi.*
— *Vous avez un train direct à 9 h 33. Il arrive à 19 h 43. Ensuite, il y a un train qui part à 13 h 21 et arrive à 23 h 53.*
— *Il est direct ?*
— *Non, il faut changer à Narbonne. Arrivée à Narbonne à 22 h 37, correspondance à Narbonne à 23 h 14, et arrivée à Perpignan à 23 h 53.*
— *Merci beaucoup.*

A vous
Vous voulez aller de Nice à Angoulême :
a) train du matin : départ Nice 6 h. Bordeaux 16 h 30. Correspondance 16 h 54. Arrivée Angoulême 18 h 08 ;
b) train du soir : départ Nice 19 h 31. Bordeaux 6 h 28. Correspondance 6 h 40. Arrivée Angoulême 7 h 53.

▉ Au guichet Réservations.
— *Bonjour. Je voudrais réserver une couchette pour Marseille.*
— *Quel jour ?*
— *Le 15 janvier.*
— *Départ à quelle heure ?*
— *22 h 27.*
— *Première ou seconde classe ?*
— *Seconde.*
— *Vous avez déjà votre billet ?*
— *Oui, le voilà.*
— *Vous voulez une couchette en haut, au milieu ou en bas ?*
— *En bas, s'il vous plaît.*

A vous
Vous voulez réserver une couchette en première de Paris à Briançon, le 23 décembre, départ 23 h 10.

▉ L'auto-stop.
(A la sortie d'Abbeville.)

Vous :   — *Je vais à Montreuil. Vous pouvez m'emmener, s'il vous plaît ?*
L'automobiliste : — *Désolé. Moi, je vais à Saint-Omer.*
Vous :   — *Ça ne fait rien. Vous pouvez me déposer à Hesdin.*
L'automobiliste : — *D'accord. Montez. Mettez votre sac à l'arrière.*

A vous
Vous êtes à la sortie d'Amiens. L'automobiliste va à Arras, vous allez à Saint-Pol.

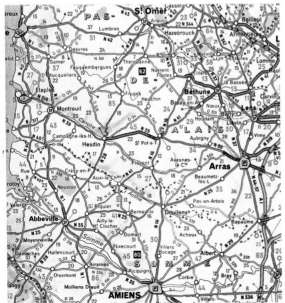

– Vocabulaire

THÈMES

● Le train.

S.N.C.F. : Société Nationale des Chemins de Fer Français.

Voyager en ⎫
Prendre le ⎬ train.
Partir en ⎭

☐ *A la gare :* on prend son billet au guichet.
On demande :
— un aller simple ou un aller-retour,
— en 1re ou 2e classe,
— compartiment fumeurs ou non-fumeurs.
(De nuit, on peut voyager en couchette ou en wagon-lit.
On paye un supplément.)
☐ *Sur le quai :* on doit composter son billet
(le mettre dans une machine qui imprime une marque sur le billet).
☐ *Dans le train :* on peut boire et manger (voiture-restaurant, grill-express, vente ambulante).

ÉCHANGES

● Interrogation sur le lieu

Vous allez **où** ? — **A** Briançon. **En** Auvergne.
Vous allez faire du ski **à quel endroit** ? — **A** Serre-Chevalier. **Dans** les Alpes.
D'où venez-vous ? — **De** Marseille/**D'**Aix. **De** France/**Du** Japon.
Où est le sac ? — **Derrière.**

DICO

● Aller, venir : sens et emplois

a) Aller : Je vais à Briançon. (Présent)
Je vais faire du stop. (Futur composé)

b) Venir : Il vient de Briançon. (Présent)
Il vient de partir. (Passé proche)

– Grammaire

1 Le passé récent *(voir memento grammatical, 17.4).*
Il se forme à l'aide de VENIR (au présent) + l'infinitif.
« Je viens de manger. » « Je viens de rater le train. »

2 L'impératif *(voir memento grammatical, 19).*
Il se forme à partir des formes du présent de l'indicatif.

		indicatif	impératif
singulier	**2e personne**	tu regardes	regarde
		tu montes	monte
pluriel	**1re personne**	nous regardons	regardons
		nous montons	montons
	2e personne	vous regardez	regardez
		vous montez	montez

Remarques

● *Les verbes en -ER (du 1er groupe) n'ont pas d' « s » à la 2e personne
du singulier de l'impératif, sauf s'ils sont suivis de EN ou Y : Montes-y!*
● *Place de EN et Y après le verbe à l'impératif.*
Impératif affirmatif : Vas-y/Prends-en. (Indicatif : tu y vas/tu n'y vas pas.)
Impératif négatif : N'y va pas/N'en prends pas.
● *Il y a toujours un trait d'union entre le verbe à l'impératif affirmatif et EN et Y.*

3 Moi aussi/moi non plus... *(voir memento grammatical, 20.4 (d)).*

☐ **Réponses semblables**

Phrase affirmative : Je vais à Briançon.   — Nous aussi.
Gilles va à Briançon, les deux filles aussi.

Phrase négative : Ça ne me dérange pas.   — Moi non plus.
Mireille ne fume pas, Florence non plus.

Phrase affirmative (oui → oui)
Pronom/Nom + **aussi**
Phrase négative (non → non)
Pronom/Nom + **non plus**

☐ **Réponses contraires**

Phrase affirmative : Nous habitons à Marseille.   — Moi non.
Les deux filles habitent à Marseille, Gilles, non.

Phrase négative : Je n'habite pas à Aix.   — Lui, si.
Paul n'habite pas à Lyon. Marie, si.

Phrase affirmative (oui → non)
Pronom/Nom + **non**
Phrase négative (non → si)
Pronom/Nom + **si**

4 L'article partitif *(voir memento grammatical, 4.3).*

nombre	genre	devant consonne	devant voyelle ou H muet
singulier	**masculin**	du coca	de l'argent
	féminin	de la bière	de l'eau, de l'huile
pluriel	**masculin ou féminin**	des biscuits	des œufs

Avec une négation :

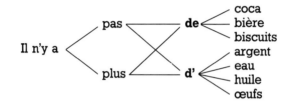

5 Rien et personne *(voir memento grammatical, 12).*
Ils sont toujours accompagnés de la négation **NE**.
Je **ne** veux **rien**.
Il **n'**y a **personne**.

6 En et y *(voir memento grammatical, 9.5 (d) et 9.6).*
— *A la place d'un nom de lieu (là)*
Tu viens de Paris ? Oui, j'**en** viens.
Tu vas à Limoges ? Oui, j'**y** vais.
— *A la place d'un nom de choses (ça).*
Tu veux du pain ? — Oui, j'**en** veux.
Tu penses aux cigarettes ? — Oui, j'**y** pense.

PARIS-AUSTERLITZ
Châteauroux
LIMOGES

— Exercices écrits

1. Un peu de cuisine. Complétez :
— *Chérie, je vais faire une quiche lorraine.*
— *Ça, c'est gentil.*
— *Il y a .... beurre ? .... sel ?*
— *Oui. Il y en a toujours.*
— *Est-ce qu'il y a aussi .... jambon et .... œufs ?*
— *Oui, j'en ai acheté hier.*
— *Il me faut aussi .... lait. Bon. Et aussi .... farine, bien sûr.*
— *Désolée. Il n'y a plus .... farine. Mais il y a du rhum. Fais-nous une omelette au rhum.*
— *Non, c'est trop difficile pour moi. Je vais faire .... œufs au jambon.*

2. Enquête. Qu'est-ce qu'ils disent ?

Répondez comme dans le modèle :
(Le journaliste)
Vous avez des enfants ?
(le vieux monsieur)
— Non, je n'en ai pas.
(la dame)
— Moi non plus.
(la jeune femme)
— Moi si, j'en ai.
(ou : moi oui).

Vous avez des enfants ?	−	−	+
Vous fumez ?	+	+	−
Vous faites du sport ?	−	+	+
Vous parlez espagnol ?	+	−	+
Vous conduisez vite ?	−	+	−

3. Autour du monde. Répondez aux questions suivantes :

*Il y a un métro à Mexico. Et à Moscou ? — A Moscou **aussi**.*
*Et à Amsterdam ? — A Amsterdam, **non**.*
Il n'y a pas la mer à Rome. Et à Londres ?... Et à New York ?...
La France touche la mer. Et l'Allemagne ?... Et la Suisse ?...
En Italie, on peut faire du ski. Et en Espagne ?... Et en Grèce ?...
En Hollande, il n'y a pas de montagnes. Et en Irlande ?... Et en Écosse ?...

4. « Flash-back. » Relisez le texte et complétez :

Il est presque 2 heures. Gilles et Jean-Claude .... arriver à la gare.
Le train de 13 h 56 .... partir. Gilles a raté son train : il .... faire du stop.
Jean-Claude .... déposer Gilles à la sortie de la ville.
Il est 14 h 20. Une voiture .... s'arrêter. Gilles .... voyager avec les deux jeunes filles.
En voiture, elles ont faim : elles .... manger des sandwiches.
Gilles ne veut pas de sandwich : il .... manger. Mais il .... fumer une cigarette.
Les parents de Gilles sont à l'hôpital : ils .... avoir un accident.
A Briançon, Gilles ne .... pas faire du ski : il .... s'occuper du magasin de ses parents.

5. Bon voyage. Complétez :

La mère : — *Tu as fait ta valise ?*
Le fils : — *Oui, je l'ai faite.*
La mère : — *Tu as emporté du travail ?*
Le fils : — *Oui, j'........... ai emporté.*
La mère : — *Tu as de l'argent ?*
Le fils : — *Je n'........... ai pas beaucoup.*
La mère : — *Attends, je vais t'........... donner. Tu penses à ton train ?*
Le fils : — *Oui, j'........... pense. Oh ! Je n'ai plus de cigarettes.*
La mère : — *Mais tu .... as acheté ce matin.*
Le fils : — *Oui, mais je .... ai fumées.*
La mère : — *Attends, il y .... a dans le salon.*
Le fils : — *J'........... vais.*
La mère : — *Tu es allé dire au revoir à ton grand-père ?*
Le fils : — *Oui, j'........... viens.*
La mère : — *Bon. Alors, je t'embrasse. Bon voyage.*

6. Viens avec moi. Complétez :

Lui : — *Chérie, je sors.*
Elle : — *........................ ton parapluie.*
Lui : — *Tu as raison, il va pleuvoir.*
Elle : — *........................ les enfants.*
Lui : — *Non, non. Je ne les oublie pas. Ils sortent de l'école à 4 h.*
Mais ....-y ensemble. .... avec moi !
Elle : — *D'accord. ....-moi. Je prends mon imperméable et j'arrive.*

● **Les courses**

Qu'est-ce que sa mère lui a demandé d'acheter ? Qu'est-ce qu'il achète ? Et qu'est-ce qu'il n'a pas encore acheté ?

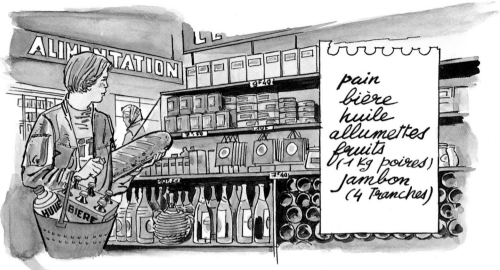

● **Il y a quelqu'un ?**

Parlez de chaque dessin, ou faites parler les personnages, en employant « *quelqu'un, quelque chose, personne, rien* ».

● **Des goûts et des couleurs**

Parlez de vos goûts (sports, musique, loisirs), des habitudes de votre pays ou de votre région (cuisine, repas, vacances, etc.) et réagissez comme dans l'exemple :

Le premier :   — J'adore l'opéra.
Le second :   — Moi non ! Je n'aime pas du tout l'opéra.
Le troisième :   — Moi non plus.
Le quatrième :   — Moi si.

Un autre :   — Chez nous, aux États-Unis, on mange des œufs le matin.
Un second :   — Chez nous aussi, en Irlande.

● Rencontre dans un train

Un homme et une femme font connaissance dans un train. Qu'est-ce qu'ils se disent ?

Nom	Domicile	né à	âge	vient de	va à	but
Édith	Paris	Agen	30 ans	Lyon	Nice	voir des amis
Paco	Madrid	Murcia	30 ans	Dijon	Nice	chercher du travail

● Projet de voyage

Vous jouez le rôle de l'employé des renseignements à la gare de Lyon. Votre voisin(e) vous pose des questions. Jouez la scène.
- *Combien de temps dure le voyage Paris-Marseille ?*
- *A quelle heure faut-il partir de Paris pour être à Marseille à 23 h 10 ?*
- *Quel train faut-il prendre pour être à Lyon à 21 h ?*

Numéro du train		5055	4553	6734	5011	5009	833	841	
Notes à consulter		1	2	3	4	5	10	16	
Paris Gare de Lyon	D				16.47	16.53	17.20	18.27	
Dijon	D	16.49			19.11	19.20			
Chalon-sur-Saône	D	17.26							
Mâcon	D	17.56							
Lyon-Perrache	D	18.36			20.46	20.55			
Valence	D	19.33			21.42	21.56		22.17	
Avignon	D	20.38			22.49	23.23	22.02	23.17	
Tarascon	D		22.16						
Arles	D	20.57	22.27		23.08	23.42			
Marseille Saint-Charles	A	21.43	23.17		23.54	00.28	23.03	00.18	
Marseille Saint-Charles	D			23.35					
Aix-en-Provence	A			00.10					

Tous les trains comportent des places assises en 1ère et 2ème classe sauf indicat

● Connaissez-vous la France ? *Dialoguez.*

a) « *Oui, j'y suis déjà allé. J'ai vu... j'ai visité... je suis allé... j'ai mangé... je connais bien...* »
b) « *Non, mais je vais y aller. Je vais faire... je vais aller à...* »

● L'auto-stop

Racontez un voyage en auto-stop qui s'est bien (ou mal) passé.
Donnez des conseils sur l'auto-stop.

Ⓐ

Gare d'Austerlitz : région sud, sud-ouest et centre. **Gare de l'Est :** région est et nord-est. **Gare de Lyon :** région sud-est et sud. **Gare Montparnasse :** région ouest et sud-ouest. **Gare du Nord :** région nord et nord-est. **Gare Saint-Lazare :** région ouest et nord-ouest.

Ⓑ

SNCF — **Réservation** — classe

| Départ | 06.24 MARSEILLE ST CHARLES | Train | 804 TGV | Voiture | 08 |
| Arrivée | 08.24 VALENCE | 01 Places | 12 | | |

Date LE 15.03.83

Prestations / Réduction / Nombre / Prix

8707600212 Particularités SALLE NON FUMEURS
007 COULOIR ASSISE 99 01
009949
PARIS LYON
04.03.83 41

7016 0015 08523899

000000,00

Ⓒ

2
Accès aux places
61 à 117
Fumeurs
Voiture climatisée

LES SERVICES À BORD DU TGV

LA RESTAURATION

1 - LE BAR

Dans chaque rame, le bar est ouvert pendant toute la durée du trajet. Ce bar offre aux voyageurs des deux classes :
- des coffrets repas,
- des plats simples chauds et froids,
- des sandwichs,
- des boissons chaudes et froides.

- à midi, un menu avec possibilité de choix entre le plat du jour et une grillade,
- le soir, une formule allégée autour d'un plat.

Les menus sont souvent renouvelés à l'intention des voyageurs se déplaçant fréquemment en TGV.

Réservez votre repas dans ces voitures en même temps que votre place.

2 - LA RESTAURATION A LA PLACE EN 1re CLASSE

Un service à la place est assuré dans les voitures 1re classe réservées à la restauration de tous les TGV* circulant aux heures habituelles des repas.

Ce service, proche de la restauration traditionnelle, propose :
- le matin, un petit déjeuner,

3 - LA VENTE AMBULANTE

Une vente ambulante est assurée dans certains TGV. Elle offre des sandwichs, des pâtisseries et des boissons, ainsi que, aux heures de petit déjeuner, des boissons chaudes et des croissants.

* Excepté le TGV 755.

15

A De quelle gare partez-vous pour aller à... Bordeaux, Strasbourg, Rennes, Lille... ?

B
1 - D'où part ce passager ?
2 - Où va-t-il ?
3 - En quelle classe voyage-t-il ?
4 - Dans quelle voiture a-t-il une réservation ?
5 - Quel est le numéro de la voiture ?
De sa place ?
6 - Est-ce un train ordinaire ou un TGV ?
7 - Le passager va-t-il pouvoir fumer ?

C *Vrai ou faux ?*
1 - En 1re classe, il y a une restauration à la place.
2 - La vente ambulante offre des plats chauds.
3 - Dans un TGV, on peut boire et manger.
4 - Pour manger un sandwich, il faut aller au bar.
5 - Aux heures des repas, les voyageurs de 2e classe peuvent manger assis à leur place.

1. 3. L'arrivée à Briançon

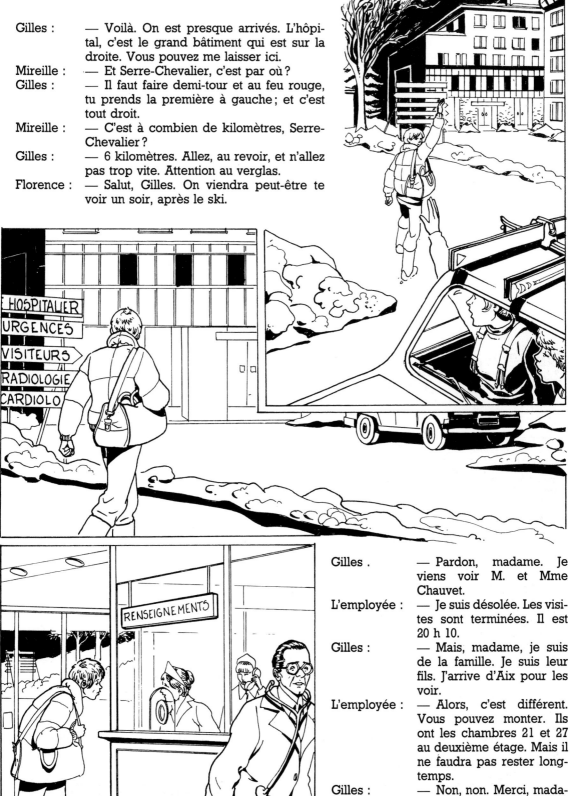

Gilles : — Voilà. On est presque arrivés. L'hôpital, c'est le grand bâtiment qui est sur la droite. Vous pouvez me laisser ici.

Mireille : — Et Serre-Chevalier, c'est par où ?

Gilles : — Il faut faire demi-tour et au feu rouge, tu prends la première à gauche ; et c'est tout droit.

Mireille : — C'est à combien de kilomètres, Serre-Chevalier ?

Gilles : — 6 kilomètres. Allez, au revoir, et n'allez pas trop vite. Attention au verglas.

Florence : — Salut, Gilles. On viendra peut-être te voir un soir, après le ski.

Gilles . — Pardon, madame. Je viens voir M. et Mme Chauvet.

L'employée : — Je suis désolée. Les visites sont terminées. Il est 20 h 10.

Gilles : — Mais, madame, je suis de la famille. Je suis leur fils. J'arrive d'Aix pour les voir.

L'employée : — Alors, c'est différent. Vous pouvez monter. Ils ont les chambres 21 et 27 au deuxième étage. Mais il ne faudra pas rester longtemps.

Gilles : — Non, non. Merci, madame.

Dans la chambre de M. Chauvet.

Gilles : — Bonsoir.

La mère : — Mon Dieu! Tu es déjà là, Gilles?

Le père : — Mais comment es-tu arrivé?

Gilles : — En stop. Bonsoir, Maman. Mais... qu'est-ce que tu as à la tête? Tu es blessée?

La mère : — Oui, mais ce n'est pas grave.

Gilles : — On t'a fait une radio?

La mère : — Oui, oui. Ne t'inquiète pas, je n'ai rien du tout.

Gilles : — Bonsoir, Papa.

Le père : — Ça nous fait bien plaisir de te voir. Aïe... Oh la la! Ça fait mal, tu sais.

Gilles : — Ne bouge pas. Je peux me pencher, moi.

Le père : — Tu as bien de la chance.

Gilles : — Alors, comment ça va?

La mère : — Oh, moi, ça va. Je me sens bien. Je sortirai demain matin. Mais ton père souffre beaucoup, lui.

Le père : — J'ai eu mal toute la nuit.

Gilles : — Et tu sortiras quand?

Le père : — Dans cinq ou six jours. Et après, je garderai mon plâtre encore un mois.

Le père : — Grand-mère t'a raconté l'accident?

Gilles : — Oui, oui. Ça s'est passé où?

Le père : — Sur la route d'Italie. Tu vois la station-service Shell? J'ai dérapé dans le grand virage juste après.

Gilles : — Pourtant, c'est une route que tu connais bien.

Le père : — Oui, mais avec le verglas...

Gilles : — Bon, je ne peux pas rester longtemps : il est 8 h 20. Je vais aller chez Grand-mère. Maman, je viendrai te chercher demain matin. Et je reste ici toute la semaine. Je t'aiderai à tenir le magasin.

La mère : — C'est gentil, mais tu as bientôt des examens à la faculté.

Gilles : — Pas tout de suite : dans quinze jours. Je travaillerai le soir : j'ai apporté mes cours. Bon, je vous quitte... Bonne nuit. Reposez-vous bien, et à demain.

La mère : — Au revoir, mon chéri.

Le père : — Bonsoir, fiston.

❶ Demander son chemin.

— *Je voudrais aller à Névache. Par où faut-il passer ?*

— *Vous prenez la Nationale 4 en direction de l'Italie. Vous allez jusqu'à La Vachete, vous tournez à gauche et vous êtes sur la route de Névache.*

— *C'est à combien de kilomètres d'ici ?*

— *Environ 20 kilomètres.*

— *Merci bien.*

A vous

a) Pour aller de Briançon à Guillestre.

b) De Briançon à Sestrière.

❷ Demander à voir quelqu'un.

— *Madame, s'il vous plaît. La chambre de Mme Bellegarde ?*

— *C'est la chambre 39, au 3ᵉ étage. Prenez le couloir à gauche. L'ascenseur est sur votre gauche.*

— *Merci beaucoup.*

A vous

a) A la réception d'un hôtel. M. Lescot, chambre 662, 6ᵉ étage. Ascenseur derrière vous.

b) Dans l'immeuble d'une société. Le directeur commercial, bureau 113, 1ᵉʳ étage, escalier au fond du couloir.

❸ Demander à quelqu'un des nouvelles de sa santé (dans un hôpital).

— *Alors, comment ça va ?*

— *Je ne me sens pas très bien.*

— *Tu as mal ?*

— *Oh, oui ! Je souffre beaucoup.*

— *Et la nuit, tu dors bien ?*

— *Non, je dors très mal.*

— *Tu vas rester longtemps ?*

— *Je sortirai dans trois semaines.*

A vous

Vous allez voir un ami qui a subi une opération. Il va bien. Il va sortir dans une semaine.

THÈMES

• Un accident

	□ Le blessé		□ Les secours et les soins
Une personne	a un accident (est accidentée). est transportée à l'hôpital. reçoit des soins. subit une opération. porte un plâtre.	On	appelle une ambulance. transporte le blessé à l'hôpital. le soigne. l'opère. lui met un plâtre.

• Dans une station-service

On remplit le réservoir {
— d'essence ordinaire.
— de super.
— de gasoil (ou gazole).

Le pompiste — nettoie le pare-brise.

— vérifie {
— l'eau.
— l'huile.
— la pression des pneus.

ÉCHANGES

Le pompiste : « Super ou ordinaire ? »
« Combien j'en mets ? »
« Le plein ? »

L'automobiliste : « Super, s'il vous plaît. »
« (Faites-moi) le plein. »
« Pouvez-vous vérifier l'huile, s'il vous plaît ? »

• L'état physique

□ **Avoir mal.**
J'ai mal.
Ça fait mal.
C'est douloureux.
Je souffre.

□ **Être mal.**
Je ne suis pas bien.
Je ne me sens pas bien.
Je me sens mal.
Je ne suis pas « en forme ».

DICO

• Les manœuvres d'une voiture :

démarrer ≠ s'arrêter,
avancer ≠ reculer,

accélérer ≠ freiner, ralentir,
faire demi-tour, faire marche arrière, se garer.

• Pour indiquer son chemin à quelqu'un

Verbes	Prépositions et adverbes	Lieux et repères
aller continuer (re)descendre (re)monter passer par prendre suivre traverser...	devant derrière tout droit à droite à gauche au fond de à côté de au bout de...	*dans la rue :* une rue, une avenue, un boule- vard, une impasse, une place, un carrefour, un rond-point, des feux rouges ; *dans un immeuble :* la porte, le couloir, l'esca- lier, l'ascenseur.

– Grammaire

1 Les pronoms relatifs QUI et QUE *(voir memento grammatical, 22.1).*
☐ **Pronom sujet :**
C'est le grand bâtiment **qui** est sur la gauche.
C'est le grand bâtiment. Ce bâtiment est sur la gauche.
└─────── qui ───┘

☐ **Pronom complément :**
C'est une route **que** tu connais.
C'est une route. Tu connais cette route.
└──── que ←────┘

2 Le futur simple *(voir memento grammatical, 16).*
☐ **Verbes en -ER, -IR** (sauf courir, tenir, venir) : on ajoute —AI, —AS, —A, —ONS, —EZ, —ONT
à l'infinitif.
Garder : je garder**ai**
Sortir : je sortir**ai**

☐ **Pour les autres verbes,** on retrouve toujours la terminaison —RAI, —RAS, —RA, —RONS,
—REZ, —RONT.

Falloir :	il faud**ra**	Courir :	je cour**rai**
Pouvoir :	tu pour**ras**	Vouloir :	ils voud**ront**
Avoir :	vous au**rez**	Être :	nous se**rons**.

3 Accord de ON *(voir memento grammatical, 9.2 (a)).*
Lorsque **on** signifie **nous**, l'accord du participe passé ou de l'adjectif se fait en genre et en
nombre :
On est presque arriv**és** (**on** = Mireille, Florence et Gilles).
On est marseillais**es** (**on** = Mireille et Florence).

4 Les verbes pronominaux *(voir memento grammatical, 15.1).*
(se pencher, se redresser, se sentir, se passer...)
Au passé composé, les verbes pronominaux se conjuguent avec **être**.
« Ça s'est passé où ? »

5 TOUT, adjectif indéfini *(voir memento grammatical, 7.1 (a)).*
s'accorde avec le nom qui suit :
« Je reste ici **toute** la semaine. »
(**Tous** mes amis, **tout** le temps...)

1. Les bons week-ends. Complétez :

J'ai un ami **qui** adore faire du ski. Le vendredi après-midi, avec son copain André .... habite près de chez lui, ils prennent la route. C'est André .... conduit. La station .... ils préfèrent, c'est Serre-Chevalier. C'est une station .... les Marseillais connaissent bien et .... se trouve à 6 km de Briançon. Quatre heures et demie, c'est le temps .... il leur faut pour faire la route. Là-bas, ils retrouvent beaucoup de gens .... ils connaissent et .... viennent aussi de la région marseillaise.

2. Le téléphone gratuit. Complétez :
— Tu as vu tous les gens .... attendent devant cette cabine! Et il y a une autre cabine à côté .... est vide. Je ne comprends pas.
— Tu vas comprendre : c'est une cabine .... marche mal. La pièce .... tu mets ne reste pas dans la machine. Mais tu peux téléphoner, ça marche et ça ne te coûte rien.
— On peut appeler à l'étranger? Aux États-Unis, au Japon?
— Tu peux appeler le pays .... tu veux. C'est gratuit.
— Merci. Demain, je viendrai téléphoner d'ici.
— Ah non! Demain, cette cabine sera réparée. Ils ne sont pas fous aux PTT!

3. Lettre à une amie.
Ma chère Nicole,
Je t'écris de Serre-Chevalier. Je suis partie de Marseille vendredi à 13 h 30 et je suis arrivée ici à 20 h 30. Je ne suis pas allée vite! Il y a eu un grave accident sur la route. Alors, je me suis arrêtée dans un bar et j'ai attendu.
Ici, je suis très bien. Je suis contente de l'hôtel. J'ai une très belle chambre. La neige est bonne. Aujourd'hui je me suis levée tôt. J'ai skié toute la journée et ce soir je suis fatiguée. Je me repose. Je pense à toi et je t'embrasse.

Mireille

Florence et Mireille écrivent ensemble à Magali. Alors, elles mettent ON à la place de JE. Écrivez la lettre.

4. L'hiver à la montagne. Ajoutez TOUS, TOUT, TOUTE, TOUTES quand c'est possible.
L'hiver, il y a des accidents de montagne. Les routes sont dangereuses. Il a neigé la nuit. Les gens qui sont venus faire du ski sont très contents. Aujourd'hui, il y aura des accidents de voiture et de ski la journée. Il faudra être prudent. Ce n'est pas gai de passer ses vacances à l'hôpital!
ex. : **Tout** l'hiver, il y a des accidents de montagne... **Continuez...**

5. Une lettre et un télégramme.
a) Gilles est parti d'Aix très vite. Il écrit à son amie Caroline pour lui parler du télégramme, de son voyage, de ses parents et de la semaine qu'il va passer à Briançon.

Briançon, le ....

Ma chère Caro,
Je suis à Briançon. Mes parents viennent d'avoir un accident... **Continuez...**

b) Quelqu'un de votre famille vient d'être hospitalisé. Vous apprenez la nouvelle. Mais vous ne pouvez pas partir tout de suite (vous avez un examen ou un rendez-vous important, ou un voyage à faire). Vous envoyez un télégramme à cette personne.
« Bien reçu lettre. Impossible venir... **Continuez...**

● **Au volant.**

Quels conseils donnent-ils ?

● **Les conseils du docteur.**

M. Chauvet va partir de l'hôpital. Le docteur lui donne des conseils :
Il faudra... il ne faudra pas... bouger, quitter le lit, se reposer, parler longtemps, prendre ses médicaments, rire, etc. **Jouez la scène.**

● **Elle travaille trop !**

Elle va voir son médecin. Elle est très fatiguée. Elle lui raconte sa journée d'hier.

● Pour aller à... ?

Un touriste interroge un Parisien. Il se trouve quai des Grands-Augustins (en A) et veut aller à Notre-Dame. Le Parisien lui indique son chemin. Jouez la scène.

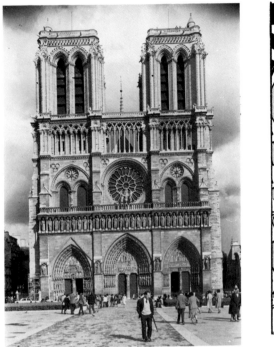

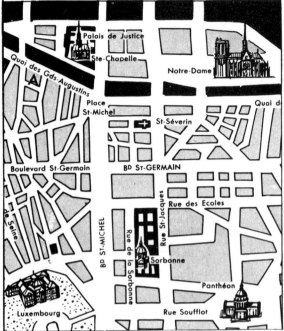

● Un coup de fil pour Gilles.

Caroline, l'amie de Gilles, lui téléphone vendredi soir. Elle lui demande des nouvelles de ses parents, de son voyage, et le questionne sur ses projets pour la semaine prochaine. Jouez la scène.

● Une dispute au téléphone.

Il veut savoir exactement l'emploi du temps de sa femme. « Qu'est-ce que tu as fait hier soir ? Avec qui es-tu sortie ? As-tu travaillé aujourd'hui ?... » *et lui pose mille questions sur :*
« en ce moment, tout à l'heure, ce soir, demain... »
Elle n'est pas du tout contente. Elle aussi pose des questions. Jouez la scène.

B

Au centre d'une région très touristique, proche des grandes stations de sports d'hiver, Briançon (altitude 1 326 m, 300 jours de soleil par an), offre de nombreuses possibilités aux amoureux de la montagne : ski, escalade, randonnées, promenades, etc.

Stations de sports d'hiver : Chantemerle (5 km). Villeneuve-la-Salle (8 km). Montgenèvre (11 km). Le Monétier (14 km). La Grave (39 km).

Activités, distractions :
Du 1er juillet au 30 septembre :
☐ Visite guidée de la ville (les remparts fin XVIIe siècle, les forts début XVIIIe siècle).

☐ École d'escalade et randonnées en haute montagne.

☐ Canoë, kayak.

☐ Ball-trap, golf miniature, golf à Montgenèvre.

☐ 2 cinémas, 5 night-clubs.

A

1. Où se trouve Briançon ? Dans l'est, le sud-est, ou le sud ?
2. Vous êtes à Valence. Comment pouvez-vous vous rendre à Briançon ? Par où passez-vous ?
3. Y a-t-il une autoroute Paris-Briançon ?
4. Y a-t-il un train direct entre Nice et Briançon ?
5. Combien y a-t-il de cols autour de Briançon ?

B

1. Pourquoi peut-on avoir envie d'aller dans la région briançonnaise ?
2. Vous n'êtes pas sportif et vous allez à Briançon. Que pouvez-vous y faire ?
3. Que peut-on faire le soir à Briançon ?

A

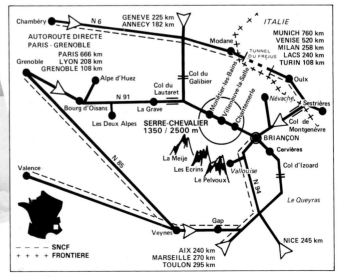

Chambéry — N 6 — GENEVE 225 km — ANNECY 182 km — ITALIE

MUNICH 760 km
VENISE 520 km
MILAN 258 km
LACS 240 km
TURIN 108 km

AUTOROUTE DIRECTE PARIS - GRENOBLE

Modane — TUNNEL DU FRÉJUS

PARIS 666 km
LYON 208 km
GRENOBLE 108 km

Grenoble

Alpe d'Huez — N 91 — Col du Galibier — Col du Lautaret — Oulx

Bourg d'Oisans — La Grave — Monétier-les-Bains — Villeneuve-la-Salle — Chantemerle — Névache — Sestrières

Les Deux Alpes — SERRE-CHEVALIER 1350 / 2500 m — BRIANÇON — Col de Montgenèvre

La Meije — Les Ecrins — Le Pelvoux — Vallouise — Cervières — Col d'Izoard

Valence — N 85 — N 94 — Le Queyras

Gap — Veynes — NICE 245 km

AIX 240 km
MARSEILLE 270 km
TOULON 295 km

– – – SNCF
+ + + + FRONTIERE

1. 4. Dans le magasin

Le samedi suivant, Gilles est dans le magasin de ses parents. Il est en train de servir un vieux monsieur.

Gilles : — Un paquet de tabac, cinq cartes postales... Ça fait 12 F.

Le monsieur : — Vous avez des timbres à 1,80 F ?

Gilles : — Oui, combien en voulez-vous ?

Le monsieur : — Cinq... Combien je vous dois ?

Gilles : — 21 F... 21 et 4, 25 ; et 5, 30 ; et 20 qui font 50.

Le monsieur : — Je vous ai donné un billet de 100 F, jeune homme ; vous me devez 50 F.

Gilles : — Oh ! Pardon, je me suis trompé. Voilà, monsieur. Merci, et bonne soirée ! Excusez-moi encore.

Soudain, Gilles aperçoit Florence et Mireille qui entrent dans le magasin.

Gilles : — Tiens ! Salut, les Marseillaises.

Elles : — Bonsoir, Gilles.

Gilles : — Ça va ? Les vacances se passent bien ?

Florence : — Formidable. La neige est excellente et il fait un temps merveilleux. Mais il y a beaucoup de monde. Il faut faire la queue aux remontées.

Gilles : — En février, il y a toujours beaucoup de monde. Et dans les autres stations, c'est pareil ?

Mireille : — Oui, on est allé skier à Villeneuve et à Montgenèvre. Ce n'est pas mieux. Il y a autant de monde partout.

Gilles : — Vous vous amusez bien ?

Florence : — Oui, oui. On a retrouvé des amis de Marseille.

Gilles :   — Et le ski, ça marche ?
Mireille :   — Euh... pas trop. Moi, je tombe tout le temps. Mais Florence a fait énormément de progrès cette année.
Florence :   — Tu exagères ! Tu skies aussi bien que moi. Je tombe un peu moins souvent, d'accord, mais toi, tu vas plus vite. Tu te débrouilles mieux que l'an dernier.

Gilles :   — Et le soir, qu'est-ce que vous faites ?
Mireille :   — D'habitude, on se repose, on se couche tôt. Mais ce soir, on va en boîte. Tu veux venir avec nous ?
Gilles :   — Ce soir ? Ah, désolé ! Je ne peux vraiment pas. Je dois dîner avec des amis. Dommage... Dites, vous serez encore là demain matin ?
Florence :   — Oui, et l'après-midi aussi. Mais on doit absolument repartir le soir. Pourquoi ?
Gilles :   — J'ai envie d'aller skier avec vous. Qu'est-ce que vous en dites ?
Mireille :   — Tu es fou ! Tu skies sûrement mieux que nous. Tu vas t'ennuyer.
Gilles :   — Je ne m'ennuie jamais. Je m'amuse aussi bien avec les débutants qu'avec les forts. On se retrouve à midi au sommet du télécabine ? Il y a un bar. On prendra un pot.

1 Rendre la monnaie.

La caissière : — *Alors, vous avez un litre de lait, 250 g de beurre, une bouteille de vin, un paquet de biscuits, 1 kg d'oranges... Ça fait 36,50 F.*

Vous : — *Voilà 100 F.*

La caissière : — *37, 38, 40, 50, et 50 qui font 100.*

A vous

Rendez la monnaie :

a) *Au bureau de tabac :* 4 cartes postales à 1 F, 4 timbres à 1,80 F, sur un billet de 50 F.

b) *Au restaurant :* deux menus à 63 F, vin et service compris. Le client donne deux billets de 100 F.

2 Comparer et choisir un restaurant ou un hôtel...

Le touriste : — *Pardon, monsieur. Vous êtes d'ici ?*

Le passant : — *Oui, pourquoi ?*

Le touriste : — *Vous pouvez m'indiquer un bon restaurant, s'il vous plaît ?*

Le passant : — *Il y a le Relais, sur la place.*

Le touriste : — *Et le Terminus, c'est bien ?*

Le passant : — *Pas mal, mais c'est assez cher. Allez au Relais; c'est mieux et moins cher.*

A vous

a) Même chose avec le restaurant des Amis (très bon marché) et l'auberge du Pont (très cher).

b) Même chose avec l'hôtel Central (très calme et bon marché) et l'hôtel des Voyageurs (bruyant et cher).

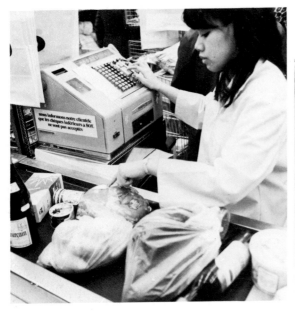

... un lieu de vacances.

— *Où allez-vous skier ?*

— *Nous, on va à Megève.*

— *C'est bien ?*

— *C'est pas mal. Les pistes sont bonnes, mais il y a beaucoup de monde. Et vous ?*

— *Nous, on va à Méribel. On préfère.*

— *C'est mieux ?*

— *Les pistes sont meilleures et il y a beaucoup moins de monde qu'à Megève.*

A vous

L'un passe ses vacances sur la Côte d'Azur : belles plages, beaucoup de monde, vie chère.

L'autre sur la côte landaise : très belles plages, peu de monde, vie pas chère.

– Vocabulaire

THÈMES

● Au bureau de tabac

☐ **Pour fumer :** du tabac, des cigares, des cigarettes, du papier à cigarettes, des allumettes, des briquets.
☐ **Pour écrire :** des cartes postales, du papier à lettres, des enveloppes, des timbres, des stylos.
☐ **Et aussi :** des bonbons, des souvenirs.

● Dans une station de ski

☐ **Les remontées mécaniques :** un téléski, un télésiège, un(e) télécabine, un téléphérique.
☐ **Les pistes de ski :** la verte, la bleue, la rouge, la noire. Faire une descente, faire la noire.
☐ **Les skieurs :** les débutants, les moyens, les forts.

ÉCHANGES

☐ **Le beau temps :**

Il a fait ⎤
On a eu ⎬ un temps ⎰ splendide.
Nous avons eu ⎦ ⎱ superbe.
merveilleux.
extraordinaire.

☐ **Le mauvais temps :**
On a eu (du) mauvais temps.
Il a fait mauvais.
Il y a eu des avalanches.
Il a neigé tout le temps.

DICO

● Les contraires

bien ≠ mal   cher ≠ pas cher, bon marché
bon ≠ mauvais   calme ≠ bruyant
toujours ≠ jamais   souvent ≠ rarement
tôt ≠ tard   vite ≠ lentement

– Grammaire

❶ Le comparatif *(voir memento grammatical, 8.3).*

Supériorité	Tu vas plus vite que moi. Est-ce qu'il y a plus de monde qu'ici ?
Infériorité	Je tombe moins souvent. Est-ce qu'il y a moins de monde qu'ici ?
Égalité	Tu skies aussi bien que moi. Il y a autant de monde.

Le comparatif n'est pas toujours complet :
Je tombe **moins** souvent. Il y a **autant** de monde.

Comparatifs irréguliers
Mireille skie **bien** ; Florence skie **mieux**.
bien → mieux   mal → plus mal (pire)
bon → meilleur   mauvais → plus mauvais/pire

❷ En train de... *(voir memento grammatical, 14.1 (b)).*
Gilles tient le magasin de ses parents. Il sert les clients.
En ce moment, Gilles est **en train de** servir un vieux monsieur.

3 Pronoms d'insistance (*voir memento grammatical, 9.4 (c)*).

Moi, je tombe tout le temps. **Toi, tu** vas plus vite.

Moi, je...	Nous, nous... / Nous, on...
Toi, tu...	Vous, vous...
Elle, elle...	Elles, elles...
Lui, il...	Eux, ils...

4 Les verbes opérateurs : *verbe + infinitif (voir memento grammatical, 23.4).*

Pouvoir		Je ne peux pas venir.
Vouloir	+ infinitif	Tu veux venir avec nous ?
Devoir		Je dois dîner chez des amis.
Savoir		Je ne sais pas bien skier.

5 Un verbe / Deux constructions : *verbe + nom / verbe + infinitif.*

- **Devoir :**   a) Vous me devez 21 F.
  b) Je dois absolument repartir ce soir.
- **Vouloir :**   a) Je ne veux pas de vin.
  b) Ce soir, je veux me coucher tôt.
- **Falloir :** • a) Pour téléphoner, il faut des pièces de monnaie.
  b) Il faut faire attention au verglas.

6 Les adverbes en -ment.

Ils se forment sur le féminin de l'adjectif.

☐ **Formation régulière :**

sûr	(sûre) →	sûre**ment**
dangereux	(dangereuse) →	dangereuse**ment**
exact	(exacte) →	exacte**ment**
rapide	(rapide) →	rapide**ment**
énorme	(énorme) →	énormé**ment**

☐ **Formation irrégulière :**

vrai → vrai**ment**
absolu → absolu**ment**
gentil → genti**ment**
prudent → prude**mment**

– Exercices écrits

1. En vacances. Complétez :

— *Cet été, **nous**, on part faire un grand voyage avec les enfants.*
— *Eh bien, ..., on ne prend pas nos vacances ensemble,*
et je suis bien contente ...., je vais en Provence chez des amis.
— *Et ton mari ?*
— *.........., il va à la montagne.*
— *Et vos enfants, qu'est-ce que vous allez en faire ?*
— *.........., ils iront chez leurs grands-parents.*
— *Et le chien ?*
— *Oh, ..., je l'emmène avec moi.*

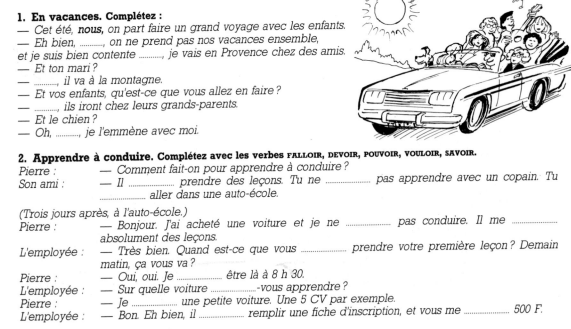

2. Apprendre à conduire. Complétez avec les verbes FALLOIR, DEVOIR, POUVOIR, VOULOIR, SAVOIR.

Pierre :	— *Comment fait-on pour apprendre à conduire ?*
Son ami :	— *Il .... prendre des leçons. Tu ne .... pas apprendre avec un copain. Tu .... aller dans une auto-école.*

(Trois jours après, à l'auto-école.)

Pierre :	— *Bonjour. J'ai acheté une voiture et je ne .... pas conduire. Il me .... absolument des leçons.*
L'employée :	— *Très bien. Quand est-ce que vous .... prendre votre première leçon ? Demain matin, ça vous va ?*
Pierre :	— *Oui, oui. Je .... être là à 8 h 30.*
L'employée :	— *Sur quelle voiture ....-vous apprendre ?*
Pierre :	— *Je .... une petite voiture. Une 5 CV par exemple.*
L'employée :	— *Bon. Eh bien, il .... remplir une fiche d'inscription, et vous me .... 500 F.*

3. Mireille et Florence. Relisez le texte et dites si c'est vrai ou faux :
- *Mireille skie mieux que Florence.*
- *Mireille tombe plus souvent que Florence.*
- *Florence va moins vite que Mireille.*
- *Mireille se débrouille moins bien que l'an dernier.*
- *Il y a plus de monde à Villeneuve qu'à Montgenèvre.*
- *Aux remontées mécaniques, les queues sont aussi longues à Serre-Chevalier qu'à Villeneuve.*

4. Interrogatoire. Posez des questions sur les mots soulignés, comme dans le modèle :

Gilles est venu à Briançon <u>en stop</u>. **Comment** *Gilles est-il venu à Briançon ?*

Les jeunes filles l'ont laissé <u>près de l'hôpital</u>.
Il est arrivé à l'hôpital <u>après 8 heures</u>.
Cette semaine, il <u>tient le magasin</u>.
<u>Les deux Marseillaises</u> sont venues le voir.
<u>Ce soir</u>, elles vont danser.
Demain, il ira skier avec <u>elles</u>.
Demain, elles doivent repartir <u>parce qu'elles travaillent lundi</u>.

5. A l'hôtel. Comparez ces deux hôtels :
— *Hôtel des Neiges : 35 chambres, 15 salles de bain, 2 salons, pistes de ski à 50 m, situé à 500 m de la station, prix de la pension : 180 F par jour.*
— *Hôtel du Panorama : 18 chambres, 15 salles de bain, 1 salon, pistes de ski à 300 m, situé à l'entrée de la station, prix de la pension : 170 F par jour.*

Vous écrivez à un(e) ami(e). Vous lui parlez de l'hôtel que vous avez choisi et vous dites pourquoi vous l'avez choisi.

6. Le nouvel appartement. Complétez :
Elle a trouvé un nouvel appartement. Elle écrit à son fiancé.
« .... *D'accord, mon petit appartement au 6ᵉ étage est bien. Il me coûte 1 500 F par mois. Mais j'en ai trouvé un autre qui est .... et pas beaucoup .... cher : le loyer est de 1 700 F. Je vais le prendre le mois prochain. Je serai au 3ᵉ étage : c'est .... haut, mais ce sera aussi un peu .... clair. La cuisine est un peu .... grande. Dommage. On devra mettre la machine à laver dans la salle de bain. L'immeuble est dans un quartier calme. Il y aura .... de bruit. On dormira .... »*

7. Il n'est pas sympa ! Complétez avec les adverbes ABSOLUMENT, EXACTEMENT, RAPIDEMENT, VRAIMENT.
Elle : — Quelle heure est-il ?
Lui : — 19 h 52 .... Prépare-toi .... Nous devons .... partir à 8 heures.
Elle : — Mais je dois prendre une douche !
Lui : — Impossible. Nous n'avons pas le temps.
Elle : — Tu n'es .... pas sympa !

35

● **Interdits.**

Qu'est-ce qu'ils sont en train de faire ? Qu'est-ce qu'on doit faire ? Qu'est-ce qu'on ne doit pas faire ?

● **Quel temps avez-vous ?** *Faites-les parler.*

● **Les vacances d'hiver.** *Interrogez votre voisin(e).*

— *Avez-vous des vacances en hiver ?*
— *Que faites-vous ?*
— *Où allez-vous ? Comment y allez-vous ? Où logez-vous (hôtel, studio, appartement) ?*
— *Pouvez-vous vous payer des vacances à la neige ?*
— *Est-ce que le ski est un « sport de riches » ?*

● **« L'esprit de contradiction ».**

Dites le contraire :

Je suis allé skier, ça ne m'a pas plu. Je tombe souvent et je n'aime pas ça. Le soir, je me suis ennuyé. J'ai eu froid. Il a fait mauvais temps. Je me suis couché tôt.

• Le sport et vous.

Interrogez votre voisin(e) sur le sport et lui, la pratique du sport dans sa famille, chez ses amis.

« Moi, je .... Mon frère ? Lui, il .... Ma mère ? Elle, non .... (ou bien : elle aussi ....) ....

• Où aller ? *Vous, vous avez choisi d'aller à Vars. Dites pourquoi.*

	Serre-Chevalier	Montgenèvre	Vars
altitude	1 350-2 660	1 850-2 800	1 650-2 550
pistes (longueur totale)	180 km	50 km	80 km
remontées mécaniques	56	20	22
nombre de pistes	67	33	40
forfait 7 jours	350 F	370 F	316 F

• Vous vous trompez !

Vous êtes dans un bureau de tabac ; vous achetez un paquet de cigarettes de 7,20 F avec un billet de 50 F. Le buraliste vous rend la monnaie, mais il se trompe. **Jouez la scène.**

• L'addition, s'il vous plaît.

Au restaurant, on apporte l'addition à une table de quatre personnes. Total : 240 F. Le client n° 1 a six pièces de 10 F. Le client n° 2 a deux billets de 50 F. Le n° 3 a un billet de 100 F et un billet de 20 F. Le n° 4 n'a pas d'argent « liquide », mais il a un carnet de chèques. **Comment font-ils pour payer ?**

B

A

REMONTÉES MÉCANIQUES
40 500 skieurs / heure.

2 téléphériques, 4 télécabines, 4 télésièges, 46 téleskis.
Nouveautés 82/83 : 1 télésiège triplace à Chantemerle, 1 télésiège et 1 téleski à Monêtier.

Régies Municipales de Remontées Mécaniques : Chantemerle, tél. 24.00.23 Villeneuve, 24.72.26 - Monêtier, 24.40.04.

PISTES
SKI ALPIN : 67 pistes principales : 9 noires, 31 rouges, 12 bleues, 15 vertes, Domaine Chantemerle-Villeneuve : 52 pistes. Domaine Monêtier : 15 pistes. 180 km de pistes.

Hors piste et haute montagne ; stades de slalom (Ratier et Aravet)

SKI DE FOND : 5 boucles entretenues au départ de chaque village, 80 km. Domaine St-Chaffrey - Chantemerle : 20 km. Domaine Villeneuve - Monêtier : 60 km.

ECOLES DE SKI
140 moniteurs, dont 25 moniteurs-guides, 12 jardinières *(langues pratiquées : anglais, allemand, italien).*

Enseignement : SKI ALPIN, SKI DE FOND, SKI ARTISTIQUE, SKI HORS PISTE et HAUTE MONTAGNE :
– de la classe accueil à la classe compétition, cours collectifs, leçons particulières ;
– cours enfants et jardin d'enfants.

Tous les tests des Ecoles de Ski.

Renseignements et tarifs E.S.F. : Chantemerle, tél. 24.17.41 - Villeneuve, tél. 24.71.99 - Monêtier, tél. 24.42.66.

C

SIGNIFICATION DE CERTAINS SIGNAUX

 DRAPEAU NOIR : "DANGER D'AVALANCHE GENERALISE". Très rarement utilisé, il interdit la pratique du ski et invite à la plus grande prudence quant à la circulation.

 DRAPEAU A DAMIERS JAUNES ET NOIRS : "DANGER D'AVALANCHE LOCALISE". Le hors-piste est déconseillé. Certaines pistes peuvent être interdites. Renseignez-vous avant de skier. Restez prudents et vigilants.

 LES PIQUETS CROISES, LES CORDES OU LES FILETS TENDUS indiquent un DANGER, un obstacle (par exemple un rocher émergeant de la neige, que vous ne pouvez apercevoir depuis l'amont.)

Ces signaux en travers d'une piste peuvent également en interdire une portion. S'ils sont placés au départ de la piste, ils signifient une fermeture totale.

LE TELEPHONE : Tout appel téléphonique aux secouristes doit préciser :

— A - *Le nom de la piste sur laquelle ou à proximité de laquelle s'est produit l'accident.*

— B - *Le N° de la balise la plus proche, en amont ou en aval.*

— C - *La partie du corps qui semble avoir été touchée (bras, jambe, colonne vertébrale, hanche, etc.).*

Grâce à ces détails, les secours seront plus rapides et plus efficaces.

A
1. Quelles remontées mécaniques peut-on voir sur cette photo ?
2. Est-ce qu'il s'agit du sommet ou du départ des pistes ?
3. Qui voyez-vous sur la photo ? Qui sont-ils, que font-ils ?

B
1. Pourquoi y a-t-il autant de remontées mécaniques à Serre-Chevalier ?
2. Dans quelles langues peut-on prendre des cours de ski à Serre-Chevalier ?
3. Pourquoi y a-t-il moins de pistes noires que de pistes vertes ?

C
1. Drapeau noir : que devez-vous faire ?
2. Drapeau à damier : où ne devez-vous pas aller ?
3. Quand trouve-t-on des piquets croisés, des cordes et des filets tendus ?
4. Un accident se produit devant vous. Que devez-vous faire ?

1. 5. Dernière journée de ski

Dimanche midi. Florence et Mireille attendent Gilles au bar qui se trouve au sommet du télécabine du Grand Alpe.

Florence : — Ah, voilà Gilles ! Ho, ho, Gilles !

Gilles : — Bonjour... — Ouf ! Je commence à être fatigué. Je viens de faire ma huitième descente.

Mireille : — Tu as skié sur quelles pistes ?

Gilles : — Les pistes où il y a le moins de monde : la noire et la rouge.

Mireille : — Les plus difficiles et les plus rapides ! Et c'est sur ces pistes que...

Gilles : — Mais non ! N'ayez pas peur ! Je vous emmènerai sur une bleue ou une verte et on ira lentement. Vous avez déjà skié ce matin ?

Florence : — Non. On vient de se lever. On est allées au Chamois hier soir.

Gilles : — Ça vous a plu ?

Mireille : — Ah, oui ! Super ! On a dansé toute la nuit.

Gilles : — C'est la meilleure boîte de la région... Vous avez commandé quelque chose ?

Florence : — Oui, deux cafés au lait.

Gilles : — Moi, je vais prendre une bière : je meurs de soif. ... Mademoiselle, une bière, s'il vous plaît.

Florence : — Dis donc, ils sont beaux, tes skis !

Gilles : — Je les ai achetés en Italie. C'est meilleur marché, là-bas. Mais les vôtres sont bien aussi.

Mireille : — Les nôtres ? On les a loués.

Gilles : — Les chaussures aussi ?

Mireille : — Les miennes, oui. Mais Florence a acheté les siennes d'occasion.

Florence : — 200 F. Et elles sont presque neuves.

Gilles : — Tu as fait une bonne affaire.

Florence : — Et en plus, elles sont très confortables.

Gilles : — Ah ! Voilà les consommations. ... Merci... Ça fait combien ?

La serveuse : — 26 F.

Gilles : — C'est moi qui invite.

Mireille : — Non, non, laisse.

Gilles : — Si, si, j'insiste... Voilà... Le service est compris ?

La serveuse : — Oui, monsieur.

Florence : — Ah ! On est bien, ici. Malheureusement, il faut rentrer. Ce soir, le retour, et demain, le boulot ! C'est court, une semaine ! Et toi, tu restes encore à Briançon ? Au fait, comment vont tes parents ?

Gilles : — Beaucoup mieux, merci. Mon père ne souffre plus ; il est rentré à la maison. Et ma mère s'est bien habituée à son plâtre : ça ne la gêne pas trop pour travailler. Je repars demain matin. J'ai un train à 8 heures.

Mireille : — Mais tu peux redescendre avec nous.

Gilles : — C'est gentil, mais j'ai peur de vous déranger.

Mireille : — Tu es ridicule ! On a autant de place qu'à l'aller. On part ce soir après le ski. On peut passer te prendre chez toi.

Florence : — Vraiment, ça ne nous ennuie pas.

Gilles : — Bon, alors j'accepte.

Florence : — Maintenant, tu vas nous donner une leçon de ski...

40

1 Inviter/refuser — Insister/accepter

(Vous avez passé l'après-midi chez des amis.)

Vous : — Bon, eh bien, je vous dis au revoir. Je vais rentrer chez moi.

Votre ami : — Mais non. Tu vas rester dîner avec nous.

Vous : — Non, merci, c'est très gentil, mais je ne veux pas vous déranger. Et puis, vous êtes déjà quatre.

Sa femme : — Tu es ridicule. On a un très gros poulet. Il y a assez à manger pour cinq. Vraiment. J'insiste.

Vous : — Bon, alors, j'accepte.

A vous

Vous sortez du théâtre avec des amis. Vous voulez rentrer chez vous à pied. Ils veulent vous raccompagner. Ils sont déjà cinq, mais ils ont une grosse voiture.

2 Vous prenez un « verre » ensemble.

Barman : — Messieurs, qu'est-ce que je vous sers ?

— Euh... moi, je prendrai une bière.

Barman : — Et pour vous, monsieur ?

— Pour moi, un citron pressé.

Barman : — Voilà. Ça fait 15 F.

— Attends, je vais payer.

— Non, c'est ma tournée.

— Non, laisse, c'est la mienne.

— Mais non, tu es ridicule.

— Si, j'insiste.

— Bon, d'accord. Mais la prochaine sera pour moi.

A vous

Même scène au restaurant.

3 Pour interroger sur l'appartenance.

— Elle est bien, cette voiture. C'est la tienne ?

— Non, elle n'est pas à moi. C'est une voiture de location. La mienne est en panne.

A vous

Vous rencontrez un couple d'amis sur de beaux vélos neufs (même scène).

– Vocabulaire

THÈMES

● **Dans un bar (un café, une brasserie)**

On prend une consommation (un verre, un pot).

☐ **Pour boire un verre :**

On va dans un bar (un bistrot, un café), une brasserie...

☐ **Pour prendre un repas :**

On va dans un restaurant, un snack, une brasserie.

ÉCHANGES

☐ **Pour inviter :**

Vous prenez quelque chose ?
Qu'est-ce que vous prenez ?
Qu'est-ce que tu veux boire ?
Je vous offre un verre ?

☐ **Pour payer :**

Combien je vous dois ?
Vous pouvez encaisser, s'il vous plaît ?
Le service est compris ?

☐ **Pour insister :**

J'insiste. Je t'en prie. Allez, accepte. Tu es ridicule, ça ne m'ennuie pas. Ça ne me dérange pas, je t'assure. Ça me ferait plaisir...

☐ **Pour accepter :**

Bon, ça va. D'accord. J'accepte. Avec plaisir. Pourquoi pas ? Bonne idée...

☐ **Pour exprimer sa satisfaction :**

On est bien ici. C'est agréable. On s'amuse bien. C'est « formidable ». C'est « chouette ». C'est « super »...

DICO

● **Le travail (le boulot)**

aller au
chercher du } travail
reprendre le   *(après les vacances, après une maladie)*
Je n'ai pas de travail = *a)* Je n'ai rien à faire. *b)* Je suis au chômage.

– Grammaire

1 **Le superlatif** *(voir memento grammatical, 8.4).*

☐ **Le superlatif régulier :**

le
la } plus } + adjectif
les   moins } + de, d' + nom

— *supériorité :* les pistes **les plus faciles** (de la station).
— *infériorité :* les pistes où il y a **le moins de** monde.

☐ **Les superlatifs irréguliers :**
— *supériorité :* bon → le meilleur (la meilleure, les meilleur(e)s).
   C'est **la meilleure** boîte **de** la région.
   bien → le mieux (la mieux, les mieux)
   C'est Florence qui skie **le mieux**.
— *infériorité :* mauvais → le (la, les) plus mauvais(e, es)
   → le (la, les) pire(s).
La plus mauvaise piste, **la pire des** pistes.

❷ Les adjectifs numéraux ordinaux.

1	un	premier (première)	1er (1ère)
2	deux	deuxième second (seconde)	2ème 2^{d} (2de)
3	trois	troisième	3^{e}
4	quatre	quatrième	4^{e}
5...	cinq...	cinquième...	5e...
9	neuf	neuvième	9^{e}
10...	dix...	dixième...	10e...
20	vingt	vingtième	20^{e}
21	vingt et un	vingt et unième	21^{e}
22...	vingt-deux...	vingt-deuxième...	22e...
30	trente	trentième	30^{e}
31...	trente et un...	trente et unième...	31e...

❸ Les pronoms possessifs.

		Un seul possesseur		Plusieurs possesseurs	
		Un seul objet	*Plusieurs objets*	*Un seul objet*	*Plusieurs objets*
1re **pers.**	*Masc.* *Fém.*	le mien la mienne	les miens les miennes	le nôtre la nôtre	les nôtres
2e **pers.**	*Masc.* *Fém.*	le tien la tienne	les tiens les tiennes	le vôtre la vôtre	les vôtres
3e **pers.**	*Masc.* *Fém.*	le sien la sienne	les siens les siennes	le leur la leur	les leurs

❹ « Où » pronom relatif.

Il indique le lieu ou la situation dans l'espace et le temps.
Je fais du ski sur une piste. Il n'y a personne sur cette piste.
Je fais du ski sur une piste **où** il n'y a personne.

– Exercices écrits

1. Lettre de Serre-Chevalier. Complétez avec : QUI, QUE, OÙ.

« L'hôtel .... nous sommes se trouve à l'entrée de Chantemerle. Serre-Chevalier, c'est le nom de la station .... nous skions, mais c'est de Chantemerle que partent les remontées mécaniques. Notre chambre a une grande fenêtre .... donne sur les pistes. Le matin, on prend un télécabine .... nous emmène à 2 400 m d'altitude sur les pistes .... nous aimons bien. Le soir, nous allons dans un bar .... nous retrouvons des amis. On s'amuse bien. Et on pense à vous .... n'êtes pas en vacances. »

2. Départ en week-end. Complétez avec un pronom possessif.

Pierre : — Bon, on s'en va. On emmène nos enfants. Et vous ?
Paul : — Non, nous, on n'emmène pas ....
Pierre : — On prend quelle voiture ? La nôtre ?
Paul : — Oui, prenons .... Elle est plus confortable. Nous serons six !
Pierre : — Vos bagages sont prêts ?
Paul : — Ma femme a fait ...., mais moi, je n'ai pas encore fait ....
Pierre : — Eh bien, dépêchez-vous. Nous, on va mettre .... dans le coffre.
On part dans cinq minutes.

3. Objets « perdus ». De quel objet peuvent-ils parler ?
(Une voiture, un verre, une chambre, des disques, une raquette de tennis, des chaussures.)
« Je n'ai pas la mienne. — Moi, si » (une voiture, une raquette)
a) « Il a les leurs. — Ah bon ? Il n'a pas les siens ? »
b) « Excusez-moi, j'ai pris les vôtres ! — Ce n'est pas grave. »
c) « Ils ne sont pas dans la vôtre ? — Non, ils sont dans la leur. »
d) « Il en aura une ? — Oui, il viendra avec la sienne. »

4. Au téléphone. Complétez avec les réponses dans le cadre.

— Allô ? C'est Frédéric ?
— ....
— Ici, c'est Bruno. Nous avons rendez-vous chez toi, avec Marc et Irène, mais je n'ai pas ton adresse.
— ....
— Je ne connais pas cette rue.
— ....
— C'est à quel étage ?
— ....
— Marc t'a déjà téléphoné ?
— ....
— Et Irène, elle arrivera quand ?
— ....
— Bon. Salut. A tout à l'heure.

> — Elle arrivera la dernière.
> — C'est au 12, rue des Jardins.
> — Au 5e.
> — Non, tu es le premier.
> — Oui, c'est moi.
> — C'est la deuxième rue après la grande poste.

5. Champion du monde ! Complétez :
L'Amazone est le fleuve le plus long du monde.
La Rolls Royce est la voiture ....
L'Éverest ....
Tokyo et Mexico ....
La Chine ....
L'URSS ....

6. Le plus des deux, le moins des deux. Continuez comme dans le modèle.
Florence skie mieux que Mireille :
a) C'est Florence qui skie **le mieux.**
b) C'est Mireille qui skie le **moins bien.**
Monsieur Chauvet souffre plus que Madame Chauvet.
a) C'est Monsieur Chauvet qui ....
b) C'est Madame ....
Monsieur Chauvet portera un plâtre plus longtemps que Madame Chauvet.
a) C'est Monsieur Chauvet qui ....
b) C'est Madame ....
Il y a moins d'hôtels à Villeneuve qu'à Montgenèvre.
a) C'est à Villeneuve ....
b) C'est à Montgenèvre ....

● **Dans une boîte de nuit.**

Vous êtes dans une boîte et vous vous ennuyez. Vous parlez avec votre voisin(e) qui s'ennuie lui (elle) aussi. Vous prenez d'abord un verre ensemble, puis vous allez avec lui (elle) dans une autre boîte. Imaginez le dialogue. Jouez la scène.

● **L'immeuble.** *Décrivez.*

— *Combien y a-t-il d'étages ?*

— *Que se passe-t-il au rez-de-chaussée ? Au premier ? etc.*

● **Moi, je préfère...**

Comparez les logements de vacances suivants : l'hôtel, le camping, le caravaning, la location d'une maison ou d'un appartement, aller chez des amis ou des parents.

● **Qu'est-ce que c'est ?**

Donnez une définition en employant :

— *C'est un endroit où* ....

— *C'est quelque chose qui/que* ....

— *C'est quelqu'un qui/que* ....

Qu'est-ce qu'une « boîte » ?

Qu'est-ce qu'une station de sports d'hiver ?

Qu'est-ce qu'un moniteur de ski ?

Qu'est-ce qu'une consommation ?

● **Ma voiture.**

Parlez de la vôtre ou de celle de vos parents. (Vitesse, prix, consommation, nombre de places.) Quelle est la meilleure ?

● **Mes « affaires ».**

Comparez des vêtements et des objets personnels (achetés neufs ou d'occasion), sur le modèle :

— *Dis donc, ils sont beaux tes skis !*

— *Les tiens aussi. Tu as vu les siens ? Ils sont encore mieux.*

● **Mon pays.**

Parlez de votre pays et répondez à des questions sur votre pays :

— *La plus grande ville* .... — *Le fleuve le plus long* .... — *La région la plus jolie* ....

PARLONS MATERIEL...

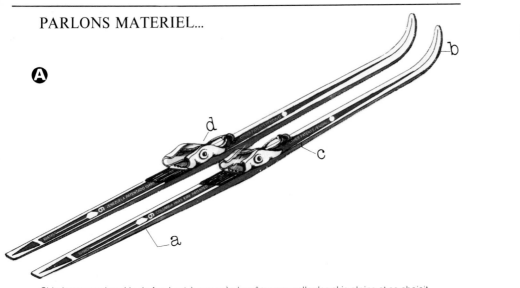

Si la longueur des skis de fond est à peu près la même que celle des skis alpins et se choisit en fonction de la taille du skieur, la largeur, le système de fixations, le poids sont très différents.

En largeur, ils peuvent varier de 46 à 54 millimètres, mais ces quelques millimètres font toute la différence.

Plus larges, ils donnent un meilleur équilibre.

Plus étroits, donc plus légers, ils sont plus rapides et conviennent aux habitués et à ceux qui préparent ou rêvent de compétitions.

Le plastique est utilisé depuis quelque temps déjà, le métal a fait son apparition plus récemment mais le bois reste le matériau le plus classique et différents types de bois entrent dans la fabrication d'un même ski. Un ski de compétition est fait de quatre et même cinq bois superposés ou juxtaposés (1).

Le dernier cri (2), à l'heure actuelle, est la semelle (a) à écailles, semelle « antirecul » qui facilite certainement les premiers pas d'un débutant mais qui peut aussi lui jouer de mauvais tours sur la neige glacée et qui, de toutes façons, s'use beaucoup trop vite, aux dires des gens sérieux.

Les fixations (d) ne maintiennent que l'avant du pied et laissent le talon libre et mobile.

Le matériel de fond est beaucoup moins lourd, beaucoup moins encombrant que le matériel de ski alpin. La souplesse et la légèreté sont ses caractéristiques essentielles.

1) Le bouleau, l'hickory (sorte de noyer d'Amérique du Nord), le sapin, le hêtre et le balsa (bois très léger d'Amérique Centrale).
2) La dernière mode.

B

Nombre de Jours	1	2	3	4	5	6	7
SKIS adultes							
Super Prestige	47	94	141	181	223	254	282
Prestige	44	88	132	169	209	238	264
1ᵉ catégorie	40	80	120	154	190	216	240
2ᵉ catégorie	28	56	84	108	133	151	168
CHAUSSURES adultes (36-46)							
avec skis	13	26	39	49	60	73	84
sans skis	18	36	51	67	83	99	114
SKIS DE FOND							
Skis, bâtons	23	46	69	88	109	124	138
Chaussures	9	18	27	35	43	49	54
Tout compris	30	60	90	115	139	161	178

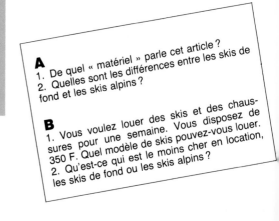

A
1. De quel « matériel » parle cet article ?
2. Quelles sont les différences entre les skis de fond et les skis alpins ?

B
1. Vous voulez louer des skis et des chaussures pour une semaine. Vous disposez de 350 F. Quel modèle de skis pouvez-vous louer.
2. Qu'est-ce qui est le moins cher en location, les skis de fond ou les skis alpins ?

Bilan 1

Passé composé. I Complétez les phrases en mettant les verbes suivants au passé composé :
Avoir, déraper, emmener, aller, partir, monter, déposer, prendre.

Les parents de Gilles .... un accident de voiture : ils .... sur une plaque de verglas. On les .... à l'hôpital où Gilles .... les voir. Il .... d'Aix-en-Provence en auto-stop et il .... dans la voiture de Mireille et de Florence. A Briançon, les deux amies l'............ .... à côté de l'hôpital et elles .... la route de Serre-Chevalier.

II Même exercice avec les verbes suivants :
Rencontrer, se rencontrer, faire, aller, se coucher, écouter, rentrer.

— Tu .... Paul hier soir ? — Oui, nous .... à la sortie du cinéma.
— Qu'est-ce que vous .... ? — Nous .... prendre un verre au Select.
— Vous .... tard ? Tu as l'air fatiguée.
— Oui, on .... de la musique, et je .... vers deux heures du matin.

III Faites une phrase en utilisant les groupes verbaux suivants au passé composé :
— Se rencontrer chez des amis :
Elles ....
— Se donner rendez-vous à « La Coupole » :
Elles ....
— S'écrire tous les jours :
Ils ....
— Se voir mais ne pas se parler :
Nous ....

Pronoms compléments. I Répondez aux questions en utilisant les pronoms compléments qui conviennent :
— Qui a envoyé un télégramme à Gilles ? → Sa grand-mère lui a envoyé un télégramme.
— Est-ce que Gilles a téléphoné à ses parents ?
— Est-ce que Mireille et Florence connaissent la grand-mère de Gilles ?
— Où ont-elles rencontré Gilles ?
— Est-ce qu'elles sont venues voir Gilles à Briançon ?
— Est-ce que Gilles a pu voir ses parents à l'hôpital ?

II Complétez :

Ce sont		
mes skis	————→	Ces skis sont à moi.
tes	————→	....
ses	————→	....
nos	————→	....
vos	————→	....
leurs	————→	....

III Retrouvez les phrases qui se correspondent :

1 Il envoie un télégramme à ses parents.	a Il les lui envoie.
2 Il envoie une lettre à ses parents.	b Il leur en envoie.
3 Il envoie un télégramme à sa mère.	c Il leur en envoie un.
4 Il envoie à son père, les cigarettes qu'il a achetées.	d Il les leur envoie.
5 Il envoie à ses parents les lettres qu'il a reçues.	e Il lui en envoie.
6 Il envoie une lettre à sa mère.	f Il leur en envoie une.
7 Il envoie des cadeaux à ses parents.	g Il lui en envoie un.
8 Il envoie des cigarettes à son père.	h Il lui en envoie une.

IV Vous êtes Gilles, répondez à la question en utilisant des pronoms compléments :
— Connais-tu Mireille et Florence ?
— Oui, je les connais. Elles .... ont pris en stop sur la route de Briançon et .... ont emmené à Briançon. Elles sont très sympa, je .... les présenterai.

Accord de l'adjectif. Avec les adjectifs suivants, complétez les phrases en respectant l'accord des adjectifs :
Mauvais, cassé, excellent, fatigué, neuf, premier, confortable, grave.

— Tu t'es amusé au théâtre ?
— Non, la pièce était ....
— Il a un plâtre, il a une jambe ....
— Merci beaucoup, nous avons passé une .... soirée.
— Elle travaille trop, elle est ....
— Ne mets pas tes chaussures .... pour aller danser.
— Il a gagné la .... place au concours.
— Les chaises Louis XIII ne sont pas ....
— Il est entré à l'hôpital pour subir une .... opération.

Passé récent. Répondez aux questions en utilisant la tournure « je viens de » :
— Votre train part à 13 h 56. Vous arrivez en courant à la gare, à 14 h.
Que dites-vous ? — Zut, ...
— Il rentre chez lui, le téléphone sonne et il décroche.
Que dit-il ? — Allô, ...
— Vous téléphonez à un ami, il n'est pas là. 5 minutes après, il vous appelle.
Que lui dites-vous ? — Allô, ...

Les articles partitifs. Complétez :

Je n'ai plus .... cigarettes. Veux-tu un peu ....eau ?
Il a .... travail. Va acheter .... bière et .... eau.
Prendrez-vous .... vin ? Je ne bois plus .... café,
je bois .... thé. Il n'a plus .... travail. Vous avez
.... chance. Il n'y a pas assez ....huile
dans la salade. Il n'a jamais assez ....argent.

Pronoms possessifs. Complétez.

J'ai commencé mon travail.

Mireille	a	terminé	le sien.
Pierre et Jean	....	terminé	....
Nous	....	terminé	....
Elles	....	terminé	....
Vous	....	terminé	....

Impératif. Trouvez le verbe qui s'impose et utilisez-le à l'impératif. (mettre le trait d'union si nécessaire)

— Je ne peux pas prendre ma voiture, ... la tienne.
Je n'ai pas ton numéro de téléphone, ... le moi.
Ne m'appelle pas ce soir, ... moi demain.
Il est tard, ... te coucher.
Je vais aller vous chercher, ... moi où vous êtes.
.... y, tu vas être en retard.
Je suis en retard, ... moi.
N'.................. pas peur, ce n'est pas dangereux.
Ne t'.................. pas, il va arriver.

Futur immédiat. Trouver une suite logique, au futur immédiat, selon le modèle donné :

ex. : Il a pris son maillot de bain. Il va sûrement se baigner.
Il a acheté de la farine et des œufs. Il ....
Il a pris du papier, des enveloppes et des timbres. Il ....
Elle a demandé de la monnaie pour le téléphone. Elle ....
Elle a demandé un formulaire de télégramme. Elle ....
Il a emporté ses cours en vacances. Il ....
Elle a réservé une place dans l'avion de 12 h 30 pour New York. Elle ....

Pronoms relatifs. Avec les deux phrases construisez une seule phrase comportant une subordonnée relative.

Ex. : Donne-moi l'annuaire. (Il est sur la table.)
Donne-moi l'annuaire qui est sur la table.
— J'ai écrit à mon frère. (Il est en Allemagne.)
— C'est Jean-Claude. (Il arrive.)
— Écoute le disque de Peterson. (Je l'ai acheté ce matin.)
— Il a écrit deux lettres. (Il les a déjà envoyées.)
— J'ai fait un gâteau. (Nous le mangerons ce soir.)
— Mireille et Florence sont allées à Serre-Chevalier. (Elles ont fait du ski à Serre-Ch.)
— Le petit garçon brun, c'est mon frère. (Tu l'aperçois à gauche sur la photo.)
— Je l'ai rencontré au restaurant. (Je vais déjeuner tous les jours dans ce restaurant.)

Les adverbes. A partir des adjectifs suivants, complétez les phrases en utilisant les adverbes en « -ment » correspondants : *Sûr, lent, énorme, vrai, direct.*

Il est 8 heures, ils sont .... chez eux.
Nous ne nous arrêterons pas, nous irons .... à l'aéroport.
Elle a .... travaillé cette semaine. (3 possibilités)
Il conduit très ....
Vous parlez .... bien le francais.
Nous nous sommes .... amusés. (2 possibilités)

Comparatifs. Complétez :

L'avion est .... que l'automobile.
L'huile est .... que l'eau.
1 kg de plumes pèse .... qu'1 kg de fer.

Retrouvez les comparatifs particuliers :

Jean sera vite (+ bon) .... que moi en français.
Mon accent est mauvais mais le tien est .... (+ mauvais).

Futur simple. I Complétez en conjuguant le verbe qui s'impose au futur simple :

1. Ce soir, rendez-vous à l'Opéra à 8˝h.
D'accord, j'y .... à 8 h. Je .... le métro et j'.................. sûrement avant toi. Je t'.................. devant le guichet.
2. Il a 3 ans. Il .... 20 ans en l'an 2000.
3. Ne prends pas ton parapluie, il ne .... pas.
4. Il n'y a pas de neige, tu ne .... pas skier la semaine prochaine.
5. Il ne m'a pas appelé, je ne l'.................. pas non plus.

Superlatifs. Retrouver les tournures synonymes en utilisant les superlatifs contraires.

Ex. : Le plus propre	= le moins sale
Le meilleur	= ....
Le plus vieux	= ....
Le plus long	= ....
Le plus lent	= ....
Le meilleur marché	= ....

II Complétez en choisissant le verbe « être » ou « savoir » au futur simple.

1. Il a bien travaillé ; il .... sûrement reçu à son examen.
2. Je leur ai montré le chemin ; ils .... y aller.
3. Il n'a pas appris sa leçon ; il ne .... pas faire ses exercices.
4. J'ai cassé la machine à écrire ; est-ce que tu .... la réparer ?
5. Venez dîner demain soir ; nous .... très contents de vous voir.

Verbes pronominaux. Complétez les phrases en utilisant les verbes qui s'imposent au passé composé :
Se reposer, s'amuser, se passer, se débrouiller, se rencontrer.

1. J'ai dormi 10 heures : je me .... bien ....
2. Ils ont eu un accident : l'accident .... dans un virage.
3. Ils ont joué tout l'après-midi : ils .... bien ....
4. Je ne la connais pas : nous ne .... jamais ....
5. Comment ont-ils fait ? Ils n'ont pas d'argent et ils .... pour acheter une voiture neuve.

Les montagnards

(folklore)

1.

Montagnes Pyrénées
Vous êtes mes amours
Cabanes fortunées
Vous me plairez toujours
Rien n'est si beau que ma patrie
Rien ne plaît tant à mon amie
O montagnards, O montagnards
Chantez en chœur, chantez en chœur
De mon pays, de mon pays
La paix et le bonheur.

Refrain

Halte-là Halte-là Halte-là
Les montagnards, les montagnards
Halte-là Halte-là Halte-là
Les montagnards sont là
Les montagnards, les montagnards
Les montagnards sont là

2.

Laisse-là tes montagnes !
Disait un étranger
Suis moi dans mes campagnes
Viens, ne sois plus berger !
Jamais ! Jamais quelle folie !
Je suis heureux de cette vie
J'ai ma ceinture, j'ai ma ceinture
Et mon béret, et mon béret
Mes chants joyeux, mes chants joyeux
Ma mie et mon châlet

(au refrain)

3.

Sur la cime argentée
De ces pics orageux
La nature domptée
Favorise nos jeux
Vers les glaciers, d'un plomb rapide
J'atteins souvent l'ours intrépide !
Et sur les monts, et sur les monts
Plus d'une fois, plus d'une fois
J'ai devancé, j'ai devancé
La course du chamois !

(au refrain)

4.

Déjà dans la vallée
Tout est silencieux
La montagne voilée
Se dérobe à nos yeux
On n'entend plus dans la nuit sombre
Que le torrent mugir dans l'ombre
O montagnards, O montagnards
Chantez plus, chantez plus bas
Thérèse dort, Thérèse dort
Ne la réveillons pas.

(au refrain)

2. 1. Départ pour l'Afrique

La scène se passe à l'aéroport de Roissy où M. Lefèvre, directeur d'une imprimerie, accompagne son associé, M. Besson, qui se rend à Bamako (Mali) pour la FO.LI.MA (Foire du Livre du Mali).

L'hôtesse :	— Voici, monsieur : votre billet et votre carte d'embarquement. L'embarquement est déjà commencé, satellite 4.
M. Besson :	— Merci, mademoiselle. Ça y est : j'ai fait enregistrer ma valise.
M. Lefèvre :	— Bon, eh bien, je te laisse, François. Je rentre au bureau. Bon voyage et bon travail. Mais... C'est Monsieur Diouf !
M. Diouf :	— Monsieur Lefèvre ! Comment allez-vous ?
M. Lefèvre :	— Ça va, et vous ?
M. Diouf :	— Très bien, merci.
M. Lefèvre :	— François, je te présente un vieil ami, Monsieur Diouf, de Dakar, directeur commercial des Nouvelles Éditions Dakaroises. Monsieur Diouf, voici François Besson, mon associé.
M. Besson :	— Très heureux.
M. Diouf :	— Enchanté. Vous prenez quel avion, messieurs ?

M. Lefèvre :	— Moi, je ne pars pas. Je suis venu accompagner François Besson qui va à Bamako.
M. Diouf :	— Tiens! J'y vais, moi aussi. Je suppose que vous allez à la Foire du Livre ?
M. Besson :	— Oui, je dois y rencontrer des éditeurs africains.
M. Diouf :	— Vous avez des projets pour l'Afrique ?
M. Lefèvre :	— Oui, nous avons l'intention d'y créer une petite succursale.

M. Diouf :	— Bravo! Je pense que c'est une très bonne idée. Je suis sûr que ça intéressera tous mes collègues.
M. Lefèvre :	— Attendez, ce n'est pas encore fait. M. Besson va d'abord prendre des contacts, ensuite nous allons étudier la question et puis nous prendrons une décision. Vous qui connaissez beaucoup de monde, vous pourrez peut-être guider un peu François Besson.
M. Diouf :	— Comptez sur moi. Je serai à Bamako jusqu'à dimanche prochain. Nous pourrons nous voir.
M. Besson :	— Avec plaisir. Moi, je resterai pendant toute la durée de la foire.
M. Diouf :	Je vous ferai rencontrer des collègues africains. Nous pourrons organiser un déjeuner avec eux. Qu'est-ce que vous en pensez ?
M. Besson :	— C'est une excellente idée.

(Haut-parleur) : « Vol Air Afrique 47 à destination d'Abidjan, embarquement immédiat. »

M. Diouf :	— Je crois qu'il faut y aller maintenant. Nous allons être en retard. Notre vol dure un peu plus de cinq heures ; mais nous aurons le temps de parler. Au revoir, Monsieur Lefèvre. A bientôt, j'espère.
M. Lefèvre :	— Au revoir, Monsieur Diouf. Salut, François, et bon voyage.

❶ Pour réserver une place d'avion par téléphone.

L'employée :	— *Air Afrique, réservations, j'écoute.*
Le client :	— *Bonjour, madame. Je voudrais une place pour Bamako, s'il vous plaît.*
L'employée :	— *Quel jour désirez-vous partir ?*
Le client :	— *Le lundi 10 février.*
L'employée :	— *Vous avez un vol direct le lundi. Départ à 12 h 35 de Roissy 1, arrivée à Bamako à 17 h 10, heure locale.*
Le client :	— *Je dois être à l'aéroport à quelle heure ?*
L'employée :	— *Une heure avant le décollage.*

A vous

Vous voulez partir à Mexico le mercredi 3 juin par Air France ou le jeudi 4 juin. (Sur les horaires, les jours sont indiqués en chiffres : 1 = lundi.)

❷ Pour « avoir » son avion.

Il est 11 h. Jacques part à Milan.

Lui/Elle :	— *Ton avion part dans combien de temps ?*
Jacques :	— *Dans une heure et demie.*
Lui/Elle :	— *A quelle heure est l'embarquement ?*
Jacques :	— *A midi trente, porte n° 43. On a le temps, on est en avance.*

A vous

Vous partez à Washington, il est 11 h 30.

❸ Pour demander son avis à quelqu'un.

Pierre :	— *J'ai l'intention de vendre ma maison et d'en acheter une autre plus grande.Qu'est-ce que tu en penses ?*
Son ami :	— *Ben, je ne sais pas...*
Pierre :	— *Je peux aussi faire des travaux et agrandir la maison.*
Son ami :	— *Ah oui, je crois que c'est une meilleure idée.*
Pierre :	— *Alors tu pourras m'aider, j'espère.*
Son ami :	— *Bien sûr. Compte sur moi.*

A vous

Vous voulez recevoir Anne et Vincent.
Vous pouvez préparer un bon repas chez vous ou les inviter au restaurant. Vous demandez son avis à votre ami(e).

VILLES DESSERVIES R : Réservation	Code Rapport UTC	DEPART PARIS ▣ = Aéroport				
		JOURS	VALIDITE du au	DEPART ▣ ✕	ARRIVEE ▣	
MAURICE (île) Océan Indien Plaisance 29 km taxe 100 roupies P. Louis 5 rue J. Kennedy POB 60 ☎ 2 1286	MRU +5△	1----- 1----- --3--- ----5-- -----6- ------7	13/12 3/1 14/2 28/2	22 20S 22 20S 19 55S 20 40A 19 00S 20 10S	P 16 55a P 16 55a P 16△10a P 15△25a P 15△30a P 16△25a	
Hôtel MERIDIEN Dinarobin ☎ 6 1323 Telex 4444		Lignes cargo --3-- △ - 1 h 00 a/c du 13/03.		16 45S	12△40a	
MEXICO Mexique International 13 km car 12 pesos - taxe 300 pesos AF 76 Paseo de la Reforma ☎ 546 9140 R : 566 0066	MEX -6	**Concorde** 1234567 1-3--67		11 00A R 12 10A X	13 40 19 05	
Fauteuils-couchettes en 1re classe sur les 747 d'Air France						

A VENDRE
75 Km de PARIS. EURE.
SUR 3000 m² de Terrain
Maison 180 m² habitable
à Rénover.
Etude SEVIM s.a.r.l. 350.000 F.

THÈMES

● L'aéroport :

Un passager, une passagère.
Une compagnie aérienne (Air France, Air Afrique).
L'enregistrement des bagages (guichet n° ...).
L'embarquement des passagers (porte n° ...).
Un vol à destination de ....
 en provenance de ....

● Les livres

Une imprimerie	: les imprimeurs impriment les livres.
Une maison d'édition	: les éditeurs publient des livres.
Une librairie	: les libraires vendent des livres.

(Les auteurs écrivent les livres!)

Un livre, un journal, une revue, un magazine, ...

ÉCHANGES

● Demander un avis

J'ai l'intention de .... J'ai envie de .... J'ai décidé de ....
Je voudrais .... Je pourrais .... J'aimerais ....

Qu'est-ce que tu en penses? *Qu'est-ce que vous en pensez?*
A ton avis c'est une bonne idée? *A votre avis c'est bien?...*

● Réaction positive : Je pense (crois, suis sûr, trouve) que... c'est très bien.
 Oui, à mon avis... c'est une bonne idée.
 vous avez raison.
 ça va marcher.

● Réaction neutre : Je ne sais pas. Je ne peux pas vous dire. Je n'en pense rien.
 Je n'ai pas d'avis sur la question. Bof !

● Réaction négative : Je pense (crois, suis sûr) que... ce n'est pas une bonne idée.
 Non, à mon avis... ça ne marchera pas.
 vous avez tort.

DICO

● Accompagner

[akɔ̃paɲe] V. TR. Sens 1 — Aller avec — *Il l'accompagne à la gare.*
Sens 2 — Ajouter, joindre — *Un repas accompagné de vin rouge.*
Sens 3 — Soutenir le chant avec un instrument de musique. — *Il l'accompagne au piano.*

● S'accompagner de : V. PR. être accompagné, suivi de.

● Accompagnateur, trice : N. Celui/celle qui accompagne.

● Accompagnement : N. M. Action d'accompagner.

A vous

Quel est le sens de ACCOMPAGNER dans le texte?
Expliquez les abréviations : V. TR., N. M., V. PR.
Sur le modèle d'ACCOMPAGNER faites le « dico » de : EMBARQUER.

1 Les subordonnées complétives *(voir memento grammatical, 23)*
a) Les complétives sont introduites par la conjonction **que**.
b) On les trouve après les verbes : **croire, penser, supposer, être sûr, espérer, ...**

Proposition principale à l'indicatif présent			Proposition subordonnée complétive à l'indicatif.
	crois	que	nous sommes en retard.
	pense	que	c'est une bonne idée.
Je	trouve	que	tu as eu tort.
	suppose	que	vous allez à la Foire du Livre.
	suis sûr	que	ça intéressera mes collègues.
J'	espère	que	vous pourrez le guider...

c) Le verbe de la subordonnée complétive est presque toujours à l'indicatif lorsque le verbe de la principale est à la forme affirmative. Les formes interrogatives et négatives demandent souvent le subjonctif (voir Chapitre 3).

d) Remarquez les deux possibilités suivantes :
J'espère que vous pourrez le guider.
— Vous pourrez le guider, j'espère ? (Sans QUE.)

Je crois qu'il faut y aller.
— Il faut y aller, je crois. (Sans QUE.)

2 Faire + infinitif *(voir memento grammatical, 23.5)*
a) *Emploi passif :*   M. Besson fait enregistrer sa valise.
                     Il fait laver sa voiture.
b) *Emploi actif :*   L'hôtesse fait entrer les gens dans l'avion.
                     L'agent de police fait traverser les piétons.
c) *Emploi réfléchi :*   Il se fait conduire à l'aéroport par son chauffeur.

3 D'abord, ensuite... *(voir memento grammatical, 26.3)*
a) Il fait sa toilette. b) Il prend son petit déjeuner et lit le journal. c) Il fume une cigarette.
a) — **D'abord,** il fait sa toilette.
b) — **Ensuite,** il prend son petit déjeuner et lit le journal.
c) — **Enfin/Et puis/Après,** il fume une cigarette.

1. Le petit est malade. Complétez selon le modèle.
— *Comment va le petit ?*
— *Il va mieux. Il dort en ce moment.*
— *Est-ce qu'il a mangé ?*
— *Oui, je l'ai **fait manger**.*
— *Est-ce que le docteur est venu ?*
— *Non, je ne ....*
— *Est-ce qu'il a pris quelque chose ?*
— *Oui, je lui .... de l'aspirine.*

2. On a bien travaillé à l'école. Complétez, comme dans l'exercice précédent.
Le père :   — *Qu'est-ce que tu as fait à l'école aujourd'hui ?*
Le fils :   — *Au cours d'anglais, le professeur nous a .... lire. Et puis il nous a .... parler.*
      Ensuite, il nous a appris une chanson et nous l'a .... chanter. Enfin, il nous a ....
      écrire une lettre.

3. Jean et Rémy prennent le train. Transformez les phrases comme dans le modèle.
Jean :   — *On va rater notre train, je crois = Je crois qu'on va rater notre train.*
Rémy :   — *Mais non. Nous ne serons pas en retard, je suis sûr = ... J'ai appelé un taxi.*
Jean :   — *Il va venir vite, j'espère =*
Rémy :   — *Tiens, le voilà. On sera à l'heure, je suis sûr = ...*
Jean :   — *Nous n'aurons pas le temps d'acheter des journaux, je crois = ...*
Rémy :   — *Mais si ! Tu t'inquiètes pour rien, je trouve = ...*

4. J'ai besoin de vacances. Choisissez le verbe qui convient.
— *Je pense / Je suis sûr / J'espère / que je vais prendre quelques jours de vacances.*
— *Tu n'es pas malade, / je pense ? / j'espère ? / je suis sûr ?*
— *Non, mais / je crois / j'espère / je suis sûr / que je suis un peu fatigué en ce moment.*
— *Tu as vu le médecin ?*
— *Bien sûr, il m'a dit d'arrêter de travailler pendant une semaine.*
— *Je crois / Je suis sûr / J'espère / que je vais aller à la campagne.*
— *Une semaine à la campagne ? / Je crois / J'espère / Je suis sûr / que tu ne vas pas trop t'ennuyer !*

5. Une lettre d'Amérique.

> *Mon cher Yves,*
> *C'est décidé, nous répondons à ton invitation : nous venons passer trois mois en France. Nous voulons louer la petite maison au fond de ton jardin. Je crois que tu as une deuxième voiture qui est très vieille. Est-ce qu'on pourra s'en servir ? Nous ne connaissons pas la France et nous comptons sur toi pour voir beaucoup de choses, rencontrer des gens. Peter voudrait connaître les vins et moi, je meurs d'envie de manger des escargots. Est-ce que tu pourras t'occuper un peu de nous ? Réponds-nous vite.*
> *Amicalement,*
> *Diana et Peter*

Yves répond. Tout sera prêt en juillet : *il y aura une douche dans la petite maison, la voiture sera réparée. Il sera en vacances et pourra s'occuper d'eux. Il les emmènera en Bourgogne, pays du vin et de la bonne cuisine.*

Faites la lettre en employant :
Je suis sûr que .... Je pense que ....
J'espère que .... Je vais faire (+ infinitif) — Je vous ferai (+ infinitif) ....

● **Une soirée.**

Laurence est sortie hier soir avec Thierry. Aujourd'hui elle rencontre Jocelyne qui lui pose beaucoup de questions sur sa soirée.

Faites-les parler en employant : *d'abord, ensuite, et puis, après, enfin, pendant.*

● **Faire et faire faire !**

Que font-ils ?

● **Un bon livre (!?)**

Regardez votre livre Sans Frontières 2.

— *Quel est le nom de l'éditeur ?*

— *Des auteurs ?*

— *De l'imprimeur ?*

— *Où l'avez-vous acheté ?*

• Tranche de vie.

Racontez votre journée d'aujourd'hui : ce que vous avez fait et ce que vous allez faire, en **employant :** *d'abord, ensuite, et puis... avant, après, maintenant, tout à l'heure...*

• Projets, avis, conseils.

a) *Vous voulez acheter une machine à laver la vaisselle. Vous demandez conseil à vos ami(e)s. L'un est pour, l'autre contre, le troisième n'a pas d'avis sur la question.*
b) *Vous avez l'intention d'acheter une voiture. Neuve ou d'occasion ? Vous en parlez à un(e) de vos ami(e)s. Il (elle) va vous aider à trouver une bonne occasion.*
c) *Vous avez très envie d'ouvrir un restaurant. Vous voulez vous associer avec des ami(e)s.*
Imaginez les discussions.

• Le test du célibataire

Mettez une croix dans la case qui vous correspond.

A. Le repassage
a) Je n'aime pas repasser, mais je sais le faire.
b) J'aime bien repasser, ça m'amuse.
c) Je déteste ça. Je fais repasser mes chemises dans une blanchisserie ou par une copine.

B. La peinture
a) Je suis très maladroit. Je mets de la peinture partout.
b) Quand je change d'appartement, je refais toujours les peintures.
c) Je m'adresse toujours à un peintre professionnel. C'est plus cher, mais c'est mieux fait.

C. L'électricité
a) J'ai très peur de l'électricité. Je n'y touche jamais. J'appelle un électricien.
b) Je sais faire les petits travaux d'électricité : je peux réparer une prise, installer un interrupteur sur un fil.
c) Chez moi, j'ai refait toute l'installation électrique.

D. Le ménage
a) Je passe l'aspirateur le dimanche.
b) Je n'ai pas le temps de faire mon ménage. Je paie une femme de ménage pour ça.
c) Je fais un peu de ménage tous les jours.

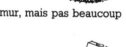

E. Le bricolage
a) Je bricole un peu. Je sais faire des étagères, mettre une cheville dans un mur, mais pas beaucoup plus.
b) Je ne suis pas du tout bricoleur. Je suis trop maladroit.
c) Je suis très fort en bricolage. Mes amis le savent bien : ils me font tout faire chez eux !

Calculez votre score

A. a) 3, b) 3, c) 1.   De 14 à 18 : vous savez presque tout faire.
B. a) 1, b) 3, c) 1.   Vous n'avez besoin de personne.
C. a) 1, b) 2, c) 3.   De 9 à 13 : vous pouvez vivre seul, mais difficilement.
D. a) 2, b) 1, c) 3.   De 6 à 8 : savez-vous que tout s'apprend ?
E. a) 2, b) 1, c) 3.   5 : vous êtes très maladroit ou très paresseux ?

— *Ce test s'adresse aux hommes.*
Est-ce que les réponses sont vraiment « masculines » ?
— *Interrogez vos voisines :*
Qu'est-ce qu'elles savent faire ? Qu'est-ce qu'elles font ?
Qu'est-ce qu'elles font faire ? Pourquoi ?
Est-ce qu'elles font de la peinture, de l'électricité ?... Comment ça se passe ?
— **Il y a trois réponses par sujet. Pouvez-vous en trouver une quatrième ?**

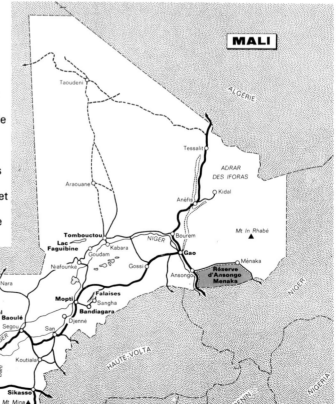
Liaisons aériennes

De Paris, les jets **U.T.A.** et **AIR AFRIQUE** desservent BAMAKO en correspondance avec les vols intérieurs reliant les villes principales.

Adresse U.T.A.

BAMAKO : **U.T.A.**, square Lumumba, B.P. 204, agence passages, tél. : 22.22.12/13 ; fret, tél. : 22.30.02. Câble : TELUTA.

U.T.A. est représentant commercial d'AIR FRANCE et agent général de : AIR ALPES, AIR MALAWI, BRITISH AIRWAYS, CAMEROON AIRLINES, AIR INTER, GULF AIR, QANTAS, ROYAL AIR MAROC.

Aéroport et transfert

L'aéroport international de « Bamako-Sénou » est situé à 15 km de la capitale malienne.

Transfert en taxi aéroport-ville ou vice-versa : FM **3 000.**

Lignes intérieures

De Bamako, la Compagnie **AIR MALI** assure des services réguliers vers GAO, GOUNDAM, KAYES, KENIERA, MOPTI, NARA, NIORO, TOMBOUCTOU.

BAMAKO : **AIR MALI**, avenue de la Nation, B.P. 27. Tél. 22.35.36. Câble : AIR MALI, télex 568.

A.
— Comment peut-on se rendre de l'aéroport de Bamako au centre-ville ?
— Vous voulez aller de Paris à Gao. Quelles compagnies aériennes vous y conduiront ?
— Un grand fleuve traverse le Mali. Lequel ?
— Où est située la ville de Kayes ?

B Vrai ou faux ?
On ne parle que le français au Mali.
— Le Mali est un pays très peuplé.
— Les gens vivent surtout dans les campagnes.
— La partie nord du pays est très faiblement peuplée.

MALI·

Vos hôtes

Mali

6 600 000 habitants vivent au Mali. La densité est faible : 3,8 habitants au km². Essentiellement campagnarde, la population est très inégalement répartie sur le territoire malien. Les quatre cinquièmes dans la partie occidentale du pays, un dixième dans les villes dont les plus importantes sont Bamako, la capitale (350 000 hab.) et Kayes (32 000 hab.). On y trouve vingt-trois ethnies : les plus importantes sont les Bambaras, les Malinkés, les Kaassonkés, les Sonraïs et les Dogons. Les musulmans sont 64 %, 34 % des Maliens sont animistes et 2 % chrétiens. Le français est la langue officielle, mais chaque ethnie a sa langue propre.

2. 2. Dans l'avion de Bamako

L'hôtesse :	— Voulez-vous des rafraîchissements, messieurs ?
M. Diouf :	— Qu'est-ce que vous avez ?
L'hôtesse :	— De la bière, du whisky, des cocktails de jus de fruits...
M. Diouf :	— Je vais prendre un jus de fruit.
L'hôtesse :	— Lequel voulez-vous ? Celui-ci est sans alcool ; celui-là est au rhum.
M. Diouf :	— Je vais prendre le premier.
L'hôtesse :	— Et vous, monsieur ?
M. Besson :	— Je voudrais un whisky, s'il vous plaît.
L'hôtesse :	— Voilà.
M. Besson :	— Vous ne buvez pas d'alcool, Monsieur Diouf ?
M. Diouf :	— J'évite d'en boire, mais dans mon métier, ce n'est pas toujours facile.
M. Besson :	— Il y a longtemps que vous êtes dans l'édition ?
M. Diouf :	— Depuis quatre ans.
M. Besson :	— Et avant, qu'est-ce que vous faisiez ?
M. Diouf :	— Je travaillais dans un ministère. J'avais une vie plus calme. Tous les jours j'allais au bureau à 9 heures et j'en sortais à 5 heures. Maintenant, je travaille dix heures par jour, je reste souvent au bureau jusqu'à 8 ou 9 heures, et je passe le reste du temps dans des avions.
M. Besson :	— Je suppose que cette vie vous plaît ?
M. Diouf :	— Au début, j'aimais bien, mais maintenant, je trouve que ces voyages sont un peu fatigants. Ce sont surtout les changements de climat qui sont désagréables.

M. Besson :	— A propos, quelle sera la température à Bamako ?
M. Diouf :	— Entre 28 et 30°.
M. Besson :	— C'est beaucoup !
M. Diouf :	— Vous trouvez ?
M. Besson :	— Ah, oui ! Je suppose que vous êtes habitué à la chaleur, mais moi, je la supporte mal. Mais je pense que mon hôtel sera climatisé !
M. Diouf :	— Vous descendez à quel hôtel ?
M. Besson :	— A l'hôtel de l'Amitié.
M. Diouf :	— Alors, ne vous inquiétez pas. C'est un très bon hôtel, au bord du fleuve, avec une vue magnifique. Je suis sûr que vous y serez très bien. On vient vous chercher à l'aéroport ?
M. Besson :	— Non, je ne connais personne à Bamako. Je prendrai un taxi.
M. Diouf :	— Un conseil, à propos des taxis : en Afrique, il y a les vrais taxis et les faux taxis. Il faudra faire attention.
M. Besson :	— Pourquoi ? Les faux taxis sont dangereux ?
M. Diouf :	— Oui, pour votre portefeuille ! Ils n'ont pas de compteur.
M. Besson :	— Merci de me prévenir. Mais vous savez, des faux taxis, on en trouve partout.
M. Diouf :	— Oui, c'est vrai !
Le commandant de bord :	— Mesdames, messieurs, nous survolons actuellement Tombouctou. Nous serons à Bamako dans une heure.
M. Besson :	— Déjà, c'est rapide !

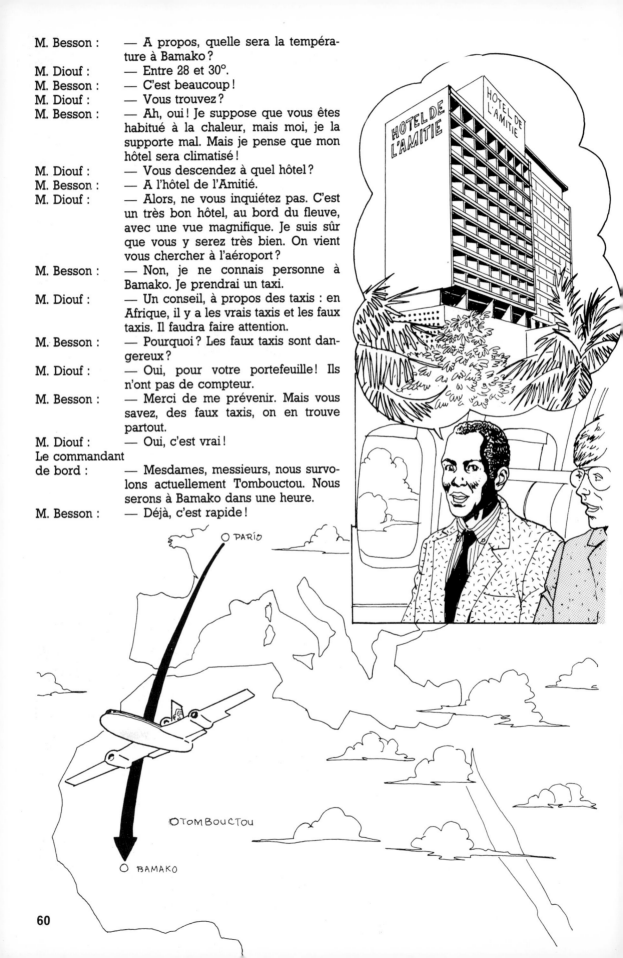

❶ Pour choisir.

Le passager : — Je voudrais un parfum pour ma femme, s'il vous plaît. Entre 100 et 120 F.

L'hôtesse : — Il ne m'en reste pas beaucoup. Tenez, j'ai celui-ci qui fait 109 F et celui-là qui fait 140 F. Lequel voulez-vous ?

Le passager : — Je crois que je vais prendre le premier. L'autre est un peu trop cher.

A vous

Vous voulez une veste de cuir entre 1 500 F et 2 000 F. Dans le magasin, il y en a deux : la première à 1 900 F, la seconde à 2 200 F. Vous prenez la deuxième, plus jolie.

❷ Pour aller à l'aéroport (ou venir de...) : en train, taxi ou car.

(Dans une agence d'Air France.)

Une dame : — Comment fait-on pour aller à Roissy, s'il vous plaît ?

L'employé : — Vous avez des trains qui partent de la gare du Nord. Vous suivez la direction Roissy-Rail.

La dame : — Il y a souvent des trains ?

L'employé : — Toutes les quinze minutes. Et vous êtes à Roissy en 35 minutes.

La dame : — Ça ne va pas plus vite en taxi ?

L'employé : — Non ! Et c'est beaucoup plus cher. Vous pouvez aussi prendre un car Air France à la porte Maillot, vous serez à Roissy en une demi-heure. Faites bien attention : il y a deux aérogares : Roissy 1 et Roissy 2. Regardez bien sur votre billet.

La dame : — Merci de me prévenir.

A vous

Vous voulez aller à Orly. **En train** par Orly-Rail, départ toutes les 15 minutes des stations de R.E.R. Pont Saint-Michel et Austerlitz. Durée : 30 minutes.
En car départ des Invalides toutes les 12 minutes. Durée du trajet : 30 minutes.
Attention : il y a Orly-sud et Orly-ouest.

– Vocabulaire

THÈMES

- **L'avion**
  - ☐ **L'équipage ou « personnel navigant » :** une hôtesse, un steward, un commandant de bord.
  - ☐ **Les consignes de sécurité :**
  - — « Vous êtes priés de mettre votre ceinture de sécurité et de ne plus fumer. »
  - — « Vous êtes priés de regagner votre place. »
  - ☐ **Le voyage :** le décollage, le vol (une heure, deux heures de vol), l'atterrissage.

ÉCHANGES

- **Situer dans le temps (fréquence).**

Vous prenez souvent l'avion ? (le train, le métro...)

Je prends { toujours, presque toujours... très souvent, souvent... quelquefois... de temps en temps... }   Je ne prends { pas souvent... presque jamais... jamais... }

DICO

Descendre [dɛsɑ̃dr(ə)], **v. intr.** (se conjugue avec *être*), **1.** aller vers le bas . **2.** habiter en arrivant dans une ville. **3.** avoir pour grand-père (arrière-grand-père, etc.) — **v. trans. 1.** porter vers le bas. **2.** prendre un chemin qui conduit vers le bas.

A vous

Quel est le sens de « descendre » dans les exemples suivants :
a) Mireille descend l'escalier.
b) Je descends de l'avion.
c) Elle descend du roi de Prusse.
d) Il descend à l'hôtel.
e) On descend les bagages ?
Pouvez-vous expliquer le mot « prendre »
dans les exemples suivants :
a) Besson prend l'avion de Bamako.
b) Prenez la deuxième rue à droite.
c) On m'a pris mon portefeuille !
d) Attends ! Je prends mon sac !

– Grammaire

❶ L'imparfait *(ou le présent du passé — voir memento grammatical, 15.2)*
☐ **Emploi :** l'imparfait s'emploie surtout pour montrer un événement en train de se dérouler dans le passé.
☐ **Formation :** il se forme sur le radical du présent de l'indicatif à la première personne du pluriel (nous). Les terminaisons de l'imparfait sont : -AIS, -AIS, -AIT, -IONS, -IEZ, -AIENT.

CHANTER	*FINIR*	*VENDRE*
1er groupe (nous chantons)	*2e groupe* (nous finissons)	*3e groupe* (nous vendons)
je chantAIS	*je finissAIS*	*je vendAIS*
tu chantAIS	*tu finissAIS*	*tu vendAIS*
il/elle/on chantAIT	*il/elle/on finissAIT*	*il/elle/on vendAIT*
nous chantIONS	*nous finissIONS*	*nous vendIONS*
vous chantIEZ	*vous finissIEZ*	*vous vendIEZ*
ils/elles chantAIENT	*ils/elles finissAIENT*	*ils/elles vendAIENT*

□ **Verbes irréguliers :** la formation de leur imparfait est régulière.

Aller (nous allons) : j'allais   Pouvoir (nous pouvons) : je pouvais
Faire (nous faisons) : je faisais   Savoir (nous savons) : je savais
Avoir (nous avons) : j'avais   Vouloir (nous voulons) : je voulais
Devoir (nous devons) : je devais

Seul imparfait de formation irrégulière : **ÊTRE** (nous sommes) : **j'étais**.

2 Depuis, pendant... *(voir memento grammatical, 26.2)*
□ Depuis quand travaillez-vous ici ?   — Depuis le 2 janvier *(moment)*
   Depuis combien de temps avez-vous commencé à travailler ?   — Depuis 3 mois *(durée)*
□ Il y a combien de temps que vous travaillez ici ?   — Il y a 6 mois *(durée)*
   Il y a longtemps que vous avez commencé à travailler ?   — Il y a 1 heure *(durée)*
□ Pendant combien de temps avez-vous travaillé ?   — Pendant 3 mois *(durée)*
   Pendant combien de temps travaillez-vous ?   — Pendant 2 heures *(durée)*
   Pendant combien de temps travaillerez-vous ?   — Pendant 1 semaine *(durée)*
□ Dans combien de temps travaillerez-vous ?   — Dans 2 heures *(durée)*
□ Jusqu'à quand travaillerez-vous ?   — Jusqu'à 22 h 30. *(moment)*

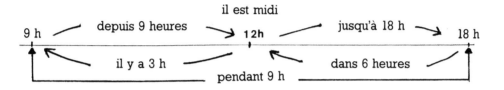

3 LEQUEL, pronom interrogatif *(voir memento grammatical, 20.3)*

	masculin	féminin
singulier	lequel	laquelle
pluriel	lesquels	lesquelles

Voici les journaux du matin. **Lequel** voulez-vous ?
Il y a deux dames dans le bureau. **Laquelle** est la directrice ?
Vous avez des cigarettes américaines ? — Oui, **lesquelles** voulez-vous ?

4 Les pronoms démonstratifs *(voir memento grammatical, 10)*

	masculin	neutre	féminin
singulier	celui-ci celui-là	ceci cela ça	celle-ci celle-là
pluriel	ceux-ci ceux-là		celles-ci celles-là

— J'ai deux bouteilles de jus de fruits. Laquelle voulez-vous ?
— **Celle-ci.** C'est du jus d'ananas ?
— Non. Le jus d'ananas, c'est **celle-là.**

Remarques :

Ceci (cela, ça) = cette chose-ci (cette chose-là);
ça *est une forme familière pour* **cela**.

1. Le « bachot ». Posez des questions sur les mots soulignés.

Valérie a passé son bac _en 1980_. Quand .... ?   Julie passera son bac _en 1987_. .... ?
Valérie a son bac _depuis 1980_. .... ?   Elle passera son bac _dans 3 ans_. .... ?
Il y a trois ans qu'elle a son bac. .... ?   Julie préparera son bac _jusqu'à juin_. .... ?
Elle a son bac _depuis plusieurs années_..................... ?   Julie préparera son bac _pendant 1 an_. .... ?

2. « Permis de conduire ». Présentez ce questionnaire à quelqu'un qui a son permis, et inscrivez les réponses. (Pour certaines questions, il y a deux types de réponses possibles.)

1. Savez-vous conduire ? ....
2. Il y a combien de temps que vous savez conduire ? ....
3. Combien de leçons avez-vous prises ? ....
4. Pendant combien de temps avez-vous pris des leçons ? ....
5. Il y a combien de temps que vous n'avez pas conduit ? ....
6. Depuis quand, exactement ? ....
7. Avez-vous une voiture ? ....
8. (oui) Depuis combien de temps ? ....
9. (non) Dans combien de temps pensez-vous en avoir une ? ....

3. Portrait. Posez pour chaque phrase deux questions commençant par : QUAND, DEPUIS QUAND, IL Y A COMBIEN DE TEMPS, PENDANT COMBIEN DE TEMPS, DANS COMBIEN DE TEMPS, JUSQU'À QUAND.

1. Elle a travaillé dans un ministère.
2. Elle travaille dans une société d'import-export.
3. Elle fait du tennis.
4. Elle a fait de la danse.
5. Elle veut commencer le piano.
6. Elle veut continuer le tennis.
7. Elle a fait de grands voyages.
8. Elle ne voyage plus.

4. En savoir plus. Réagissez comme dans le modèle.

Je vais acheter une Renault.   — Ah oui ? **Laquelle ?**
1. Le papier à lettres est dans le tiroir du bureau. — .... ?
2. Je sors avec une des filles Lemercier. — .... ?
3. Il y a quelques bons restaurants par ici. — .... ?
4. J'ai invité quelques amies que tu connais. — .... ?
5. Il y a une symphonie de Mozart que j'adore. — .... ?

5. « J'ai beaucoup changé ». Regardez bien les deux photos et continuez la lettre.

Ma chère Brigitte,
Il y a 10 ans que nous ne nous sommes pas vus. J'ai beaucoup changé, tu sais. Dans ta lettre, tu m'as demandé une photo de moi. En voici deux. J'espère qu'elles vont t'amuser. Avant j'avais .... je portais ....
Maintenant ....

6. Une vieille lettre.

Vous trouvez une vieille lettre de votre père quand il était enfant. Il y parle de son emploi du temps au pensionnat Montbrison.

« Le matin, nous nous levons à 6 heures et demie. Après la toilette, nous descendons dans la salle d'étude. Nous travaillons beaucoup et nous avons peu de temps de liberté. Pendant les repas, nous n'avons pas le droit de parler. Le moment que je préfère, c'est le soir, après le dîner. Nous allons pendant une heure dans la salle de jeux. Mais à 9 heures nous sommes au lit. La vie n'est pas très gaie au pensionnat Montbrison pour des enfants de 12 ans. Moi, je l'appelle le pensionnat Ma Prison. »

Vous écrivez à quelqu'un pour lui parler de votre père et de sa vie dans ce pensionnat :
« Les élèves se levaient... »

7. « Souvenirs, souvenirs. »

Vous écrivez à un ami d'enfance. Parlez de votre vie et de vos souvenirs quand vous aviez quinze ans.

« Tu te rappelles ? Nous allions (école) .... À la sortie de l'école .... Le dimanche .... Nos copains et nos copines .... Nos vacances .... »

● **Avant... maintenant...**
Les choses ont bien changé.
Parlez de ces photos.

● Une « scientifique ».

Regardez le bulletin scolaire de Valérie Dutot. Comment travaillait-elle en 82 ? Mieux ou moins bien qu'en 83 ? Dans quelle matière était-elle la meilleure ?

	Français	Anglais	Maths	Physique-Chimie	Histoire-Géographie
1982	13/20	7/20	14/20	12/20	6/20
1983	9/20	9/20	14/20	16/20	6/20

● Comment faisait-on... quand il n'y avait pas...

— *d'avions pour les longs voyages ?...*
— *de télévision (pour les loisirs) ?...*
— *de téléphone ?...*
— *de calculatrices électroniques ?...*

On prenait le bateau. C'était plus long, mais très agréable. Etc.

● Quand j'étais jeune...

Donnez la parole à ce vieux monsieur.

● Raconte-moi !

Posez des questions à votre voisin(e). Faites-le (la) parler de sa jeunesse :
son acteur (ou actrice) préféré(e), le nom de son (sa) meilleur(e) ami(e).
Ses projets pour la vie ; qu'est-ce qui l'intéressait ? Où habitait-il (elle) ? Où passait-il (elle) ses vacances ? A quoi faire ? etc.

A
— Qui était Kankan Moussa ?
— Le Mali a eu d'autres noms. Lesquels ?
— En quelle année le Mali est-il devenu une république indépendante ?

B
Combien y a-t-il de saisons au Mali ?
En quelle saison fait-il le plus chaud ?
Qu'est-ce que l'Harmattan ?

Quels vêtements vous conseille-t-on d'emporter ?
En quelle saison un imperméable est-il nécessaire ?

Histoire **Ⓐ**

L'histoire du Mali débute vers la fin du IIIe siècle après J.-C. par la fondation de l'empire du Ghana qui atteignit son apogée aux Xe et XIe siècles. A l'empire du Ghana succède celui du Mali, fondé au XIe siècle dans la vallée du haut Niger, entre Kangaba (Mali) et Siguiri (Guinée). Cet empire connut ses heures glorieuses sous le règne du héros légendaire Soundiata Keita et brilla de tout son éclat au XIVe siècle avec Kankan Moussa qui régnait de l'Atlantique à la boucle du Niger et de la forêt jusqu'aux environs de Ouargla, dans le sud algérien. De 1492 à 1591, l'empire s'étendit plus encore, allant de l'Atlantique au lac Tchad. La conquête française débute après 1850 et s'achève pendant la première guerre mondiale. Appelé Haut-Sénégal et Niger puis Soudan français, le Mali restera colonie française jusqu'en 1956. Le 28 septembre 1958, le Soudan se prononce pour l'entrée dans la Communauté. En 1959, Modibo Keïta est investi Président du premier gouvernement de la République Soudanaise. Après un échec de Fédération avec le Sénégal, la République Soudanaise proclame son indépendance, le 22 septembre 1960, sous l'appellation de République du Mali.

Ⓑ Renseignements pratiques

Climat

On distingue au Mali trois saisons principales d'une durée variable suivant la latitude :
- saison des pluies ou hivernage, de juin à septembre-octobre ; au milieu de cette saison, on observe un rafraîchissement causé par la pluie ; moyenne de température en août à Bamako : 25 °C.
- saison fraîche et sèche d'octobre-novembre à février ; moyenne de température en février à Bamako : 25 °C.
- saison chaude et sèche de mars à juin, les chaleurs maxima sont alors atteintes d'autant plus tard qu'on se trouve plus haut en latitude ; moyenne de température en avril à Bamako : 35 °C.

Un vent sec et chaud venant du Nord-Est, l'Harmattan, souffle dès la fin de l'hiver.

La saison la plus agréable pour le tourisme se situe entre **novembre** et **mars**.

Conseils vestimentaires

Vêtements légers toute l'année, mais ne pas oublier quelques lainages (novembre à février), des chaussures légères en cuir ou en toile, un chapeau, une paire de lunettes à verres filtrants et un imperméable.

2. 3. Lettre du Mali

Bamako, dimanche soir

Ma chérie,

Il est presque minuit. Je viens de rentrer à l'hôtel, et j'ai envie de te raconter mon voyage et ma première soirée en Afrique.

Je suis arrivé à Bamako en fin d'après-midi après un voyage très agréable. A Roissy, Lefèvre m'a présenté à un ami sénégalais, M. Diouf, qui allait lui aussi à Bamako pour la Foire du Livre et nous avons voyagé ensemble. Pendant le vol, il m'a longuement parlé de l'Afrique et des Africains, de leur façon de vivre, du climat du Mali, du tourisme, de l'artisanat, etc. Quand je suis descendu de l'avion, je ne me suis pas senti trop dépaysé car je savais des tas de choses sur le Mali. Première surprise : j'avais très peur de la chaleur, mais je la trouve supportable. Autre surprise agréable : mon hôtel. Je m'attendais à quelque chose de confortable, et je me trouve dans un hôtel magnifique, avec piscine et tennis, des fleurs et des plantes vertes partout, et j'ai une grande chambre avec une belle vue sur la ville. J'ai passé une heure au bord de la piscine où les clients de l'hôtel se baignaient ou prenaient l'apéritif. Le coucher de soleil sur le fleuve Niger était merveilleux.

Vers 8 h, M. Diouf est venu très gentiment me chercher à l'hôtel. Il voulait me montrer Bamako, puis m'inviter au restaurant. Mais il faisait nuit quand nous sommes sortis de l'hôtel. Je n'ai donc pas bien vu la ville. Je t'en parlerai dans ma prochaine lettre.

Nous sommes allés dans un très bon restaurant où on servait une cuisine internationale mais aussi des plats typiquement africains. J'ai choisi un poulet au pili-pili, qui est une sauce au piment assez forte. C'était délicieux. Nous avons pris du vin de palme (qui se boit glacé). J'ai passé une soirée agréable. Mes premières impressions de l'Afrique sont donc très bonnes. Demain commence la Foire du Livre. J'espère que j'y ferai du bon travail. Je te téléphonerai bientôt. Je t'embrasse.

François.

P.S. Petit incident au restaurant : un client a bousculé le serveur au moment où il apportait le poulet. Résultat : mon costume beige a une belle tache de pili-pili. Le client était désolé. Il voulait absolument payer le nettoyage du costume. J'ai refusé, bien sûr, mais j'espère que la tache va partir. Sinon j'aurai un premier souvenir pimenté !

1 Pour faire une réclamation

(dans un hôtel).

Le client : — Je voudrais faire une réclamation, s'il vous plaît.

L'employé : — Oui ?

Le client : — Je ne suis pas content de ma chambre. Je voulais une chambre avec un grand lit et vous me donnez deux lits jumeaux !

L'employé : — Oui, je sais, monsieur. Mais dans votre lettre de réservation, vous insistiez pour avoir la vue sur la mer. J'ai encore des chambres avec un grand lit, mais elles ne sont pas face à la mer.

Le client : — Ah, bon. Alors, je préfère garder la mienne.

L'employé : — Très bien, monsieur.

A vous

Vous avez réservé une chambre avec deux lits jumeaux et salle de bain. On vous a donné une chambre avec grand lit et douche. On vous propose alors une chambre à deux lits et lavabo. Vous préférez la première.

2 Pour s'excuser

(dans un bar).

Une dame : — Vous ne pouvez pas faire attention ? Regardez, vous avez renversé mon verre !

Un monsieur : — Oh, pardon, madame. Je suis vraiment désolé. Mais ce n'est pas de ma faute, quelqu'un m'a bousculé. Excusez-moi. Votre robe n'est pas tachée ?

La dame : — Non, non. Elle n'a rien.

Le monsieur : — Excusez-moi encore.

La dame : — Ce n'est pas grave.

A vous

Même scène à la porte d'un magasin : on vous bouscule et vous bousculez un monsieur qui laisse tomber son sac à provisions. Vous vous excusez. Il n'y a rien de cassé.

— Vocabulaire

THÈMES

• Le tourisme

Un voyage organisé, un circuit, une excursion,
un safari, un safari-photo...
Une réserve d'animaux, un parc national...
Un lion, une girafe, un éléphant, un singe, un crocodile,
une gazelle, une panthère, un hippopotame, un buffle...

• L'artisanat

La bijouterie (un collier, un bracelet, une bague, etc.).
La maroquinerie (une ceinture, des chaussures, un sac, etc.).
La sculpture sur bois (un masque, une statuette, etc.).
La sculpture sur ivoire (un objet, une statuette, etc.).
Le tissage (un tissu, une couverture, etc.).
La poterie (un plat, un vase, etc.).

ÉCHANGES

• Pour s'excuser

Oh, pardon. Excusez-moi.
Je ne l'ai pas fait exprès.
C'est (de) ma faute.
Je suis maladroit.
Je suis vraiment désolé.
Je vous présente toutes mes excuses.

• Pour excuser quelqu'un

Ce n'est pas grave.
Ce n'est rien.
Ce n'est pas (de) votre faute.
Je vous en prie.
Ça ne fait rien.
Il n'y a pas de mal.

• Pour écrire à un ami

— *Pour commencer :*   Cher ami, / Chère amie, / Chers (ères) amis (ies)
(Mon) cher Jean, / (Ma) chère Isabelle, (Mes) chers...
— *Pour terminer :*   Amicalement. / Tendrement. / Affectueusement. / Cordialement...
Avec toute ma tendresse / mon affection / mon amitié...
Amitiés. / Bons baisers. / « Grosses bises »...
Je t'embrasse très fort / tendrement / affectueusement.

DICO

☐ **Dépayser (V. tr.)**   — Désorienter, changer les habitudes.
Je suis dépaysé depuis que je suis en Afrique.

☐ **Dépaysé, ée (adj.)**   — Surpris par un changement de décor, de milieu, d'habitudes.
Je me sens dépaysé dans cette ville que je ne connais pas.

☐ **Dépaysement (n. m.)**   — État d'une personne dépaysée.
En vacances, on recherche souvent le dépaysement.

À vous

De quel mot vient « dépayser » ?
Sur le modèle de « dépayser » composer une série à partir de « décourager ».
De quel mot vient « décourager » ?

– Grammaire

◾ L'imparfait et le passé composé *(voir memento grammatical, 15)*
Dans le passé, — l'**imparfait** exprime une **durée.**
— le **passé composé** exprime un **moment** précis.
(L'imparfait sert de « cadre » à une « action ponctuelle » ou « action-point »
exprimée au passé composé.)

Je savais des tas de choses <u>quand</u> je suis descendu de l'avion.
<u>Pendant que</u> je dormais, on m'a pris mon portefeuille.
Il faisait nuit <u>au moment où</u> je suis sorti de l'hôtel.

◾ La cause et la conséquence

(conséquence) *(cause)*
— **Pour insister sur la cause :** J'ai eu un accident <u>parce que</u> j'avais trop bu.
Je ne me suis pas senti dépaysé <u>car</u> je connaissais l'Afrique.

(cause) *(conséquence)*
— **Pour insister sur la conséquence :** Il faisait nuit, <u>donc</u> je n'ai pas bien vu la ville.
J'étais fatigué, <u>alors</u> je me suis couché.

– Exercices écrits

1. Lits jumeaux
Réécrivez l'histoire suivante en mettant le temps qui convient, comme dans l'exemple
(● = action-point, □ = action-cadre) :

    ●   □
Pendant qu'il dort, le téléphone sonne. → *Pendant qu'il dormait, le téléphone a sonné.*

  ●   ●   □
Il se lève et marche sur le chien qui dort près du lit.

    ●   □
Quand il arrive à la porte, le téléphone sonne encore.

     □   ●
Pendant qu'il descend les escaliers, le téléphone s'arrête.

  ●   □
Il remonte se coucher car il a encore sommeil.

    ●   □
Quand il arrive dans sa chambre, le chien dort dans son lit.

   ●
Alors, il se couche à la place du chien !

2. Eh oui, on change ! Répondez comme dans l'exemple.

Je suis sortie seule l'autre soir. — *Ah bon ? Mais tu ne sortais pas seule avant.*

Je suis allée dans une boîte. — ....

J'ai dansé toute la nuit. — ....

J'ai bu du whisky. — ....

Eh, oui. J'ai beaucoup changé, tu vois.

3. Une nouvelle vie. Mettez le verbe entre parenthèses à l'imparfait « action-cadre », ou au passé composé « action-point ».

Lui : — *Tu te souviens de Bruno Lagarde ? On (faire) sa connaissance chez les Pertuisot. Il (être) à côté de toi à table.*

Elle : — *Bruno Lagarde... attends... ah, oui, c'est ce garçon qui ne (rire) jamais, qui ne (parler) à personne, qui (avoir) l'air triste et qui (être) très mal habillé ?*

Lui : — *Exactement. Je (le rencontrer) cet après-midi.*

Elle : — *Il a toujours l'air aussi triste ?*

Lui : — *Pas du tout. Il (ne pas arrêter) de parler et de rire pendant un quart d'heure. Il (porter) un superbe blouson de cuir et une chemise de sport. Il (quitter) sa banque où il (travailler) depuis dix ans. Il va se marier et travailler avec sa femme.*

Elle : — *Qu'est-ce qu'elle fait ?*

Lui : — *Elle tient un magasin de vêtements pour hommes.*

4. Un rendez-vous manqué.

« Excuse-moi pour ce matin. Nous avions rendez-vous à 10 h.
Mais je vais t'expliquer. Hier soir des amis m'ont invité à dîner... »

Continuez en reliant chaque phrase de A à une phrase de B en utilisant DONC ou ALORS.
Vous devrez d'abord remettre les phrases de B dans l'ordre.

A

Quand je les ai quittés, il était 1 h du matin...
Je n'ai pas pu trouver de taxi...
J'habite à cinq kilomètres de chez mes amis...
J'avais très sommeil, j'étais très fatiguée...
Je me suis levée à 11 heures...

B

Je suis arrivée chez moi vers 2 h
J'ai raté notre rendez-vous
Il n'y avait plus de métro
Je suis rentrée chez moi à pied
J'ai dormi profondément

5. Voilà pourquoi ! Complétez en utilisant DONC (conséquence) ou CAR (cause) :

a) *Je n'ai pas fait les courses .... j'avais trop de travail. Il n'y a rien à manger, ... on va au restaurant.*

b) *On a besoin d'une voiture .... on doit aider un ami à déménager. La mienne est trop petite, on va .... prendre la tienne. Tu veux bien ?*

c) *Je suis restée chez moi .... j'attendais ton coup de téléphone. Je n'avais pas ton numéro, ... je n'ai pas pu t'appeler.*

● Un constat d'accident.

Regardez bien le croquis et les circonstances de l'accident. Lisez ensuite la déclaration du conducteur de la voiture B. Vous conduisiez la voiture A. Donnez votre version de l'accident : « *Il faisait nuit...*

VÉHICULE B :

12. circonstances

Mettre une croix (x) dans chacune des cases utiles pour préciser le croquis.

A		B
□	1 en stationnement	□ 1
□	2 quittait un stationnement	☒ 2
□	3 prenait un stationnement	□ 3
□	4 sortait d'un parking, d'un lieu privé, d'un chemin de terre	□ 4
□	5 s'engageait dans un parking, un lieu privé, un chemin de terre	□ 5
□	6 s'engageait sur une place à sens giratoire	□ 6
□	7 roulait sur une place à sens giratoire	□ 7
□	8 heurtait l'arrière de l'autre véhicule qui roulait dans le même sens et sur la même file	□ 8
☒	9 roulait dans le même sens et sur une file différente	□ 9
□	10 changeait de file	□ 10
□	11 doublait	□ 11
□	12 virait à droite	□ 12
□	13 virait à gauche	□ 13
□	14 reculait	□ 14
□	15 empiétait sur la partie de chaussée réservée à la circulation en sens inverse	□ 15
□	16 venait de droite (dans un carrefour)	□ 16
□	17 n'avait pas observé un signal de priorité	□ 17

13. croquis de l'accident

Préciser : 1. le tracé des voies - 2. la direction (par des flèches) des véhicules A, B - 3. leur position au moment du choc - 4. les signaux routiers - 5. le nom des rues (ou routes).

Il faisait nuit et il pleuvait. Je quittais un stationnement rue Lamark quand une voiture, qui arrivait vite, a heurté l'avant gauche de mon véhicule et s'est arrêtée 30 m plus loin

● Un accident.

Sur le même modèle racontez un accident que vous avez eu ou que vous avez vu.

● J'en ai assez !

Faites-la parler :

J'en ai assez ! Tu ne fais rien ! Pendant que tu dormais, j'ai fait déjeuner les enfants et je les...

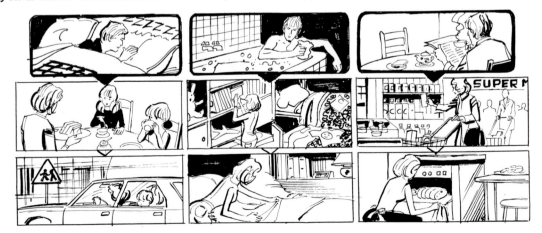

• Une histoire étrange.

Il fait nuit. M. Ledoux est en train de dormir. La fenêtre de sa chambre est ouverte car il fait chaud. Un homme passe par la fenêtre, entre dans la chambre, la traverse. Il va dans la cuisine. Il prend un poulet dans le frigo, ouvre une bouteille de vin et mange. Il retourne dans la chambre et sort par la fenêtre. M. Ledoux se réveille. Il a soif. Il va boire un verre d'eau dans la cuisine. Il voit que le frigo est ouvert. Sur la table il voit un demi-poulet et une bouteille de vin ouverte. Il regarde partout. On ne lui a rien pris. Il téléphone à la police et raconte son histoire.
Imaginez le dialogue et cherchez une fin à l'histoire.
— « Allô ? Police ? Il m'est arrivé quelque chose d'étrange. Quelqu'un est entré chez moi pendant... »

• Grands hommes.

Qui étaient ces personnages ? Qu'ont-ils fait ?

• Comment vivaient-ils ?

— Parlez de la manière de vivre des premiers habitants de votre pays.
— Parlez de la vie de vos grands-parents et comparez-la à la vôtre.

• Être dépaysé.

Vous est-il déjà arrivé de vous sentir dépaysé ? Dites quand et pourquoi.
— Votre premier voyage à l'étranger.
— Votre premier voyage dans la capitale de votre pays.
— La visite d'une région très moderne ou, au contraire, très arriérée.
« Je me suis senti dépaysé le jour où... quand je suis allé à... Je n'étais pas habitué à... »

• Mille excuses.

Sur le modèle « Pour s'excuser » (dans un bar) vous vous excusez auprès de votre voisin(e)...
Vous lui avez marché sur le pied, renversé une bouteille d'encre sur son costume blanc (! ! !), etc.
Votre voisin(e) accepte ou refuse vos excuses.

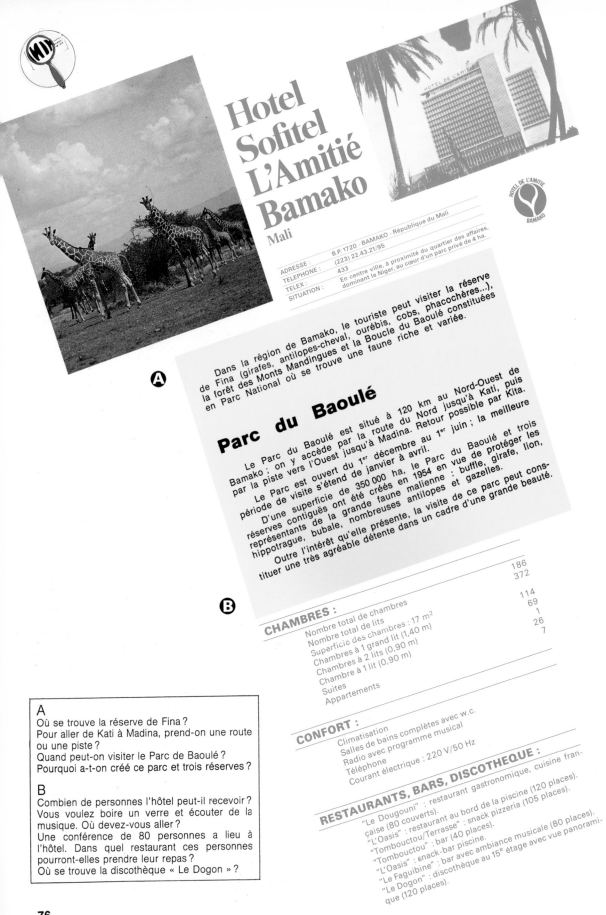

Hotel Sofitel L'Amitié Bamako

Mali

ADRESSE :	B.P. 1720 - BAMAKO - République du Mali
TELEPHONE :	(223) 22.43.21/95
TELEX :	433
SITUATION :	En centre ville, à proximité du quartier des affaires, dominant le Niger, au cœur d'un parc privé de 4 ha.

A

Dans la région de Bamako, le touriste peut visiter la réserve de Fina (girafes, antilopes-cheval, ourébis, cobs, phacochères...), la forêt des Monts Mandingues et la Boucle du Baoulé constituées en Parc National où se trouve une faune riche et variée.

Parc du Baoulé

Le Parc du Baoulé est situé à 120 km au Nord-Ouest de Bamako ; on y accède par la route du Nord jusqu'à Kati, puis par la piste vers l'Ouest jusqu'à Madina. Retour possible par Kita.

Le Parc est ouvert du 1er décembre au 1er juin ; la meilleure période de visite s'étend de janvier à avril.

D'une superficie de 350 000 ha, le Parc du Baoulé et trois réserves contiguës ont été créés en 1954 en vue de protéger les représentants de la grande faune malienne : buffle, girafe, lion, hippotrague, bubale, nombreuses antilopes et gazelles.

Outre l'intérêt qu'elle présente, la visite de ce parc peut constituer une très agréable détente dans un cadre d'une grande beauté.

B

CHAMBRES :	
Nombre total de chambres	186
Nombre total de lits	372
Superficie des chambres : 17 m²	
Chambres à 1 grand lit (1,40 m)	114
Chambres à 2 lits (0,90 m)	69
Chambre à 1 lit (0,90 m)	1
Suites	26
Appartements	7

CONFORT :
Climatisation
Salles de bains complètes avec w.c.
Radio avec programme musical
Téléphone
Courant électrique : 220 V/50 Hz

RESTAURANTS, BARS, DISCOTHEQUE :
"Le Dougouni" : restaurant gastronomique, cuisine française (80 couverts).
"L'Oasis" : restaurant au bord de la piscine (120 places).
"Tombouctou/Terrasse" : snack pizzeria (105 places).
"Tombouctou" : bar (40 places).
"L'Oasis" : snack-bar piscine.
"Le Faguibine" : bar avec ambiance musicale (80 places).
"Le Dogon" : discothèque au 15e étage avec vue panoramique (120 places).

A
Où se trouve la réserve de Fina ?
Pour aller de Kati à Madina, prend-on une route ou une piste ?
Quand peut-on visiter le Parc de Baoulé ?
Pourquoi a-t-on créé ce parc et trois réserves ?

B
Combien de personnes l'hôtel peut-il recevoir ?
Vous voulez boire un verre et écouter de la musique. Où devez-vous aller ?
Une conférence de 80 personnes a lieu à l'hôtel. Dans quel restaurant ces personnes pourront-elles prendre leur repas ?
Où se trouve la discothèque « Le Dogon » ?

2. 4. A la Foire du Livre

Le discours du ministre malien de la Culture se terminait quand François Besson est arrivé à la Foire du Livre. Il avait besoin d'un plan pour se diriger parmi les stands. Il s'est adressé à une hôtesse.

L'hôtesse :
— Quels stands vous intéressent, monsieur ?

M. Besson :
— Ils m'intéressent tous, mais je voudrais voir, en particulier, ceux des éditeurs africains.

L'hôtesse :
— Alors, voici deux brochures : celle du ministère de la Culture, avec le programme des conférences, et celle de la Foire, avec un plan et les noms de tous les exposants.

M. Besson :
— Merci... Le stand que je voudrais voir pour commencer, c'est celui des Éditions du Sénégal. Vous pouvez me l'indiquer ?

L'hôtesse :
— Vous le voyez d'ici. C'est celui où il y a une équipe de la Télévision en ce moment. Je peux vous accompagner ?

M. Besson :
— Je vous remercie, c'est très gentil. Mais je crois que je pourrai me débrouiller tout seul.

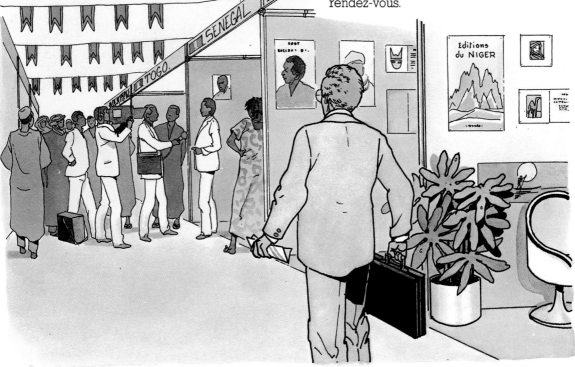

Grâce au plan, François Besson n'avait pas de mal à se diriger dans la Foire. Mais malheureusement tous les gens qu'il voulait voir étaient occupés ou avaient des rendez-vous.

A chaque stand c'était le même scénario :

« Est-ce que je peux vous être utile ? » demandait une secrétaire ou une hôtesse.

« Oui, disait M. Besson. Je voudrais voir M. Untel. » Et on lui répondait : « Ah ! je regrette. Il était là il y a quelques instants mais il vient de partir. »

« Bon, je repasserai » disait M. Besson, et il se dirigeait vers un autre stand. Bien sûr, il valait mieux demander des rendez-vous pour un autre jour de la semaine.

Le voici au stand des Éditions Camerounaises.

— Bonjour, mademoiselle. Je suis un imprimeur français. Est-ce que je peux avoir un rendez-vous avec M. Édimo, s'il vous plaît ?

— Bien sûr. Attendez, je vais regarder dans son agenda. Pouvez-vous venir demain après-midi ? Je vois qu'il est libre vers 16 h.

— 16 h, c'est parfait pour moi.

— Vous êtes Monsieur... ?

— Besson — B.E.S.S.O.N. — de l'imprimerie Lefèvre et Cie.

— Entendu. C'est noté. A demain, Monsieur Besson.

— A demain, mademoiselle.

A la fin de la journée, M. Besson n'était pas mécontent car il avait des rendez-vous pour toute la semaine.

🚹 Pour chercher quelqu'un ou quelque chose (et pour trouver !)

Lui :   — *Chérie, où sont les passeports ?*

Elle :   — *Dans le bureau, dans un tiroir de gauche.*

Lui :   — *Dans lequel ? Celui du haut ou celui du bas ?*

Elle :   — *Dans celui où il y a le papier à lettres, je crois. Attends, je vais aller les chercher.*

Lui :   — *Non, non, ne te dérange pas. Je peux me débrouiller tout seul.*

A vous

En haut d'une armoire dans votre chambre, il y a deux valises (une blanche et une noire) qui contiennent des vieux vêtements. Vous recherchez un vieux pull-over. Il est dans la valise du dessus.

🚺 Pour demander à voir quelqu'un.

L'étudiante :   — *Excusez-moi, je suis une étudiante étrangère et je voudrais voir M. le Professeur Cardon.*

La secrétaire :   — *Désolée. Il était là il y a dix minutes mais il vient de partir.*

L'étudiante :   — *Quand est-ce que je pourrai le voir ?*

La secrétaire :   — *Il sera là demain. Il a un cours à 10 heures.*

L'étudiante :   — *Bon. Alors, je repasserai demain. Merci beaucoup.*

A vous

Vous avez vu une annonce pour un studio. Vous cherchez à voir le propriétaire pour visiter le studio. La concierge vous renseigne : il était là il y a un quart d'heure. Il doit revenir l'après-midi pour faire visiter à quelqu'un d'autre.

THÈMES

● **Manifestations publiques.**
— Une foire, un congrès, une réunion, un séminaire, un colloque, un meeting, une exposition...
— Les pavillons, les stands.
— Les organisateurs, le public, les professionnels, les spécialistes.
— Le public écoute un discours, visite la foire, assiste à une conférence, s'informe...
— Pour informer le public, on donne des catalogues, des publicités, des brochures, des dépliants, des prospectus...

ÉCHANGES

● **Les rendez-vous.**

— Monsieur X (Madame Y, Mademoiselle Z...), s.v.p. ?
— Je pourrais voir M. X ?
— Est-ce que Mme Y est là ?
— Je voudrais parler à Mlle Z...

— Oui, un moment, s'il vous plaît.
— C'est de la part de qui ?
— C'est moi !...
— Non, il (elle) n'est pas là.
— Il (Elle) vient de partir.
— Il (Elle) est absent(e) aujourd'hui.

DICO

Repasser [rəpase], v. intr., passer de nouveau dans un endroit : *il ne vous a pas trouvé chez vous, il repassera demain.* — v. trans., **1.** passer (traverser) de nouveau : *il a repassé la Seine après l'avoir traversée.* **2.** revoir quelque chose dans un livre pour le savoir mieux : *les élèves ont repassé leur leçon.* **3.** *repasser du linge*, le rendre bien plat avec un fer chaud : *cette chemise est bien repassée ; un fer à repasser* (voir fer).

A vous

Cherchez quelques verbes composés avec le préfixe RE-.
Analysez leurs différents sens.

– Grammaire

❶ Adjectifs et pronoms indéfinis.

a) **Pour indiquer une certaine quantité :** *quelque, quelques... quelques-uns, quelques-unes.*

Adjectif	**Pronom**
J'ai quelques amies à Londres.	Quelques-unes sont Françaises.

b) **Pour indiquer la totalité :** *tout, tous, toute(s).*

Adjectif	**Pronom**
Tous les éditeurs étaient occupés.	= Tous étaient occupés.
Toutes les brochures m'intéressent.	= Elles m'intéressent toutes.

c) **Pour indiquer l'identité :** *le (la, les) même(s).*

Adjectif	**Pronom**
J'ai la même voiture que vous.	= Nos voitures sont les mêmes.
J'ai le même emploi du temps que l'an dernier.	= Mon emploi du temps est le même.

d) **Pour indiquer la différence :** *l'(un) autre, les (d') autres.*

Adjectif	**Pronom**
Ils ont pris la Citroën ?	Dans quelle voiture sont-ils ?
— Non, ils ont pris l'autre voiture.	— Dans l'autre.

Remarques

Chaque, adjectif indéfini, invariable, est toujours suivi d'un nom singulier. Il signifie : tous les, toutes les.
*Chaque éditeur a un stand. **Tous les** éditeurs ont un stand.*

❷ Les pronoms démonstratifs CELUI, CELLE, CEUX, CELLES *(suite)*
(voir memento grammatical, 10)
Ils sont suivis :
a) D'un adverbe : celui-ci, celles-là...
b) D'un complément introduit par **de** exprimant la possession : Celui **des** éditeurs africains...
                    exprimant le lieu : Celui **de** gauche.
c) D'une proposition relative introduite par **qui, que, où** : — celui **qui** est à droite,
                                       — celui **que** je veux voir,
                                       — celui **où** il y a la télévision.

– Exercices écrits

1. Une vie bien monotone... Complétez avec des adjectifs et des pronoms indéfinis.

.... matin, je me lève à 6 h 30. Je pars, je vais travailler, et je rentre .... soirs à 19 h. J'en ai assez! Faire .... temps .... chose. Prendre .... jours .... bus. Travailler dans .... bureau, parler aux .... collègues! Aller .... année en vacances au .... endroit! Comment font .... ? Moi, je vais .... vendre et partir dans une île du Pacifique. Je vais commencer .... vie!

2. Un bon conseil. Complétez en employant AUTRE ou MÊME et l'article.

— Tu as toujours .... voiture?
— Oui, et j'en suis très content. Je n'en veux pas .... Tu sais, j'en ai essayé plusieurs .... Mais c'est celle-ci la meilleure. Je te la conseille. Vraiment, achète .... Tu en seras content toi aussi.

3. Monsieur Sait-Tout. Complétez en employant : TOUT, TOUS, TOUTES.

— J'habite à Paris depuis vingt ans, je crois que je connais tout.
— Tout? Tu es sûr? Connais-tu l'Église Saint-Roch?
— Les églises, je les ai .... visitées.
— Et le musée Marmottan?
— Bien sûr, les musées, je les connais ....
— Et le Louvre? C'est grand, le Louvre. Est-ce que tu as .... vu?
— Ah, non. Pas .... Il y a trop de touristes au Louvre. Ils y vont ....!
Et puis, on ne peut pas .... voir! ....les salles ne sont pas ouvertes tous les jours.
— Donc, tu ne connais pas .... à Paris.
— Disons, presque ....

4. Une vie bien tranquille. Complétez en employant CHAQUE ou MÊME et l'article.

J'aime bien les petites villes d'Angleterre. Dans .... rue, on voit .... maisons. Et toutes les maisons ont .... petit jardin sur le devant. Le matin, le laitier passe avec son petit camion. Il s'arrête devant .... maison et pose une ou deux bouteilles de lait devant la porte d'entrée. .... week-end, on voit les gens faire tous .... chose : ils lavent leur voiture et s'occupent de leur jardin. .... matin et .... week-end, c'est .... scénario.

5. Elle n'arrive pas à se décider. Complétez en employant TOUT, TOUS, MÊME, AUTRE et l'article.

La dame : — Vous n'avez rien de moins cher?
La vendeuse : — Non, madame. .... nos sacs coûtent entre 500 et 800 F. Dans .... magasins vous pourrez trouver moins cher, mais ici, nos sacs sont .... en cuir, vous savez. Ils sont très solides.
La dame : — Vous n'avez vraiment rien ....?
La vendeuse : — Je crois que je vous ai .... montré.
La dame : — Et ce sac noir, là-haut?
La vendeuse : — C'est .... que celui-ci, madame. Mais vous ne l'aimiez pas en marron.
La dame : — Oui, mais dans une .... couleur je le trouve plus joli.
La vendeuse : — C'est un très bon article. J'ai .... Je m'en sers tous les jours depuis dix ans. Tenez. Regardez. Il a l'air neuf.
La dame : — C'est vrai. Je crois que je vais le prendre.

6. Souvenirs d'Afrique.
Faites des phrases commençant par CELUI (CELLE, CEUX) + QUI (QUE, OÙ).

a) — A Bamako, je préfère l'hôtel de l'Amitié. J'y vais à chaque voyage. C'est le plus agréable de la ville. L'hôtel de l'Amitié, c'est celui que .... / celui qui .... / celui où ....
b) J'ai fait plusieurs safaris-photos au Kenya. Je préfère la réserve d'Amboseli. Elle est assez près de Nairobi. On y voit un grand nombre d'animaux.
La réserve d'Amboseli, c'est .... / .... / ....

7. Avant, j'étais mieux. Complétez en employant CELUI (CELLE, CEUX), QUI (QUE, OÙ...).

— Tu n'es pas content de ta promotion?
— Non. On m'a changé de bureau. Je suis au 3e étage maintenant, dans un bureau où il fait très chaud. Dans .... j'étais avant, il y avait un climatiseur.
— Mais maintenant tu as de nouveaux collègues.
— D'accord. Mais .... je préfère sont restés au 2e. .... 3e ne sont pas sympa.
— Et ta secrétaire? .... t'aimait bien.
— Elle est partie. Maintenant .... j'ai est une débutante!
— Tu es sûr que tu as eu une promotion?

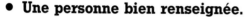

• Une personne bien renseignée.

Vous demandez un renseignement
a) à quelqu'un qui connaît bien tous les gens d'un groupe.
Qui a une voiture...? Qui vient d'Amérique...? Qui parle espagnol...? etc.
Quel(le) est celui (celle) qui...?
Quels (quelles) sont ceux (celles) qui...?
b) à quelqu'un qui connaît bien les restaurants de la ville.
Quel(s) est celui (sont ceux) qui (que, où)...?
c) à quelqu'un qui connaît bien les villes d'Europe.
Quelle est celle (quelles sont celles) qui (que, où)...?

• A la Foire de Paris

qui a lieu en avril-mai, on peut voir les stands des Artisans du Monde.
Parmi les pays des exposants figurant sur la liste ci-dessous, quels sont ceux...
...qui se trouvent en Asie?
...que vous ne connaissez pas du tout?
...où vous êtes déjà allé?
...où vous avez envie d'aller?

ARTISANS DU MONDE

Bâtiment 7 Niveau 3

Afghanistan - Argentine - Brésil - Canada - Chine - Colombie -
Equateur - Espagne - Grande-Bretagne - Hong-Kong - Hongrie - Ile
Maurice - Inde - Indonésie - Italie - Maroc - Mexique - Pakistan -
Paraguay - Pérou - Philippines - Pologne - Roumanie - Sénégal - Sri
Lanka (Ceylan) - Suède - Suisse - Syrie - Taïwan - Tchécoslovaquie -
Thaïlande - Vietnam.

• Questionnaire

Remplissez ce questionnaire sur vos goûts et comparez vos réponses avec celles de votre voisin(e).

	Musique	Sport	Plat préféré
1			
2			
3			

Nous { avons / n'avons pas } *les mêmes goûts en musique. Nous* { aimons / n'aimons pas } ....

Continuez.

83

● Laquelle?

Ce monsieur cherche à rencontrer Mme Leclerc.
Mais il y a deux Mme Leclerc qui travaillent dans la même société.

**Imaginez le dialogue entre l'hôtesse et le monsieur (qui sait seulement que « sa »
Mme Leclerc a 35 ans et qu'elle est journaliste).**

● Êtes-vous maniaque?

*Si oui, quelles sont les choses que vous faites chaque jour à la même heure? Quelles sont les
choses que vous aimez ranger toujours à la même place? etc.*

● Hôtels africains

*De ces deux hôtels, lequel est le mieux, à votre avis? Lequel est le moins cher, à votre avis?
Pourquoi?*

◼ Hôtel Ivoire

*(Chaîne Intercontinental), Abidjan. Quartier résidentiel de Cocody. A 5 km de la ville, à 20 km de
l'aéroport. 750 chambres climatisées avec salle de bains. L'hôtel domine la baie de Cocody.
Jardins, cascades et fontaines, piscines, plage privée, tennis, golf, gymnase, sauna, patinoire à
glace, bowling, centre de shopping, bar, restaurants, casino. Centre de congrès de 2 000 places.*

◼ Novotel Yaoundé

*Le plus grand et le plus bel hôtel de Yaoundé à 950 m d'altitude. Il domine de ses 12 étages la
ville entière. 223 chambres, 1 appartement. Toutes les chambres ont le confort le plus moderne.
Bar. Night-club. Piscine. Restaurant de plein air. Tennis.*

L' Afrique à Francfort

L'édition en Afrique noire constituait le thème central de la 32e Foire du livre. But de l'opération : faire connaître le livre africain et introduire ses éditeurs dans les grands circuits du commerce mondial de la littérature.

Car l'édition africaine connaît depuis quatre ou cinq ans un certain développement, plus vigoureux d'ailleurs chez les anglophones que chez les francophones. Mais un rééquilibre est en train de s'accomplir. Des maisons comme les Nouvelles Editions Africaines de Dakar, CEDA à Abidjan, CLE au Cameroun, commencent à s'affirmer sur des marchés en expansion. Phénomène caractéristique : alors que les éditions africaines se sont longtemps limitées à la production de livres scolaires ou techniques, parfois de poésie, elles se lancent de plus en plus dans l'épineux domaine du roman, ce qui reflète bien un effort de création sans lequel il n'y aurait pas de littérature authentique.

Cependant, selon les organisateurs de la Foire de Francfort, 10 % seulement des publications africaines sont réalisées par les Africains eux-mêmes, les 90 % restants étant le fait d'éditeurs européens, généralement français et anglais, ou de multinationales. Manque d'expérience, faiblesse des moyens financiers et industriels, lacunes des réseaux de distribution, rareté des points de vente, tout cela se conjugue pour rendre la percée difficile. Et pourtant, peu à peu, elle se fait.

A Francfort, l'ensemble de l'édition africaine avait été installée dans un vaste hall intelligemment décoré mais situé malheureusement un peu à l'écart des grands circuits de visite. Mieux eût valu sans doute que ce groupe soit mieux intégré à l'ensemble de l'exposition, quitte à occuper moins de place. Les contacts en auraient été facilités et l'impression désagréable d'être tenu quelque peu en lisière n'aurait pu prévaloir chez nombre de participants africains. Au surplus, un mouvement de protestation contre la participation de l'Afrique du Sud déboucha sur un boycott de 24 heures. Pendant toute la journée du mercredi 9 octobre, les stands africains demeurèrent vides. Heureusement, l'un compensant l'autre, d'excellents orchestres se succédèrent sur le podium aménagé au centre du hall. La Foire du livre devenait festival de jazz... □

A

Pouvez-vous citer trois noms d'éditeurs africains ?

Que publient ces maisons ?

Pourquoi 90 % des publications africaines sont-elles réalisées en Europe ?

Que s'est-il passé le 9 octobre à Francfort dans le hall africain ?

B

Où a lieu la 4e FO.LI.MA dans Bamako ?

Peut-on y aller le 13 décembre ?

Quels sont les pays qui participent à la FO.LI.-MA pour la première fois ?

B

Ouverture de la 4ème FOLIMA

Pour la quatrième année consécutive, la Foire du Livre (FOLIMA) a ouvert ses portes hier matin dans les jardins de la Maison des Jeunes.

Dix-sept organismes et pays participants sont présents à ce rendez-vous des bibliophiles dont la clôture est prévue pour le 12 décembre.

La caractéristique de la FOLIMA cette année encore est la présence à ses stands des pays sahariens voisins : Algérie, Libye, Niger e Mauritanie. Pour les deux derniers, il s'agit d'une primeure : c'est en effet la première fois qu'ils viennent à ce rendez-vous de décembre.

La Culture et la Science étant le patrimoine commun de l'humanité, se on le mot de M. Mani D'énépo, Directeur de Cabinet du Ministre des Sports, des Arts et de la Culture, il est essentiel de prendre des initiatives tendant à ouvrir nos portes à tous les courants culturels dont la diversité n'est, en définitive que facteur d'enrichissement.

Aux différents stands qui ont été érigés, une gamme variée de livres attend l'acheteur potentiel : manuels scolaires, ouvrages spécialisés ou de vulgarisation, romans, poésies, etc... Une occasion exceptionnelle pour les étudiants, les chercheurs, ou simplement les amoureux de bonnes feuilles de compléter utilement leurs bibliothèques.

La FOLIMA est ouverte tous les jours de 09 h à 22 heures.

2. 5. Projets d'avenir

Lettre de M. Édimo, directeur commercial des Nouvelles Éditions Camerounaises, à son chef de fabrication, M. Azenda.

BAMAKO LE 10-2-83

Cher ami,

Je viens d'apprendre à la FO.LI.MA. qu'une imprimerie française (l'imprimerie Lefèvre de Paris) désire installer une succursale en Afrique francophone, et j'ai rencontré M. Besson, l'associé de M. Lefèvre.

Cette maison a une excellente réputation et produit un travail de qualité. Tous ceux qui travaillent avec elle disent que c'est à l'heure actuelle une des meilleures imprimeries françaises.

Jusqu'à présent, nous avons travaillé avec des imprimeurs européens installés en Europe, ce qui présentait des avantages (qualité du travail, équipement moderne), mais aussi des inconvénients (coût élevé, délais souvent longs, problèmes de communication). J'ai longuement parlé de tout cela avec M. Besson. Il sera à Yaoundé du 17-02 au 20-02 et souhaite vous rencontrer. Ce que je lui ai conseillé, c'est de vous téléphoner et de prendre lui-même rendez-vous directement avec vous.

Croyez, cher ami, à l'expression de mes sentiments les meilleurs.

CLÉMENT ÉDIMO.

P.S. Je serai de retour le 22 ou le 23.

Télex de M. Besson à M. Lefèvre

ABIDJAN 10-02-83

Très bons contacts.

Ai rencontré pendant foire tous les éditeurs importants.

Presque tous intéressés.

Problème principal : devrons former nous-mêmes en France personnel pour entretien et dépannage.

Jusqu'à présent, réactions très favorables des ministères du Développement du Mali et de la Côte-d'Ivoire.

Prochains voyages : Cameroun, Sénégal.

Ai rendez-vous avec plusieurs banques et ministères.

Espère rentrer en France fin du mois.

Amitiés.

BESSON

Réponse de M. Lefèvre à M. Besson

PARIS, 10-02-83

Félicitations. Très bon travail.

Ai reçu télex de Diouf.

Il signale possibilités intéressantes aussi au Ghana et Togo.

Prolonger séjour 1re semaine de mars.

Réservons pour vous vols

Dakar-Accra, Accra-Lomé, et Lomé-Paris.

Amitiés.

LEFÈVRE

◼ Pour transmettre ou traduire

(Dans un magasin, vous traduisez pour une amie qui ne parle pas français. Elle est en train d'essayer un pantalon gris.)

La vendeuse :	— Alors, il lui plaît ce pantalon gris ?
Vous :	— Elle dit qu'il ne lui va pas.
La vendeuse :	— Il est trop grand ou trop petit ?
Vous :	— Elle dit qu'il est trop petit.
La vendeuse :	— J'en ai un plus grand, mais en bleu. Tenez... Alors, qu'est-ce qu'elle en pense ?
Vous :	— Elle dit qu'il lui va bien, mais elle n'aime pas la couleur.
La vendeuse :	— Dites-lui que je n'en ai pas d'autre mais que j'en attends la semaine prochaine.
Vous :	— Mon amie dit qu'elle repassera un autre jour.

A vous

Vous êtes avec un ami étranger qui achète des chaussures. Il en a essayé des noires et des marron. Il préfère les noires, mais elles sont trop petites. Il veut essayer une paire plus grande. Il y en aura demain, dit le vendeur. Votre ami reviendra demain.

◼ Pour donner des nouvelles de quelqu'un

(Les parents ont reçu un télégramme de leur fils. La mère en parle au père.)

Texte du télégramme : *PAS PU AVOIR APPART. 2 PIÈCES. DÉJA LOUÉ. AI TROUVÉ STUDIO. EMMÉNAGE MOIS PROCHAIN. ÉCRIRAI BIENTÔT. MICHEL.*

La mère :	— On a reçu un télégramme de Michel.
Le père :	— Ah, oui ? Qu'est-ce qu'il dit ?
La mère :	— Il dit qu'il n'a pas pu avoir l'appartement de deux pièces.
Le père :	— Et pourquoi ?
La mère :	— Parce qu'il était déjà loué.
Le père :	— Qu'est-ce qu'il va faire ?
La mère :	— Il dit qu'il a trouvé un studio, qu'il emménagera le mois prochain et qu'il va nous écrire bientôt.

A vous

Patricia a reçu un télégramme de Julien. Elle en parle à Sandra.

ARRIVÉ À ROME HIER. VISITÉ SAINT-PIERRE. IRAI À FLORENCE DEMAIN. M'AMUSE BIEN. RENTRERAI DANS 15 JOURS. JULIEN.

— Vocabulaire

THÈMES

• La correspondance

La lettre, le télégramme, le télex, le pneumatique, le paquet, le colis...
Par avion, exprès, recommandé, l'expéditeur, le destinataire.
La lettre, le papier à lettres, l'enveloppe, le timbre...
L'en-tête, l'objet, la formule de politesse, la signature.

FICHE DE DISTRIBUTION	N° 759 bis
DESTINATAIRE Mlle Françoise CROZAT	
88 Bd ARAGO 75014	
PARIS (France)	
Signature du destinataire :	Étiquette du registre 510

PAR AVION

RÉPUBLIQUE FRANÇAISE

1,80   FREDERIC ET IRENE JOLIOT-CURIE

ÉCHANGES

• Écrire à quelqu'un

☐ **Vous écrivez à quelqu'un que vous connaissez bien** (voir page 71).

☐ **Vous écrivez à une personne que vous connaissez peu.**
— *Pour commencer :* Cher Monsieur, Chère Madame / Mademoiselle,
        Cher ami, Chère amie,
— *Pour terminer :*

Veuillez croire,	cher(e)...,	à mes sentiments les meilleurs.
Croyez,	cher(e)...	à mon meilleur souvenir.

☐ **Vous écrivez à une personne que vous ne connaissez pas :**
— *Pour commencer :* Monsieur / Madame, / Mademoiselle,
— *Pour terminer :*

Veuillez agréer,	Monsieur, / Madame, / Mademoiselle	l'expression de mes sentiments distingués.
Recevez,	Monsieur, / Madame, / Mademoiselle,	mes sincères salutations.
Je vous prie d'agréer,	Madame,	mes respectueux hommages.

DICO

• Du verbe au nom

installer	→	installation (n.f.)	développer	→	développement
former	→	formation (n.f.)	entretenir	→	entretien
produire	→	production (n.f.)	dépanner	→	dépannage
équiper	→	équipement			

A vous • Du nom au verbe

De quels verbes viennent les noms suivants : organisation, déplacement, réaction, rangement, soutien, décollage ?

1 Les pronoms composés avec -même *(voir memento grammatical, 9, 7)*

	Singulier	Pluriel
1re pers.	(je) moi-même	(nous) nous-mêmes
2e pers.	(tu) toi-même	(vous) vous-mêmes
3e pers.	(il) lui-même	(ils) eux-mêmes
	(elle) elle-même	(elles) elles-mêmes
Attention !	(on) { soi-même / nous-mêmes }	

Nous devons les former **nous-mêmes**.
(= C'est nous qui devrons les former, ils ne seront formés par personne d'autre.)
Il téléphonera et prendra rendez-vous **lui-même**.
(= C'est lui qui prendra rendez-vous, et personne d'autre.)

2 Pronoms démonstratifs + pronoms relatifs

● *Rappel :*

Celui		qui...	
Ceux	+	que...	*(voir page 81)*
Celle(s)		où...	

● *Le pronom neutre :* **ce** (ce que..., ce qui...).
Nous avons travaillé avec des imprimeurs européens, ce qui présentait des avantages mais aussi des inconvénients. **(Ce** = travailler avec des imprimeurs européens.)
Ce que je lui ai conseillé, c'est de vous téléphoner. **(Ce** = vous téléphoner.)

3 Le discours indirect *(voir memento grammatical, 24)*

a) Emploi
Le discours indirect s'emploie lorsqu'on rapporte une information pour quelqu'un (une lettre qu'on a lue, une conversation téléphonique qu'on a eue) ou lorsqu'on répète une information pour quelqu'un qui ne l'a pas entendue ou comprise.

b) Formation
On passe du discours direct (Pierre dit : « J'ai faim. ») au discours indirect (Pierre dit qu'il a faim) en supprimant les deux points et les guillemets et en reliant entre elles les deux phrases au moyen de la conjonction de subordination QUE. On remarque que le pronom personnel peut changer.

Discours direct	Discours indirect
M. Besson dit : « **Nous** devrons former **nous-mêmes** le personnel. »	M. Besson dit **qu'ils** devront former **eux-mêmes** le personnel.
M. Besson dit : « J'ai rencontré tous les éditeurs. »	M. Besson dit **qu'il** a rencontré tous les éditeurs.
M. Edimo dit : « Cette maison a une excellente réputation. »	M. Edimo dit **que** cette maison a une excellente réputation.
M. Besson dit : « J'irai au Cameroun. »	M. Besson dit **qu'il** ira au Cameroun.

1. La voiture d'occasion. Complétez comme dans l'exemple, en employant un des adjectifs ou noms suivants :
AGRÉABLE, AVANTAGE, INCONVÉNIENT, INTÉRESSANT, PRATIQUE, RAISONNABLE.

J'ai trouvé une voiture d'occasion. Elle coûte 5 000 F, <u>ce qui</u> est un prix intéressant.
Elle a fait 100 000 km, ce qui ....
Elle a une bonne radio, ce qui ....
Elle a un très grand coffre, ...
Les pneus sont neufs, ...
Mais elle a déjà eu trois accidents, ...

2. Je sais ce qu'il te faut. Transformez les phrases, comme dans l'exemple.

Il me faut un professeur de piano.
→ *Ce qu'il me faut, c'est un professeur de piano.*
— *Je te conseille Mme Lichine.*
→ *Celle qu'il te faut, c'est Mme Lichine.*
a) *Il me faut un bon piano.* → ....
— *Je te conseille un Pleyel.* → ....
Il me faut des disques de Beethoven. → ....
— *Je te conseille les concertos pour piano et orchestre.* → ....

b) *Il me faut un autre associé.* → ....
— *Je te conseille ton cousin.* → ....
Il me faut de nouveaux bureaux. → ....
— *Je te conseille ceux de la rue Saint-Jacques.* → ......
Il me faut une autre secrétaire. → ....
— *Je te conseille Mme Vallier.* → ....

3. La belle excuse ! Complétez en employant CELUI/CELLE/QUI/QUE/OÙ, **et** CE QUI/QUE.

Elle : — *Tu rentres bien tard, chéri ! Le lundi tu rentres plus tôt.*
Lui : — *J'étais avec un collègue de bureau.*
Elle : — *Ah oui ? Lequel ?*
Lui : — *...est arrivé il y a deux mois. .... nous avons rencontré l'autre soir au cinéma. On est allé prendre un pot dans un bar.*
Elle : — *Ah bon ! Lequel ?*
Lui : — *............ on sert de très bons jus de fruits. Tu sais, près de la poste. J'ai pris un délicieux jus d'ananas.*
Elle : — *Eh bien, je ne crois pas un mot de tout .... tu m'as dit.*
Lui : — *Et pourquoi donc ?*
Elle : — *D'abord, tu sens l'alcool, ... ne me plaît pas du tout. Ensuite, tu me dis que tu es allé dans ce bar, ... est faux.*
Lui : — *Ah bon ?*
Elle : — *Je le connais bien, ce bar. C'est .... est fermé le lundi. Tous les soirs tu cherches une nouvelle excuse pour rentrer tard. Eh bien, je vais te dire .... tu vas faire : ta valise !*
Lui : — *Mais où je vais aller ?*
Elle : — *Tu peux aller chez une de tes petites amies. Parmi toutes .... tu connais, il y en aura sûrement une qui te supportera.*

4. Les projets de Lefèvre et Besson. Transformez les phrases comme dans le modèle.

*Nous allons **créer** cette imprimerie. Ça prendra un an.* → *La **création** de cette imprimerie prendra un an.*
Nous construirons un bâtiment. Ça durera quatre mois. → ....
Nous installerons nos machines. Ça prendra un mois. → ....
Nous formerons notre personnel. Ça prendra neuf mois. → ....

5. Une interview d'un chef d'entreprise. Transformez les phrases soulignées comme dans le modèle.

— *Comment êtes-vous devenu patron de cette entreprise ?*
— *Cette entreprise, <u>c'est moi qui l'ai créée</u>.* → *Je l'ai créée **moi-même**.*
— *On ne vous a pas aidé ?*
— *Si, mes deux frères m'ont aidé ensuite. <u>C'est nous qui avons tout financé</u>. (Nous...).*
Ici, nous travaillons tous à la carte.
— *Expliquez-moi. Vous voulez dire que <u>ce sont les employés qui organisent leur travail</u> ? (les employés...)*

— *Exactement. <u>Ce sont eux qui décident de leurs heures d'arrivée et de départ.</u> (Ils...)*
— *Et la direction fait la même chose ?*
— *Bien sûr. <u>C'est nous qui choisissons nos horaires.</u> (Nous...)*
— *Et quand il y a des problèmes de personnel, comment faites-vous ? Vous en parlez à vos frères ?*
— *Non, <u>c'est moi qui prends les décisions.</u> (je...)*
— *Et jusqu'à présent, tout marche bien ?*
— *Oui, espérons que ça va continuer.*

● **On va tout savoir!** *Complétez les légendes.*

● **Que disent-ils ?**

● **Écoute bien et répète.**

Il est 18 heures. Mme Colineau téléphone chez elle. C'est sa fille Sylvie qui répond.
« *Allô ? C'est toi, Sylvie ? ...Ici c'est Maman. Ton frère et ta sœur sont là ? ...Dans leur chambre ? Appelle-les. Écoute bien ce que je vais te dire et répète-leur. Compris ? Alors voilà : ce soir je rentrerai plus tard.* (**Sylvie dit** : « *Maman dit que ce soir elle rentrera plus tard.* ») *J'ai eu beaucoup de travail au bureau.* (**Jouez le rôle de Sylvie. Continuez.**) *...Je n'ai pas pu faire les courses. ...Je n'aurai pas le temps de préparer le dîner. ...Papa va venir me chercher en voiture. ...On rentrera vers 9 h. ...On compte sur vous pour préparer le repas. ...Alors voilà ce que vous allez faire :* (**Imaginez la fin**)... »

92

- **« Discours rapporté ».**
Répondez aux questions.

Que dit-il à la dame ? Il dit que...

Que dit l'employé de la S.N.C.F. au voyageur ?   *Que leur dit-il ?*

- **Les « ambassadeurs muets »**

Un(e) étudiant(e) se tient debout face au groupe. Il (Elle) chuchote et mime une phrase. (Chuchoter, c'est parler le plus bas possible.) Les autres essayent de deviner ce qu'il (ou elle) dit. Le premier qui a trouvé dira : « Il (elle) dit que... » A son tour, il chuchotera une phrase que les autres essayeront de deviner.

A

1. Que faut-il prévoir pour le soir dans le Sahara ?
2. Quatre personnes partent sur les pistes pour cinq jours. Quelles réserves d'eau doivent-elles prévoir ?
3. Vous êtes en voiture, vous suivez une trace. Est-ce prudent ?
4. A quoi peut servir un guide local ?

B

1. Combien de fois le Mali est-il plus grand que la France ?
2. A votre avis, pourquoi le Mali a-t-il une aussi faible population ?
3. Avec quels pays le Mali a-t-il des frontières communes ?
4. Dites où se situe chacun de ces pays par rapport au Mali.
Ex. : La Guinée est au sud-ouest du Mali.
5. Quelles sont les capitales de ces pays ?

Ⓐ

CONSIGNES DE SÉCURITÉ POUR LA CIRCULATION SUR LES PISTES SAHARIENNES

Équipement personnel
- Matériel de bivouac (lit de camp ou matelas mousse, sac de couchage en vrai duvet, etc.).
- Vêtements légers pour la journée, très chauds pour la nuit (il peut geler l'hiver).
- Pharmacie. Consulter un médecin avant le départ.
- Réserves d'eau, très variables selon la saison : on boit entre 2 et 6 litres par jour selon la température. Il faut compter 2 jours de sécurité sur les très grands axes et jusqu'à 5 jours sur les pistes peu fréquentées.

Précautions indispensables
Avant de prendre la route, il faut savoir que
- Il est toujours plus prudent de voyager à plusieurs voitures, même si ce n'est pas obligatoire sur certaines pistes.
- Il faut toujours signaler son départ et son arrivée aux étapes aux autorités administratives qui assurent la sécurité (douane, police, gendarmerie ou armée selon les cas).
- Dans certaines régions, il est prudent de prendre un guide local qui connaît la piste.
- Il ne faut jamais quitter la piste ou en tout cas ne jamais la perdre de vue, même si le revêtement paraît meilleur à côté. En effet, le désert est plein de traces (elles ne s'effacent pas) qui coupent les pistes ou les suivent un moment. Elles ont été faites par des prospecteurs ou des militaires et peuvent facilement vous égarer.

Ⓑ

Superficie	1 240 000 km²
Population	6 300 000 habitants
Densité	5 au km²
Capitale	Bamako

Distances de Bamako aux capitales des pays voisins:

	par route	en orthodromie
OUAGADOUGOU	903 km	708 km
ABIDJAN	1 227 km	928 km
DAKAR	1 250 km	1 040 km
NIAMEY	1 627 km	1 100 km

Bilan 2

Faire + infinitif. I Répondez aux questions en utilisant les verbes proposés.

1. Pourquoi allez-vous chez un garagiste ? (réparer la voiture ; vérifier l'huile ; laver la voiture)
2. Pourquoi allez-vous chez le coiffeur ? (couper les cheveux)
3. Pourquoi allez-vous chez le photographe ? (développer vos photos)
4. Pourquoi devez-vous être à l'aéroport une heure avant le départ ? (enregistrer les bagages)

II Complétez en utilisant les verbes suivants précédés de faire : *Marcher, goûter, réparer, visiter, rire, travailler, couper, apporter.*

Lui : — Aujourd'hui, j'................... l'usine à un client allemand. Il voulait tout voir. Il s'................... le plan de l'usine et il m'................... toute la journée. Mais il était très drôle et il m'................... beaucoup .... Et toi, qu'est-ce que tu as fait ?
Elle : — Avant d'aller travailler, j'................... la voiture ; ensuite, je suis allée au bureau ; puis chez le coiffeur. Et enfin, je suis rentrée : j'................... les enfants et je les ....
Lui : — Tiens, mais c'est vrai !
Elle : — Quoi ?
Lui : — Tu .... les cheveux ! Ça te va bien, tu sais.
Elle : — Merci.

Expressions du temps. Complétez en choisissant des expressions parmi celles qui suivent :
D'abord, ensuite, enfin, avant, après, jusqu'à.

On se lève à 7 heures et .... le petit déjeuner on va .... courir tous ensemble pendant 45 mn. .... le petit déjeuner, on va jouer au tennis .... 11 heures. A 11 heures, on prend une douche et .... on déjeune. L'après-midi, ... on fait ce qu'on veut .... 15 heures.

Les subordonnées complétives. I Complétez en utilisant les verbes suivants et en les conjuguant au temps qui convient (imparfait, passé composé, futur, présent) :
Se rencontrer, être, s'ennuyer, adorer, passer, se revoir.

— Tiens, salut, Philippe. Je te présente mon frère Patrick.
— Salut. Je crois que nous .... déjà.
— Oui, chez Nicole, je suppose.
— Il y a longtemps. Je pense que c'................... à Noël l'année dernière.
— Vous allez voir « Rio Bravo » ? Je crois que c'................... un très bon film.
— J'espère que Nicole ne .... pas, elle l'a déjà vu.
— Tu sais bien que j'................... les westerns et je trouve que Dean Martin .... formidable dans ce film.
— Je suis sûr que vous .... un très bon moment. Au revoir, j'espère qu'on .... bientôt.

II Complétez comme dans le modèle :

ex. : J'ai appelé chez lui, il n'y a personne. (croire/ne pas être là) → Je crois qu'il n'est pas là.

1. Tu vas partir pour 6 mois ? (espérer/écrire) ....
2. Il arrive toujours en retard. (trouver/exagérer) ....
3. Je lui ai donné un plan. (penser/se débrouiller facilement)
4. Elle a beaucoup aimé votre projet ? (supposer/téléphoner)
5. Il a fait ses bagages. (être sûr/oublier quelque chose)

Imparfait. Complétez en utilisant à l'imparfait les verbes suivants : *Être, aller, s'ennuyer, sortir, travailler, connaître, avoir, voyager.*

Avant, M. Diouf .... fonctionnaire. Il .... dans un ministère. Il .... à son bureau tous les jours à 9 heures et en .... tous les soirs à 17 heures. Il .... tout le monde mais il .... un peu. Il ne .... jamais. .... une vie très calme.

Expression de la durée. Posez les questions portant sur les mots soulignés.

Il est installé ici <u>depuis 4 ans</u>.
Il vit à Paris <u>depuis 1963</u>.
Il va rester ici <u>jusqu'en juillet</u>.
Il est arrivé <u>il y a deux heures</u>.
Ils sont arrivés <u>en 1975</u>.

Pronoms démonstratifs. I Complétez avec les pronoms démonstratifs suivants : *Celui-là, celui qui, celui que, celui de.*

(Pendant un cocktail)
— Je cherche Frédéric. Tu ne l'as pas vu ?
— .... fait beaucoup de tennis ?
— Non, ... c'est Jean-Marc, l'associé d'un de mes frères.
— Lequel ? .... travaille dans la publicité ?
— Oui, ... tu as rencontré chez moi l'été dernier. Ah, voilà Bertrand, le mari de Colette.
— Et .... Juliette, comment s'appelle-t-il ?
— Il s'appelle Bernard, mais je crois qu'il n'est pas là ce soir.

II Remplacez les mots soulignés en utilisant un pronom démonstratif.

1. Prends ton journal et <u>le journal</u> de ton père.
2. Notre chambre, c'est <u>la chambre</u> ou il y a deux fenêtres.
3. Tu vois ces deux hommes là-bas ? Eh bien, mon père c'est <u>l'homme</u> qui porte un blouson de cuir.
4. Les disques que je préfère, ce sont <u>les disques</u> que tu m'as donnés.
5. Les meilleures oranges sont <u>les oranges</u> qui viennent d'Afrique du Nord.

Imparfait / Passé composé. I Complétez en mettant les verbes qui suivent au temps qui convient : *emmener, rencontrer, s'attendre à, croire, être, devoir.*

Hier soir, j'................... Pasquier au restaurant, où j'................... Bernard. Je ne m'................... pas à le voir là, je .... qu'il .... encore au Mexique où il .... passer ses vacances.

II Même exercice avec les verbes :
rencontrer, aller, voyager, parler, être, avoir peur, présenter, pouvoir, rentrer.

A Roissy, j'................... M. Besson qui .... lui aussi à la FO.LI.MA. Nous .... ensemble et pendant le voyage, je lui .... beaucoup .... de l'Afrique. Il .... très intéressé mais il .... de ne pas pouvoir supporter la chaleur. Heureusement à Bamako, son hôtel .... climatisé. Pendant la foire, je lui .... toutes les personnes qui .... l'intéresser et quand il .... à Paris, je crois qu'il .... content de son voyage en Afrique.

III Même exercice avec les verbes :
passer, pleuvoir, être, devoir, rentrer.

— Vous .... de bonnes vacances ?
— Non, il .... tous les jours et les gens .... très désagréables. Nous .... rester jusqu'à la fin du mois, mais nous .... au bout de 15 jours.

95

Ce qui - ce que. Complétez les phrases en utilisant *ce qui, ce que.* Soulignez, quand c'est possible, la proposition remplacée par *ce qui* ou *ce que.*

1. : .... nous souhaitons, c'est installer une imprimerie en Afrique.
2. .... me plaît dans ce projet, c'est qu'il est nouveau.
3. Je ne comprends rien à .... vous m'avez dit.
4. .... il veut, c'est être directeur.

But - cause - conséquence.

I Répondez aux questions :
— Pourquoi Monsieur Besson est-il allé au Mali ?
— Pourquoi était-il très content de son hôtel ?
— Pourquoi M. Diouf est-il venu chercher M. Besson à l'hôtel ?
— Pourquoi M. Besson avait-il besoin d'un plan de la foire du livre ?
— Pourquoi était-il content à la fin de la journée passée à la foire ?
— Pourquoi était-il content de son voyage en Afrique ?

II Complétez en utilisant *donc* ou *parce que.*

1. Je ne lui ai jamais parlé .... il ne me plaît pas.
2. Il ne savait pas qu'elle devait rentrer : .... il ne s'attendait pas à la voir.
3. Je suis tombé .... on m'a bousculé.
4. Nous vivons en Afrique depuis longtemps .... nous sommes habitués à la chaleur.
5. Je serai là toute la journée .... tu peux compter sur moi pour t'aider.
6. Ils achètent peu .... le coût des produits est élevé.
7. Je n'ai pas pu prendre rendez-vous avec lui .... il était très occupé.

Adjectifs et pronoms indéfinis.

Complétez le texte en utilisant et en accordant les mots suivants : *tout, même, quelque, autre.*
Le matin, j'arrivais à l'exposition vers 10 heures et j'y restais .... la journée. Il y avait les .... stands que l'année dernière, mais aussi .... nouveaux stands très intéressants. .... les exposants étaient très occupés. Ils parlaient avec des clients, ou ils avaient des rendez-vous dans d' .... stands. Enfin, j'ai réussi à rencontrer .... les gens que je voulais voir et à avoir des prix intéressants.

Poèmes et chansons

... VERTES et rouges, je vous salue,
   bannières, gorges du vent ancien,
Mali, Guinée, Ghana
et je vous vois, hommes,
point maladroits sous ce soleil nouveau !
Écoutez :
   de mon île lointaine
   de mon île veilleuse
je vous dis Hoo !
   Et vos voix me répondent
   et ce qu'elles disent signifie :
« Il y fait clair. » Et c'est vrai :
même à travers orage et nuit
pour nous il y fait clair.
D'ici je vois Kiwu vers Tanganyika descendre
par l'escalier d'argent de la Ruzizi
(c'est la grande fille à chaque pas
baignant la nuit d'un frisson de cheveux)

d'ici, je vois noués
Bénoué , Logone et Tchad;
liés, Sénégal et Niger.
Rugir, silence et nuit rugir, d'ici j'entends
rugir le Nyaragongo...
Je vois l'Afrique multiple et une
verticale dans la tumultueuse péripétie
avec ses bourrelets, ses nodules ,
un peu à part, mais à portée
du siècle, comme un cœur de réserve.
Et je redis : Hoo mère !
   et je lève ma force
   inclinant ma face.
      Oh ma terre !
que je l'émiette doucement entre pouce et index
que je m'en frotte la poitrine, le bras,
le bras gauche,
que je m'en caresse le bras droit.

AIMÉ CÉSAIRE
extrait du poème   du recueil « *Ferrements* »
« *Pour saluer le Tiers-Monde* »   Éditions du Seuil.

Femme noire

Femme nue, femme noire
Vêtue de ta couleur qui est vie, de ta forme qui est beauté !
J'ai grandi à ton ombre; la douceur de tes mains bandait mes yeux.
Et voilà qu'au cœur de l'Été et de Midi, je te découvre Terre promise,
   du haut d'un haut col calciné
Et ta beauté me foudroie en plein cœur, comme l'éclair d'un aigle.

Femme nue, femme obscure
Fruit mûr à la chair ferme, sombres extases du vin noir, bouche qui fais
   lyrique ma bouche
Savane aux horizons purs, savane qui frémis aux caresses ferventes du
   Vent d'Est
Tamtam sculpté, tamtam tendu qui grondes sous les doigts du Vain-
   queur
Ta voix grave de contre-alto est le chant spirituel de l'Aimée.

L.-S. SENGHOR,
Chants d'ombre, éd. du Seuil.

3.1. Une Française au Québec

Dans notre série « *LES FRAN-ÇAISES A L'ÉTRANGER* ».
Cette semaine : Interview d'An-ne-Marie Lacouture, 37 ans, ori-ginaire de Mâcon, veuve depuis 7 ans, mère de deux jumeaux de 9 ans, installée à Montréal depuis 14 ans.

Question : *Anne-Marie, vous êtes venue au Québec il y a 14 ans et vous n'en êtes jamais repartie. Dites-nous pourquoi vous avez décidé de vivre ici.*

A.-M. : Je venais de terminer mes études de biologie à Lyon quand j'ai eu la possibilité de partir à Montréal faire un stage de deux mois dans un labora-toire. J'ai rencontré André cet été-là. Nous nous sommes plu tout de suite (1). J'avais 23 ans, lui 25. Il venait d'obtenir son diplôme d'ingénieur des Travaux publics. C'était un grand costaud barbu qui riait tout le temps et qui adorait la nature. Il m'a promenée partout et m'a fait aimer le Québec et les Québé-cois. A la fin de mon stage, André m'a demandé si je voulais rester à Montréal. Il m'a dit que je pouvais habiter chez lui et qu'avec mes diplômes je trouve-rais facilement du travail. Je n'a-vais pas du tout envie de rentrer en France : j'ai accepté. Dix jours après, j'habitais chez An-dré et j'avais un emploi (2) dans un laboratoire pharmaceutique.

Question : *Comment vos parents ont-ils pris la chose ?*
A.-M. : Ils croyaient que je ren-trerais au bout de quelques mois. Je leur donnais souvent des nou-velles, et un jour, c'est mon faire-part de mariage qu'ils ont reçu. Je ne savais pas comment ils allaient réagir. Ils m'ont télé-phoné tout de suite pour me féliciter. Malgré la distance et les frais, ils sont venus à Mon-tréal pour mon mariage. Ils sont restés une semaine et ils ont dû repartir.

Au Québec on dirait :
(1) « On est tombé en amour ».
(2) « J'avais une job ».

Question : *Parlez-nous des premiers mois de votre mariage. Ça ne doit pas être facile de commencer une vie à deux dans ces conditions ?*

A.-M. : C'est vrai ! Nous avons eu des débuts difficiles, André et moi. Nous ne gagnions pas beaucoup d'argent et nous vivions dans un petit appartement. Nous voulions des enfants mais nous avons attendu d'être mieux installés pour en avoir. Les jumeaux sont nés cinq ans après notre mariage. C'est à ce moment-là qu'André a eu une proposition très intéressante pour aller travailler sur le chantier de la Baie James. Nous savions que les conditions de travail y étaient très dures : 60 heures de travail par semaine, avec des températures de − 40° en hiver. Mais André disait que, grâce à l'argent qu'il allait gagner, je pourrais m'arrêter de travailler pour élever les jumeaux. Finalement, après de longues discussions, nous avons décidé qu'il ne partirait que pour deux ans.

Il est donc parti pour le Nord, à 1 400 km de Montréal. Il avait un billet d'avion gratuit toutes les huit semaines pour venir passer une semaine avec sa famille. Pendant dix-huit mois, il m'a téléphoné tous les soirs. Et puis un jour, un de ses collègues m'a appelée. André venait d'avoir un accident sur le chantier. On l'a transporté d'urgence à l'hôpital par avion. Mais il est mort pendant le voyage.

❶ Pour donner de ses nouvelles.

(Anne-Marie téléphone à ses parents) :

Anne-Marie : — Allô ? Papa ? Ici, c'est Anne-Marie.

Le père : — Bonjour. Je suis bien content de t'entendre. D'où appelles-tu ?

Anne-Marie : — D'un bureau de poste à Montréal.

Le père : — Ça va ? Tu es contente de ton stage ?

Anne-Marie : — Oui, tout se passe bien.

Le père : — Tu ne t'ennuies pas trop ?

Anne-Marie : — Pas du tout. J'ai rencontré des gens très sympa.

Le père : — Et où habites-tu ?

Anne-Marie : — Je loge dans un petit hôtel pas cher.

Le père : — Et tu as fait un peu de tourisme ?

Anne-Marie : — Oui, j'ai visité les Laurentides et je suis allée aux États-Unis.

Le père : — Tu rentres quand ?

Anne-Marie : — Je pense que je rentrerai vers la fin du mois. Et maman va bien ?

Le père : — Oui, tout le monde va bien. On pense beaucoup à toi, tu sais.

Anne-Marie : — Moi aussi. Bon, je te quitte. A bientôt. Je vous écrirai.

Le père : — A bientôt. Et merci d'avoir appelé.

A vous :

Jean-Claude et sa sœur Alice sont à Londres. Ils suivent un cours de langue. Ils ont trouvé des gens qui louent des chambres pas cher. Ils ont des amis. Ils ont visité Oxford et Cambridge et sont allés au Pays de Galles. Ils pensent rentrer dans dix jours. (Vous êtes Jean-Claude ou Alice et vous appelez vos parents.)

❷ Pour annoncer une grande nouvelle.

● Bertrand, 42 a. 1,85 m. Architecte. Veuf, 2 enfants 4 et 8 a. cherche F. 30-40 a. en vue mariage.
● Nicole, 35 a. 1,70 m. Prof de lettres, sportive, divorcée, cherche H. 40-45 a. Bonne situation. Enfants acceptés.

Bertrand annonce à son ami Philippe qu'il va se marier avec Nicole.

Bertrand : — J'ai une grande nouvelle à t'annoncer : je vais me remarier.

Philippe : — Ah ! Bravo ! Félicitations ! Comment l'as-tu rencontrée ?

Bertrand : — Par une petite annonce.

Philippe : — Comment est-elle ?

Bertrand : — Elle a 35 ans, elle est grande, brune, sportive.

Philippe : — Qu'est-ce qu'elle fait dans la vie ?

Bertrand : — Elle est professeur de lettres.

Philippe : — Elle n'a jamais été mariée ?

Bertrand : — Si, elle est divorcée.

Philippe : — Et tu crois que vous allez bien vous entendre ? Tu as deux enfants !

Bertrand : — Ça ne la dérange pas. Elle aime les enfants.

Philippe : — Alors, bonne chance et tous mes vœux de bonheur.

A vous :

Nicole fait part à son amie Lucie de son prochain mariage avec Bertrand.

THÈMES

● **Un mariage :**

— le marié, la mariée : les mariés.
    Pierre Blanchard. Corinne Lebrun.
— les parents, les beaux-parents.
— le gendre, la belle-fille.
Pierre est le mari de Corinne.
Il est le gendre de M. et Mme Lebrun.
Corinne est la belle-fille de M. et Mme Blanchard.
M. et Mme Blanchard sont les beaux-parents de Corinne (son beau-père, sa belle-mère).

La cérémonie : un mariage civil, un mariage religieux.
La réception (un « lunch », un « cocktail »). Les invités. Les cadeaux de mariage.
Le voyage de noces (la « lune de miel »).

● **Un diplôme.**

On fait des études de ⎫
On suit des cours de ⎭ droit, mathématiques, etc.
On se présente à un examen, à un concours.
On réussit (ou on échoue) à un examen, à un concours.
On obtient un diplôme (d'ingénieur, **de** biologiste, etc.)
On est diplômé ⎰ **d'**une Grande École.
⎱ **en** droit, **en** lettres, etc.

● **Un stage.**

Un(e) stagiaire.
Être en stage.
Faire ⎫
Participer à ⎬ un stage de...
Suivre ⎭

ÉCHANGES

● **Pour demander de raconter**

Qu'est-ce qui s'est passé ?
Comment ça s'est passé ?
Dites-moi (dis-moi) où... ? quand... ?
comment... ? pourquoi... ?
Parlez-moi de...
Racontez-moi comment...
Et alors ?
Et après ?
Et ensuite ?

● **Pour raconter**

D'abord... Ensuite... Après...
C'est comme ça que...
C'est à ce moment-là que...
C'est pour ça que...
Je vais vous parler de...
Je vais vous raconter comment...
Je vais vous expliquer...
Voilà ce qui s'est passé...
Voilà comment ça s'est passé...

DICO

faire-part : (n. m. invariable) (de « faire » et « part ») Lettre ou carte annonçant une naissance, un mariage, un décès, que l'on envoie pour avertir des parents, des amis, des connaissances.

A vous :

Recherchez des mots composés avec le verbe « laisser ».

– *Grammaire*

❶ Le conditionnel. *(voir memento grammatical, 18.)*
☐ **Formation** : le conditionnel se forme à partir du radical du futur + les terminaisons de l'imparfait : **-ais, -ais, -ait, -ions, -iez, -aient.**

	Futur	Conditionnel		Futur	Conditionnel
(être)	je serAI	je serAIS	(aller)	nous irONS	nous irIONS
(avoir)	tu aurAS	tu aurAIS	(pouvoir)	vous pourrEZ	vous pourrIEZ
(falloir)	il faudrA	il faudrAIT	(vouloir)	ils/elles voudrONT	ils/elles voudrAIENT

□ **Emploi** : on emploie en particulier le conditionnel pour remplacer le futur dans les complétives lorsque le verbe principal est au passé (passé composé ou imparfait).
(Voir ci-dessous : Discours indirect, et Concordance des temps.)

(verbe principal au présent)
Il me **dit** que je trouve**rai** du travail.
Ils **croient** que je rentre**rai**.

(verbe principal au passé)
Il m'**a dit** que je trouve**rais** du travail.
Ils **croyaient** que je rentre**rais**.

❷ Le discours indirect. *(voir memento grammatical, 24.)*

Discours direct	Discours indirect	
A. *Interrogation :* (Est-ce que) tu seras chez toi ? Qu'est-ce que tu feras ? Qu'est-ce qui te fait rire ?	Il me demande (ou) Je ne sais pas	si je serai chez moi. ce que je ferai. ce qui me fait rire.
B. *Impératif :* Viens avec moi. Ne fais pas de bruit.	Il me demande (ou) Il me dit	de venir avec lui. de ne pas faire de bruit.
C. *Déclaration, réponse :* Je me sens fatigué.	Il dit (ou) Il répond	qu'il se sent fatigué.

Remarquez les changements de pronom dans certains cas :

discours direct → discours indirect : tu → je / te → me / moi → lui / je → il.

❸ La concordance des temps. *(voir memento grammatical, 18.3 et 24.1.)*

Discours direct	Discours indirect

« Tu veux rester à Montréal ? »	Il lui demande si elle veut rester à Montréal.
	    (présent) (présent)
	Il lui a demandé si elle voulait rester à Montréal.
	    (passé comp.) (imparfait)

« Tu trouveras du travail. »	Il lui dit qu'elle trouvera du travail. (présent) (futur) Il lui a dit qu'elle trouverait du travail. (passé comp.) (conditionnel)

❹ Pour exprimer la restriction : ne... que *(voir memento grammatical, 21).*
ex. : Nous avons décidé qu'il **ne** partirait **que** pour deux ans.
(= qu'il **ne** partirait **pas plus de** deux ans.)

❺ Pour exprimer des relations. *(voir memento grammatical, 27.)*
□ **Le moyen** : grâce à, avec.
ex. : **Grâce à** l'argent qu'il allait gagner, je pourrais m'arrêter de travailler.
Avec mes diplômes, je trouverais facilement du travail.
□ **L'opposition** : malgré, mais.
ex. : **Malgré** la distance et les frais, ils sont venus à mon mariage.
Nous voulions des enfants **mais** nous avons attendu...
□ **Le but** : pour.
ex. : Ils m'ont téléphoné **pour** me féliciter.

1. Une employée quitte son patron.

Elle raconte à un ami ce qui s'est passé :

« *Il m'a dit que j'avais tort de partir, que je ne savais pas ce que je faisais, que je le regretterais. J'ai répondu que j'en avais assez de travailler chez lui, qu'il prenait les gens pour des chiens, et que je trouverais facilement un emploi mieux payé et plus intéressant.* »

Retrouvez les paroles qu'ils ont dites ce jour-là. Écrivez le dialogue :

Le patron : — *Vous avez tort de partir, vous...*

Elle : — *J'en ai assez...*

2. Vacances à Chamonix.

Mettez le verbe entre parenthèses au temps qui convient.

Depuis cinq ans, je (passer) mes vacances de Noël à Chamonix. Je me rappelle mes débuts à ski : je (tomber) tout le temps et j'(avoir) très peur. Puis, j'(apprendre) avec d'excellents moniteurs. Deux ans après, ça (aller) beaucoup mieux. Maintenant, je (descendre) les pistes les plus difficiles. Depuis l'année dernière, je (se sentir) une vraie championne.

3. Trois histoires.

a) *Il y a cinq ans que je travaille dans cette compagnie.* **Les premiers jours,** *j'ai eu du mal à m'habituer. Mais* **au bout de quelques semaines,** *je connaissais tout le monde.* **Au début,** *je ne gagnais que 5 000 F par mois. Mais* **en trois ans,** *je suis devenu directeur commercial, et* **maintenant,** *je gagne très bien ma vie.*

Sur ce modèle, complétez les deux histoires suivantes :

b) *J'ai passé deux mois en Grande-Bretagne pour apprendre l'anglais. Au début .... Au bout de quelques jours .... A la fin de mon séjour ....*

c) *Il y a trois mois que je suis en stage dans ce laboratoire. Les premiers jours .... Tous les soirs .... Au bout de trois semaines .... Maintenant ....*

4. Identités. Relisez le texte et rédigez le curriculum vitae d'Anne-Marie :

Nom .... Prénom .... Age .... Nationalité .... Lieu de naissance ....
Situation de famille .... Études .... Expérience professionnelle ....

Sur le même modèle rédigez votre curriculum vitae.

5. Elle a réussi ! Bravo !

Nicole va passer un examen. Elle a très peur d'échouer.

Élisabeth : — *Je suis sûre que tu vas réussir à ton examen.*

Nicole : — *Moi, je crois que je n'y arriverai pas.*

Élisabeth : — *Je pense que tu seras dans les dix premiers. J'espère que tout ira bien et que nous boirons le champagne dans quinze jours.*

Quinze jours après, elles sont en train de boire le champagne et se rappellent leur discussion :

Élisabeth : — *J'étais sûre que tu allais réussir...*

Nicole : — *Et moi je croyais...*

Continuez...

6. Malgré ou Grâce à ? Complétez ces deux histoires en employant « malgré » ou « grâce à » :

a) — .... *le prix, il s'est acheté cette voiture de sport.*

   — *Comment a-t-il fait ?*

   — *C'est .... l'argent de ses parents.*

   — *Évidemment, ... des parents riches, on peut tout faire !*

   — *D'accord, mais je peux te dire que .... cela il est resté très simple.*

b) — *Ce vieux monsieur a l'air très jeune. Comment fait-il ?*

   — *C'est .... sport. Sais-tu que .... son âge il fait encore du vélo tous les jours ?*

   — *Tous les jours ?*

   — *Oui, je l'ai encore vu ce matin. Il sortait .... la pluie. Il dit que c'est .... cela qu'il n'est jamais malade.*

● Il y a un problème

Commentez les dessins suivants en employant NE... QUE, comme dans le modèle :

● Offre d'emploi

Qu'est-ce qu'ils se sont dit ?
Vous avez accompagné un ami qui cherchait un travail pour l'été. Vous avez assisté à la conversation qu'il a eue avec l'employeur. Voici ce qu'a dit l'employeur : « Comment vous appelez-vous ? Quel âge avez-vous ? Savez-vous conduire ? Que faites-vous cet été ? Êtes-vous costaud ? J'ai un travail pour vous. C'est un travail fatigant. J'ai une entreprise de déménagement. Vous pourrez gagner 300 F par jour. »

Vous racontez la scène à un autre ami : « Il lui a demandé... il lui a dit... etc. »
Finalement, votre ami n'a pas accepté le travail, malgré le salaire. **Dites pourquoi.**

● Rappels

Posez-vous entre vous des questions sur Anne-Marie :
Quand est-elle partie au Canada ? Qu'est-ce qu'elle allait y faire ? Quel âge avait-elle ? Etc.

● Une décision difficile

André vient d'apprendre qu'il y a du travail pour lui à la Baie James. Il rentre chez lui et en parle à Anne-Marie. **Imaginez leur discussion.**

● Métiers

Connaissez-vous des métiers où les conditions de travail sont particulièrement difficiles ? Lesquels ? Expliquez pourquoi.

● Savez-vous compter?

Anne-Marie a 37 ans. Elle est veuve depuis 7 ans. Les jumeaux ont 9 ans. Ils sont nés 5 ans après le mariage d'Anne-Marie et André.
1. Quel âge avaient les jumeaux à la mort de leur père?
2. Quel âge avait Anne-Marie à la naissance des jumeaux?
3. A quel âge Anne-Marie s'est-elle mariée?

● Une rencontre extraordinaire.

Un nouvel ami, un nouvel amour, une personne extraordinaire...
Comment est-ce que ça s'est passé? Comment vos amis (ou vos parents) ont-ils pris la chose?
Quelle a été la suite? Ou la fin? **Racontez et dialoguez avec votre voisin(e).**

● Un mariage.

Racontez comment se passe un mariage traditionnel dans votre pays.

● Devinettes.

— Comment deux garçons qui ne sont pas frères peuvent-ils avoir la même sœur?
— Un homme a été marié avec la sœur de sa veuve. Comment cela a-t-il été possible?

● S.V.P.

Pour obtenir des renseignements, on peut, à Paris, téléphoner au service S.V.P. (= s'il vous plaît 787.11.11). **Jouez à S.V.P. avec votre voisin(e).**
Posez une question commençant par « Je voudrais savoir... » ou « Pouvez-vous me dire... ».
Lorsque votre voisin(e) trouve la bonne réponse, c'est à son tour de poser les questions. Le gagnant est celui qui a posé le plus de questions sans réponse.

— Je voudrais savoir si le lac Titicaca se trouve au Mexique.
— Pouvez-vous me dire s'il y a des glaciers en Afrique...? etc.

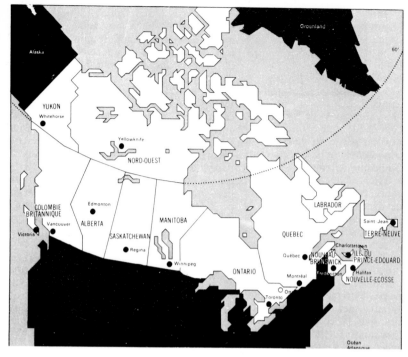

A
LE CANADA
EN QUELQUES
CHIFFRES

- Population : 23 000 000 d'habitants (autant que la Belgique + le Luxembourg + les Pays-Bas).
- Superficie : 9 959 000 km² (États-Unis : 9 347 680 km², U.R.S.S. : 22 403 000 km², France : 551 255 km²).
- Entre Montréal (à l'est) et Vancouver (à l'ouest), 4 800 km à vol d'oiseau, 8 700 km par la route. (Paris-Montréal : 6 400 km.)
- 89 % du territoire canadien n'a pas de population permanente.
- Le Québec (l'une des 10 provinces qui composent le Canada) a une population de 6 302 300 habitants pour une superficie de 1 648 269 km² (= France + Italie + Espagne + R.F.A. + R.D.A. + Belgique + Suisse).

B
LES CHANTIERS DE LA BAIE JAMES

Actuellement, le Québec construit près du rivage de la Baie James un immense complexe hydro-électrique de quatre chantiers : LG1, LG2, LG3, LG4.
- Son but : produire en 1985 70 milliards de kWh.
- Des travaux échelonnés entre 1971 et 1985.
- Entre 10 000 et 18 000 travailleurs selon la saison.
- A LG2, le chantier le plus avancé, 5 000 travailleurs logés, nourris, transportés et surtout chauffés.
— 1 kg de viande par personne et par jour pour lutter contre le froid (15° en juillet, − 23° en janvier, − 40° au cœur de l'hiver, avec un record à −85°).
— 12 000 œufs cassés tous les matins pour 5 000 petits déjeuners.
— 60 h de travail par semaine à raison de 10 h par jour.
— Des salaires multipliés par deux.
— 1 billet d'avion gratuit toutes les 8 semaines.
- $ 300 par tête et par mois dépensés en coups de téléphone aux parents et amis.

A
- Combien de fois le Canada est-il plus grand que la France ? et le Québec ?
- Quel pourcentage du Canada a une population permanente ?

B
- A quelle date les travaux seront-ils terminés ?
- Que peut-on dire des conditions de travail à la Baie James ?
- Pourquoi les travailleurs dépensent-ils autant d'argent en téléphone ?

3. 2. Une nouvelle vie

Question : *Vous vous êtes donc retrouvée veuve avec deux enfants. Et sans travail, je suppose ?*

Anne-Marie : Oui, j'étais sans travail et je n'avais pas droit à une pension parce qu'André n'avait pas travaillé assez longtemps. Je n'avais pour vivre que nos économies et l'argent que mes parents m'envoyaient de France. Je savais que j'aurais du mal à retrouver un emploi à cause du chômage dans la profession de biologiste. J'ai dû me recycler et repartir presque à zéro. Comme beaucoup de gens au Canada, j'ai suivi des cours du soir. Je suis retournée à l'université faire un stage d'informatique. Maintenant, j'ai une bonne situation, je gagne 450 dollars canadiens par semaine. Je n'ai pas de loyer à payer car je suis propriétaire de l'appartement où nous habitons. André avait une assurance-vie. C'est grâce à l'argent que j'ai touché plus tard par l'assurance que j'ai pu acheter cet appartement.

Question : *Vous êtes bien installée ?*

A.-M. : Oui, c'est un appartement de cinq pièces dans un grand immeuble de la Côte Ste-Catherine. Les jumeaux ont chacun leur chambre, et nous avons une chambre d'amis, une « chambre de visite » comme on dit ici. Au sous-sol de l'immeuble se trouvent une laverie, une piscine, un sauna et un garage chauffé, ce qui est bien pratique en hiver. Nous avons aussi un chalet, un « camp d'été », au bord du lac Nominingue, à 150 km de Montréal, que nous avions acheté deux ans avant la mort d'André.

Question : *Donc, on peut dire que vous n'avez pas de problèmes matériels. Et dans les moments difficiles, vous n'avez jamais été découragée ? Vous n'avez jamais voulu rentrer en France ?*

A.-M. : Bien sûr, j'y ai pensé, j'en ai souvent eu envie. Mais en France, je ne connaissais plus personne, à part mes parents. A Montréal, j'avais des amis sur qui je pouvais compter. Ma vie était ici, je le savais. Et je ne me suis jamais sentie seule. Dans les moments les plus difficiles, mes amis m'ont beaucoup aidée. Par exemple, lorsque je faisais mon stage d'informatique, j'avais trouvé une voisine qui gardait les enfants pendant la journée et les trois soirs par semaine où j'allais à l'université. Malheureusement, elle a déménagé six mois après. Mais mes amis étaient là et ils ont été formidables : ils travaillaient, comme moi, mais ils se sont débrouillés entre eux pour prendre les jumeaux chez eux, ce qui m'a permis de suivre mon stage jusqu'au bout. Vous savez, quand un Québécois vous donne son amitié, vous pouvez vraiment compter sur lui.

❶ Pour « répondre » à une offre d'emploi.

● Grand laboratoire pharmaceutique recherche biologistes et biochimistes libres immédiatement. Expérience professionnelle souhaitée. Bilingue fr.-angl. Tél. : 271.88.17.

Anne-Marie téléphone :

A.-M. : — *Allô, le service du personnel ? Bonjour, monsieur.*
— *Bonjour, madame.*

A.-M. : — *Je téléphone pour l'annonce.*
— *Vous êtes biologiste ou biochimiste ?*

A.-M. : — *Je suis biologiste. J'ai 28 ans. Je suis bilingue.*
— *Quels diplômes avez-vous ?*

A.-M. : — *Je suis diplômée de biologie de l'université de Lyon.*
— *Vous avez une expérience professionnelle ?*

A.-M. : — *Oui, j'ai travaillé cinq ans chez Biomax.*
— *Très bien. Est-ce que vous êtes libre tout de suite ?*

A.-M. : — *Oui, monsieur.*
— *Pouvez-vous venir à mon bureau demain matin ?*

A.-M. : — *Certainement.*
— *Parfait. Rappelez-moi votre nom, s'il vous plaît ?*

A.-M. : — *Mme Anne-Marie Lacouture.*

A vous :

● EMPLOI : « Faites une carrière d'informaticien avec nous... ».

Patrick Duchène, informaticien, 26 ans, diplômé de l'université de Lille, a fait son service militaire. Il n'a encore jamais travaillé. Il est libre. Il téléphone.

❷ Pour parler de son travail (son « boulot »).

AU PAIR. Cherche JF au pair pour s'occuper de Sébastien, 4 ans, quand je travaille. Soirées et week-ends libres. 900 F par mois, nourrie, logée. Tél. : 324.57.57.

Pascale a répondu à cette annonce. Elle en parle à Séverine.

Pascale : — *Ça y est, j'ai trouvé un boulot.*
Séverine : — *Qu'est-ce que tu vas faire ?*
Pascale : — *Je vais travailler au pair.*
Séverine : — *Ce ne sera pas trop dur ?*
Pascale : — *Non, je dois garder un petit garçon quand sa mère travaille.*
Séverine : — *Il a quel âge ?*
Pascale : — *4 ans.*
Séverine : — *Tu vas travailler tout le temps ?*
Pascale : — *Non, je serai libre les soirées et les week-ends.*
Séverine : — *Et tu vas gagner combien ?*
Pascale : — *900 F par mois. Et je serai nourrie et logée. Ce n'est pas beaucoup, mais ça m'aidera bien.*

A vous :

● CHERCHE baby-sitter, garçon ou fille, pour garder Virginie 3 ans et Florent 6 ans de 19 h à 24 h les deux soirs par semaine où je travaille tard (mercredi et jeudi). 75 F la soirée. Tél. : 534.77.92.

Vous racontez à un ami comment vous avez trouvé ce boulot de baby-sitter. Il vous demande ce que vous aurez à faire.

THÈMES

• L'habitat :

— une maison, une villa, un pavillon (dans les banlieues des grandes villes), un chalet (à la montagne), un immeuble, une maison de campagne, une résidence secondaire...
— la cave, le sous-sol, le rez-de-chaussée, les étages, le grenier...
— le jardin, le garage, les dépendances...

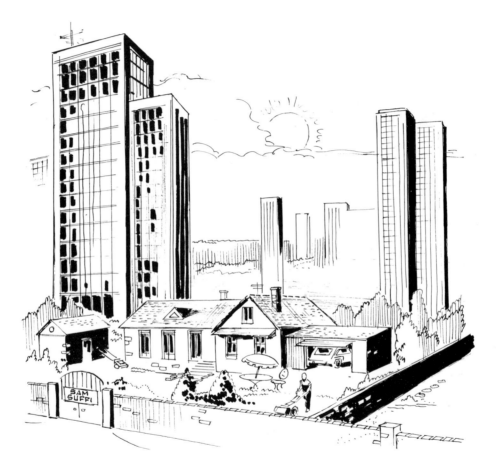

ÉCHANGES

• Pour imaginer ou prévoir la suite d'un événement :

J'imagine que... On peut dire que...
Je suppose que... On peut deviner que...
Je pense donc que... On peut en conclure que...

DICO

sous-sol (n. m.) de « sous » et « sol », partie d'une construction aménagée au-dessous du rez-de-chaussée. Étage souterrain. Pl. des sous-sols.

A vous :

Cherchez d'autres mots composés avec la préposition SOUS. A quelle catégorie grammaticale se rattache la deuxième partie du mot composé ?

❶ Le plus-que-parfait. *(voir memento grammatical, 15,3.)*
☐ **Formation :** il se forme à l'aide de l'auxiliaire AVOIR à l'imparfait + le participe passé du verbe.
On emploie l'auxiliaire ÊTRE pour les verbes pronominaux et les verbes suivants :
— partir, arriver, monter, descendre, aller, venir, entrer, sortir, passer par, tomber, naître...

☐ **Emploi :** il sert à exprimer un fait qui a eu lieu **avant** un autre fait passé.

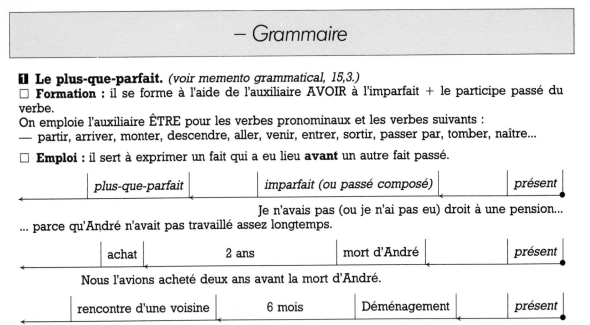

| plus-que-parfait | imparfait (ou passé composé) | présent |

Je n'avais pas (ou je n'ai pas eu) droit à une pension...
... parce qu'André n'avait pas travaillé assez longtemps.

| achat | 2 ans | mort d'André | présent |

Nous l'avions acheté deux ans avant la mort d'André.

| rencontre d'une voisine | 6 mois | Déménagement | présent |

J'avais trouvé une voisine. Mais 6 mois après elle a déménagé.

❷ OÙ, pronom relatif.
☐ exprime le lieu :
Je suis propriétaire de **l'appartement où** nous vivons.
☐ exprime aussi le temps :
Une voisine gardait les enfants les trois **soirs** par semaine **où** j'allais à l'université.

❸ LE, EN et Y, pronoms, peuvent représenter autre chose que des noms.
(voir memento grammatical, 9,6.)
Ils peuvent représenter :
☐ *soit une idée contenue dans le groupe verbal :*
Vous n'avez jamais voulu rentrer en France ?
— J'**y** ai pensé. (y = à rentrer en France)
— J'**en** ai eu envie. (en = de rentrer en France)
— Je l'**ai envisagé**. (l' = rentrer en France)
☐ *soit une proposition entière :*
Ma vie était ici   je **le** savais. (savoir qqch.).
            j'**en** étais sûre. (être sûr de qqch.).
            j'**y** pensais tout le temps. (penser à qqch.).

❹ Expression de la comparaison et de la manière : COMME (conjonction)
(voir memento grammatical, 27,5).
Trois constructions :
a) **Comme** + **pronom** (Ils travaillaient, comme moi.)
b) **Comme** + **nom.** (Comme beaucoup de gens au Canada, j'ai suivi des cours.)
c) **Comme** + **proposition.** (Une chambre de visite, comme on dit ici.)

❺ Expression de la cause : CAR, PARCE QUE, A CAUSE DE. *(voir memento grammatical, 27,2).*
Car et **parce que** introduisent une proposition.
A cause de introduit un nom.
a) Je n'ai pas de loyer à payer **car** je suis propriétaire.
b) Je n'avais pas droit à une pension **parce qu'**André n'avait pas travaillé assez longtemps.
c) Je savais que j'aurais du mal à retrouver un emploi **à cause** du chômage.

1. Ils sont enfin propriétaires.

Ils sont mariés depuis dix ans. Ils ont fait des économies, alors ils peuvent s'acheter cet appartement. Il n'est pas très cher car c'est un appartement ancien. Ils ont longtemps rêvé d'être propriétaires. Enfin, l'appartement est à eux. Ils ont bien vu qu'il y a beaucoup de travaux à faire, mais ça ne leur fait pas peur car ils peuvent faire beaucoup de choses eux-mêmes.

Cette histoire se passait en 1975. Réécrivez-la maintenant, en changeant le temps des verbes :
Ils étaient mariés depuis dix ans. Ils avaient fait...

2. Les premières années au Québec.

Répondez aux questions suivantes par des phrases complètes :
1. Avant de venir au Québec, Anne-Marie avait-elle fait des études ?
2. Quand elle s'est mariée, depuis combien de temps avait-elle quitté la France ?
3. Pourquoi était-elle sans travail à la mort de son mari ?
4. Pourquoi n'avait-elle pas droit à une pension ?
5. Pourquoi a-t-elle dû se recycler ?
6. Est-ce que c'est l'argent de l'assurance-vie qui lui a permis d'acheter un chalet ?
7. Au début de son stage de recyclage, comment s'était-elle arrangée pour faire garder ses enfants ?

3. Une lettre.

La mère d'Anne-Marie écrit à une amie et lui raconte la vie de sa fille depuis son arrivée au Canada. Elle y parle du stage, du mariage, de la naissance des jumeaux, de l'accident d'André et des sept ans qui ont suivi.

4. La vie de tous les jours.

Transformez les phrases suivantes en employant le pronom relatif OÙ, comme dans l'exemple.
Je travaille dans un bureau qui se trouve dans le centre ville.
*→ Le bureau **où** je travaille se trouve dans le centre ville.*
Certains soirs, je rentre tard : je prends ma voiture. → Les soirs...
Je déjeune dans un restaurant qui a un menu à 35 F. → Le restaurant...
Certains jours, ma femme a besoin de la voiture : je prends le bus. → Les soirs...
Nous habitons une maison qui appartient à mes beaux-parents. → La maison...
Nous allons à la campagne certains week-ends : les enfants ne viennent pas avec nous. → Les week-ends...
Certains soirs, ils invitent leurs copains : nous allons au cinéma, ma femme et moi. → Les soirs...

5. Qui a tué Betty Simpson ? Dites ce que remplacent EN, LE et Y.

Le commissaire : — *Une femme, Betty Simpson, a été trouvée morte derrière votre maison, jeudi soir. Vous le savez ? (le = qu'une femme a été trouvée morte).*
Le suspect : — *Oui, j'en ai entendu parler. (en = ...)*
Le commissaire : — *Où étiez-vous jeudi soir à 23 h ?*
Le suspect : — *Dans une boîte de nuit. Au « Tombouctou ».*
Le commissaire : — *Je n'en suis pas sûr ! (en = ...)*
Le suspect : — *J'étais avec des amis. Téléphonez-leur. Ils vous le diront. (le = ...)*
Le commissaire : — *Vous pensez à tout ! Ne vous inquiétez pas : je vais le faire. (le faire = ...) Vous allez souvent au « Tombouctou » ?*
Le suspect : — *Toutes les semaines.*
Le commissaire : — *Je vais vous apprendre une chose : le « Tombouctou » est fermé le jeudi soir ! Vous n'y avez pas pensé ! (y = ...)*
Le suspect : — *Ce n'est pas moi qui l'ai tuée !*
Le commissaire : — *C'est vous qui le dites ! (le = ...) Bon. Reprenons. Où étiez-vous jeudi soir ?...*

6. Ils avaient tous une bonne raison.

(Complétez les phrases comme dans le modèle.)
Ils se sont mariés au Canada. Leurs amis français n'ont pas pu venir.
L'un parce qu'il faisait trop froid. (L'un à cause de ....)
L'autre à cause de la distance. (L'autre parce que ....)
Le troisième parce que ça lui faisait dépenser trop d'argent. (Le troisième à cause ....)
Le quatrième à cause de son travail. (Le quatrième parce que ....)

● **Expressions imagées.**

A qui s'applique chacune des expressions suivantes ?
— *fort comme un Turc.*
— *maigre comme un clou.*
— *rapide comme l'éclair.*
— *bête comme un âne.*

● **Pablo.**

« *Il s'appelle Pablo. Il a 31 ans. Il est chilien et vit à Paris depuis bientôt 7 ans. Quand Pablo est descendu de l'avion à Roissy en 1976, il ne parlait pas un mot de français. Il avait entendu parler, comme beaucoup d'étudiants de Santiago, du quartier latin. Pour lui, les images de Paris, c'était* « *Les Mots* » *de Sartre et les yeux de Catherine Deneuve. Le cinéma français, c'était Godard et Truffaut. C'est tout ce qu'il connaissait de la France.* »
Posez toutes les questions possibles sur ce texte.

● **Rappelle-toi.**

Posez des questions commençant par « ***quand*** »***. Votre voisin y répond par une expression contenant*** « ***où*** » ***: le jour où, le soir où, l'année où, l'été où...***
— *Quand avez-vous décidé d'apprendre le français ?*
— *Quand avez-vous eu votre première bicyclette ?*
— *Quand avez-vous fait votre premier voyage en avion ?*
« *Moi, c'est l'année où je suis entré en faculté* »...
« *Moi, c'est l'été où je travaillais dans un magasin* »...
« *Moi, c'est le jour de mes 16 ans* »...

● **Mémoires.**

Racontez...
Quel est votre meilleur souvenir ?
Quel a été le plus beau jour de votre vie ?
Vous avez eu dans votre vie des moments difficiles où des amis vous ont aidé(e) ?

● « L'amnésique ».

Reprenez l'interview d'Anne-Marie depuis le début et racontez un événement en faisant une erreur de chronologie. Votre voisin(e) corrige votre erreur.

ex. : — *Quand Anne-Marie a rencontré André, il était encore étudiant.*
— *C'est faux! Il venait d'obtenir son diplôme d'ingénieur.*
— *Après la mort d'André, elle est allée à l'université donner des cours de biologie...*

● **Les joies du baby-sitting.**

a) **Vous rentrez chez vous ; votre baby-sitter dort dans un fauteuil et votre enfant regarde la télévision. Que dites-vous ?**

ex. : *Mais enfin, monsieur (mademoiselle), vous croyez que c'est normal ? C'est pour ça que je vous paie ?...* **(Continuez)...**

b) **Vous venez de faire votre première soirée de baby-sitting. L'enfant a été très désagréable. Les parents rentrent. Que leur dites-vous ?**

ex. : *Ça ne s'est pas très bien passé. Il (elle) ne voulait pas dormir. Alors, j'ai dû...* **(Continuez)...**

c) **Imaginez maintenant le point de vue de l'enfant. Quand ses parents sortent et font venir un(e) baby-sitter, ...**

...il n'est pas content parce que...
...il est très heureux parce que...

● « En étrange pays... »

Parlez de la première fois que vous êtes allé(e) dans un pays étranger ou dans une région ou une ville que vous ne connaissiez pas. Dites ce qui s'est passé, où vous habitiez, comment vous étiez installé(e), si à un moment vous avez été découragé(e), si vous avez voulu rentrer chez vous...

Ⓐ

Motorhomes

Au CANADA ou aux U.S.A., "roulez avec votre maison" c'est, en Amérique, l'équivalent en France de la caravane hormis qu'en motorhome, la maniabilité est plus grande. Toutefois, il faut savoir que ce genre de véhicule est lent - sauf pour les petits modèles - très sensible au vent, avec une vitesse maximale assez basse et une consommation en carburant plutôt élevée. Par contre, les avantages sont réels, une économie pour les familles, repas préparés dans la kitchenette - le confort, pas de fatigue pour faire et défaire son campement et ses bagages - nombreux terrains aménagés avec piscine, bars, restaurants, solarium, douche, terrains de sports et tous les branchements électriques que réclame votre véhicule (payants).

Ⓑ

LOCATION DE CHALETS

SITUATION
Situés à proximité d'une ville ou d'un village, et généralement près d'un lac ou d'une rivière, les chalets possèdent 2, 3 ou 4 pièces. Le confort est très suffisant. Non loin de là, on y retrouve les commerçants habituels tels l'épicerie, le centre d'achats, le pharmacien, le centre hospitalier, etc.

FOURNITURES
Les couvertures, le linge de toilette, les ustensiles, la vaisselle, les casseroles, etc. sont sur place.

REPAS
Les repas ne sont pas inclus. Vous préparez vous même vos repas.

ACCUEIL
En règle générale, c'est le propriétaire lui-même qui vous accueille à son chalet. Il vous indiquera toutes les commodités.

LOCATION
7 nuits minimum et en général du samedi au samedi. Vous devez quitter le chalet au plus tard à 10 h le matin de votre départ.

L'emplacement de votre lieu de séjour vous sera précisé au moment de la confirmation de votre réservation.

PRIX POUR UNE SEMAINE
Chalet + voiture

le chalet occupé par 2 pers.	**3060 F**
le chalet occupé par 3/4 pers.	**3280 F**
le chalet occupé par 5/6 pers.	**3695 F**

Ce prix comprend :
- la location d'un chalet pour une semaine
- les ustensiles et accessoires
- la location de voiture, base 1 semaine 1500 km inclus

Ⓒ

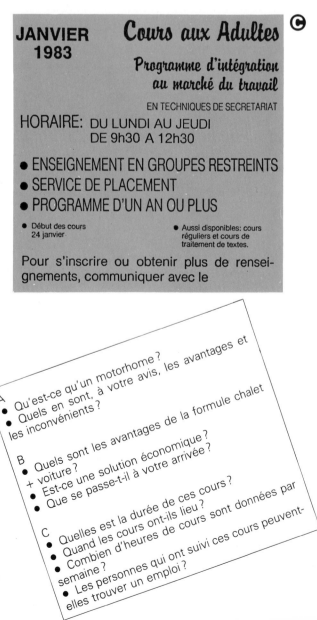

JANVIER 1983

Cours aux Adultes

Programme d'intégration au marché du travail

EN TECHNIQUES DE SECRETARIAT

HORAIRE: DU LUNDI AU JEUDI DE 9h30 A 12h30

- ● ENSEIGNEMENT EN GROUPES RESTREINTS
- ● SERVICE DE PLACEMENT
- ● PROGRAMME D'UN AN OU PLUS

● Début des cours 24 janvier

● Aussi disponibles: cours réguliers et cours de traitement de textes.

Pour s'inscrire ou obtenir plus de renseignements, communiquer avec le

A
- Qu'est-ce qu'un motorhome ?
- Quels en sont, à votre avis, les avantages et les inconvénients ?

B
- Quels sont les avantages de la formule chalet + voiture ?
- Est-ce une solution économique ?
- Que se passe-t-il à votre arrivée ?

C
- Quelles est la durée de ces cours ?
- Quand les cours ont-ils lieu ?
- Combien d'heures de cours sont données par semaine ?
- Les personnes qui ont suivi ces cours peuvent-elles trouver un emploi ?

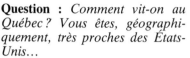

Question : *Comment vit-on au Québec ? Vous êtes, géographiquement, très proches des États-Unis...*

Anne-Marie : Oui, mais bien que les États-Unis soient à deux pas d'ici, nous ne vivons pas « à l'américaine ». La vie quotidienne ressemble assez à celle que j'ai connue en France.

Une journée type chez nous commence à 7 heures du matin pour moi, un peu plus tard pour les jumeaux. Il vaut mieux que je sois la première dans la salle de bain ! Pendant qu'ils font leur toilette, je prépare le petit déjeuner : jus de fruits, céréales, café, toasts. Ensuite, on s'en va. L'école des jumeaux n'est qu'à deux « blocs » de chez nous : ils y vont à pied. Moi, je travaille assez loin : il faut que je prenne un autobus puis le métro. Je ne me sers de mon auto (1) que lorsqu'il faut que j'aille faire des achats après le travail. A midi, les jumeaux déjeunent à la cantine de l'école, moi dans une cafétéria proche du laboratoire. J'ai très peu de temps pour déjeuner car ici on fait la journée continue. Les jeudis et les vendredis sont les « late closing days ». Ces jours-là, la plupart des magasins restent ouverts jusqu'à 10 heures du soir et les banques ferment vers 7 heures pour que les gens puissent toucher leur chèque hebdomadaire. Il faut savoir qu'au Canada un grand nombre de salariés sont payés chaque semaine.

Après l'école, les enfants jouent avec leurs copains (2) dans la rue ou dans le sous-sol de l'immeuble.

Question : *Ils rentrent à la maison avant vous ?*

Anne-Marie : Oui, ils ont leur clé, ils sont assez grands.

Au Québec on dirait :
(1) « mon char » (devient moins usité qu'automobile).
(2) « leurs chums ».

Quand j'arrive, je leur fais faire leurs devoirs. Puis on soupe (en France, on dîne, au Québec, on soupe). Ensuite, je les laisse regarder un peu la T.V. (ici on ne dit pas télé), mais je veux absolument qu'ils soient au lit à 9 heures.

Question : *Et comment supportez-vous le long hiver canadien ?*
Anne-Marie : L'hiver, à Montréal, malgré le froid très vif, la neige et les tempêtes (le « blizzard »), on peut faire beaucoup de choses sans mettre le nez dehors : on sort de son garage, on se gare en ville dans un parking (3) souterrain, on fait ses courses (4), on va à la banque, au restaurant, au théâtre, au cinéma (5), tout cela dans les centres d'achat souterrains du centre ville.

Mais je dois dire que j'ai eu du mal à m'habituer au froid, à la nuit qui commence à 4 heures et demie de l'après-midi, à la neige qui recouvre Montréal pendant douze ou treize semaines, à cet hiver que j'ai souvent trouvé interminable.

Au Québec on dirait :
(3) « un terrain de stationnement ».
(4) « faire son magasinage ».
(5) « aux vues ».

116

◻1 **Pour réserver des places.**

— *Est-ce qu'il vous reste encore des places pour « Carmen », s'il vous plaît ?*

— *Oui, j'ai encore des places d'orchestre et des places au deuxième balcon.*

— *Les places sont à quel prix ?*

— *120 F à l'orchestre, 65 F au balcon.*

— *On n'est pas trop loin, au balcon ?*

— *Non, c'est un petit théâtre, vous savez. Combien voulez-vous de places ?*

— *Deux balcons.*

— *J'ai deux places de côté, vous n'y serez pas mal.*

— *Ah non, je préfère être de face.*

— *Je peux vous mettre de face mais vous ne serez pas ensemble.*

— *Et à l'orchestre ?*

— *A l'orchestre, je peux vous mettre où vous voulez.*

— *Alors, je vais prendre deux orchestres. Ce sera plus cher, mais on sera mieux.*

A vous :

Vous êtes deux, vous voulez aller voir *Le Bourgeois gentilhomme*. On vous propose deux places ensemble à l'orchestre à 130 F et deux places séparées au deuxième balcon à 70 F. Vous prenez les places à 70 F.

◻2 **Pour changer de l'argent.**

— *Où est-ce que je peux changer de l'argent, s'il vous plaît ?*

— *Au guichet 4.*

— *Bonjour, je voudrais changer de l'argent, s'il vous plaît.*

— *Ce sont des billets ou des traveller's chèques ?*

— *Des traveller's. En dollars.*

— *Combien voulez-vous changer ?*

— *$150.*

— *Votre passeport, s'il vous plaît... Merci. Il faut signer vos chèques.*

— *Quel est le cours du dollar ?*

— *6,90 F. Voilà... ça fait 1 035 F.*

— *Merci bien.*

A vous :

Vous voulez acheter 1000 Deutsche Marks en billets. Le cours du D.M. est à 2,90 F pour 1 D.M.

THÈMES

● La toilette.

Faire sa toilette (prendre une douche, un bain).
Un gant / Une serviette / Une trousse de toilette.
Se laver, se brosser les dents (avec une brosse à dents et du dentifrice).
Se laver les cheveux (avec du shampooing), se coiffer (avec un peigne ou une brosse).
Se maquiller (avec des produits de beauté).
(Les toilettes = les w.-c.)

ÉCHANGES

● Conseiller, suggérer :

Je vous conseille de...   Il est important que (ou de)...
Je vous suggère de...   Il est utile que (ou de)...
Il faut que vous...   Il est préférable que (ou de)...
Il vaut mieux que...   Il est souhaitable que (ou de)...

● Permettre, interdire :

Je vous permets de...   Je ne vous permets pas de...
Vous pouvez...   Je vous interdis de...
Je vous autorise à...   Je ne vous autorise pas à...
Je vous laisse...   Je ne vous laisserai pas...

DICO

☐ **inoubliable** (adj.) de « in » et « oublier ». Qu'on ne peut oublier.
☐ **insupportable** (adj.) de « in » et « supporter ». Qu'on ne peut supporter.

A vous :

Cherchez des adjectifs formés de la même manière (préfixe IN + radical + suffixe ABLE) à partir des verbes suivants : accepter, manger, terminer, transporter, vendre.

☐ **quotidien, ienne** (adj.) Qui a lieu chaque jour (la toilette quotidienne).
(n. m.) Journal qui paraît tous les jours. Quelques quotidiens français : *Le Monde, France-Soir, Le Provençal, La Dépêche du Midi, Le Progrès.*
☐ **hebdomadaire** (adj.) Qui a lieu chaque semaine (le repos hebdomadaire).
(n. m.) Revue qui paraît chaque semaine. Quelques hebdomadaires français : *Le Nouvel Observateur, Paris-Match, Elle, L'Expansion, Télérama, Témoignage Chrétien.*

A vous :

Recherchez le sens des mots suivants : mensuel, trimestriel, semestriel, annuel.

– Grammaire

1 Expression des rapports logiques :
— *l'opposition* : malgré, mais, bien que...
— *la cause* : car, parce que, à cause de...
— *le but* : pour, pour que...
— *le temps* : quand, lorsque, pendant que...

2 SANS, préposition, peut être suivi :
— d'un nom ou d'un pronom. (Un cocktail de fruit sans **alcool**. Partez sans **moi**.)
— d'un infinitif. (On peut faire beaucoup de choses sans **mettre** le nez dehors.)

3 Le subjonctif. *(Voir memento grammatical, 14,2.)*
☐ **Formation**

	1er groupe	2e groupe	3e groupe
Il faut	que je mange que tu manges qu'il/elle/on mange que nous mangions que vous mangiez qu'ils/elles mangent	que je finisse que tu finisses qu'il/elle/on finisse que nous finissions que vous finissiez qu'ils/elles finissent	que je vienne que tu viennes qu'il/elle/on vienne que nous venions que vous veniez qu'ils/elles viennent

Remarques

Tous les verbes sauf ÊTRE et AVOIR se terminent par : **-e, -es, -e, -ions, -iez, -ent.**

Quelques verbes irréguliers :

Être : *que je sois* *que nous soyons*   **Avoir :** *que j'aie* *que nous ayons*
que tu sois *que vous soyez*   *que tu aies* *que vous ayez*
qu'il/elle/on soit *qu'ils/elles soient*   *qu'il/elle/on ait* *qu'ils/elles aient*

Aller	**Faire**	**Pouvoir**	**Savoir**	**Vouloir**
j'aille	*je fasse*	*je puisse*	*je sache*	*je veuille*
nous allions	*nous fassions*	*nous puissions*	*nous sachions*	*nous voulions*

☐ **Emploi :**
Le subjonctif s'emploie en particulier :
a) *après certains verbes :*
— accepter, désirer, souhaiter, vouloir...
— adorer, aimer, détester, préférer, regretter...
ex. : Je veux qu'ils soient au lit à 9 h. Je n'accepte pas que vous soyez en retard. Je regrette que nous ne puissions pas venir. Ils aiment bien que je leur fasse des gâteaux.
b) *après des tournures impersonnelles :* il faut que, il vaut mieux que, il est important (utile, nécessaire) que... ex. : Il n'est pas utile que je prenne ma voiture.
c) *après BIEN QUE et POUR QUE :*
ex. : **Bien que** le Québec soit à côté des États-Unis, nous ne vivons pas « à l'américaine ».
Les banques ferment vers 19 h **pour que** les gens puissent toucher leur chèque hebdomadaire.

Remarques

Indicatif ou subjonctif ?
Dans les « Petites Annonces » (voir exercice n° 6) on trouve le subjonctif dans des subordonnées relatives.
ex. : Cherche appart. 4 pièces. 100 m² minimum.
Cette personne cherche un appartement qui ait *quatre pièces et* fasse *100 m² minimum. (Cet appartement existe-t-il ? C'est un fait « hypothétique ». On emploie le subjonctif.)*
« La police recherche un homme qui a disparu. » (Emploi de l'indicatif : cette personne existe. C'est un fait réel.)

1. Un futur champion.

Pour devenir un grand champion, il faut être toujours en forme. Pour être en forme, il faut bien dormir. Pour bien dormir, il faut se coucher tôt. Pour se coucher tôt, il ne faut pas penser à s'amuser.
— Est-ce que Kid Robinson sera un jour un grand champion ?
— Oui, mais pour qu'il devienne un grand champion, il faudra qu'il soit toujours en forme. Pour qu'il...
Continuez...

2. Les bons conseils. Donnez les réponses en vous servant des éléments entre parenthèses et en employant « Il vaut mieux que ».

J'ai envie d'aller à Florence cet été.   *— Il vaut mieux que vous **alliez** à Rome.*
Pourquoi ?   *— C'est beaucoup plus intéressant.*
Dans ce cas je vais y passer une semaine.   *— Il vaut mieux... (15 jours, beaucoup de choses à voir).*
Je vais peut-être prendre l'avion.   *— Il vaut mieux... (le train est bien moins cher).*
J'ai l'intention de louer une voiture là-bas.   *— Il vaut mieux... (une vespa, c'est plus pratique).*
Je veux absolument visiter Ostie.   *— Il vaut mieux... (la villa d'Hadrien, c'est plus beau).*

3. Un long voyage. Complétez comme dans le modèle.

Le patron :   *— Loulou, tu sais parler anglais ? Alors, tu vas faire un long voyage.*
Loulou :   *— Il faut que je **fasse** un long voyage ? Pour aller où ?*
Le patron :   *— Tu vas aller à Chicago.*
Loulou :   *— Il faut que... ? Pour quoi faire ?*
Le patron :   *— Tu vas voir le chef de la maffia.*
Loulou :   *— Il faut que... ? Et qu'est-ce que je vais lui dire ?*
Le patron :   *— Tu vas lui demander des délais de paiement.*
Loulou :   *— Il faut que... ? Il ne va pas être content !*
Le patron :   *— Tu lui diras que nous avons de gros problèmes en ce moment.*
Loulou :   *— Il faut que... ? Il ne va pas me croire. Patron ! Vous ne pouvez pas me faire ça ! Il va me tuer !*
Le patron :   *— Ne t'inquiète pas, Loulou. Nous nous occuperons de ta veuve.*

4. Il faut prendre une décision.

1. Mettez le verbe en parenthèses à la forme qui convient.
2. Remplacez JE par NOUS.
a) Faut-il que j'(accepter) cette proposition ? Bien que je ne (connaître) pas ce travail, il me semble intéressant. Le patron veut que je lui (donner) ma réponse demain. Mais il faut que je (réfléchir). Je ne suis pas seul dans cette affaire. Il vaut mieux que je (réunir) l'équipe et que je leur (parler) de cette proposition.
b) Faut-il que nous... **Continuez...**

5. Il y a des conditions. Transformez comme dans le modèle.

Pour prendre le métro, il faut avoir un ticket.
→ On ne peut pas prendre le métro sans avoir de ticket.
Pour conduire une voiture, il faut avoir une assurance. → On ne peut pas... Pour être chauffeur de taxi, il faut bien connaître la ville. → ... Pour être pharmacien, il faut avoir un diplôme. → ... Pour prendre le TGV, il faut avoir réservé sa place. → ... Pour faire la piste noire, il faut être bon skieur. → ...

6. Petites annonces.

Dans certains magazines, on trouve des petites annonces comme celles-ci :

| RP. JF 34 a. Ét. sup. célib. Jolie bl. yx. verts rencont. H 30-45 a. lib. b. sit. pour sort. voy. | 75. F. 44 a., phys. agréa. renc. H. 40/50 a. lib. int. symp. pr rel. amic. sorties lois. Écrire journal, réf. 943 9L. | 75. Bel H. 37 a., cél., grd charme, cad., cult., sport, hum., renc. JF jol., gaie, fémin., tél. photo souh. Écrire journal, réf. 943 8R. | 75. JF 38 a. ens. div. ch. compagnon 40/50 a. b. phys. cult. excel. milieu dist. Écrire journal, réf. 943 8C. |

Essayez de trouver la signification des abréviations puis commentez-les comme dans le modèle :

C'est une jeune femme de 34 ans qui habite la région parisienne. Elle est célibataire. C'est une jolie blonde aux yeux verts qui a fait des études supérieures. Elle désire rencontrer un homme qui ait entre 30 et 45 ans, qui soit libre, qui ait une bonne situation, pour sortir et voyager ensemble.

Vous emploierez :   *Il / Elle est...   Il / Elle cherche une femme / un homme qui soit... / fasse... ait... / aime...*

● **Le rendez-vous impossible.**

Continuez les phrases de Jacques et de Maurice.

Maurice : — *Allô ? Jacques ? Ici Maurice. Est-ce qu'on peut se voir ce soir ?*
Jacques : — *Désolé. Je ne suis pas libre. Il faut que je...*
Maurice : — *Et demain ?*
Jacques : — *Encore impossible car il faut que... Mais après-demain, je suis libre.*
Maurice : — *Pour moi ce n'est pas possible ce jour-là. Il faut que...*
        Je regrette que tu...
Jacques : — *Moi aussi. Alors il vaut mieux que... Je souhaite qu'on...*

● **Laissez faire !**

Que disent-ils ? Complétez les légendes.

● **Les séjours linguistiques, pour ou contre ?**

Un monsieur et sa femme ont une fille qui apprend le français. La mère voudrait que leur fille aille faire un séjour en France. Le père n'est pas d'accord. **Imaginez leur discussion. Vous emploierez :** *il est important que, il est utile que, il est nécessaire que, il faut que, il vaut mieux que...*

Le père : — *Moi, je pense qu'on peut très bien apprendre le français sans aller en France !*
La mère : — *Moi, je ne suis pas d'accord. Il est important que...*

● Et pendant ce temps-là...

Trouvez une légende pour chaque situation en utilisant PENDANT QUE.

● La presse.

Quels sont les principaux quotidiens de votre pays ?
Quels sont les quotidiens français que vous connaissez ?
Lisez-vous des hebdomadaires français ? Lesquels ?
Quel jour paraissent-ils ?

● Chaque semaine, c'est la même chose !

Parlez de vos obligations hebdomadaires, en employant : *il faut que... il vaut mieux que...*

ex. : *Le lundi, il faut que j'aille à la banque. Il vaut mieux que j'y aille entre midi et 2 h : il y a moins de monde aux guichets.*
Parlez de votre travail, des courses à faire, des repas, etc.

● Le week-end type chez vous.

Racontez :
Que font la plupart des gens de votre pays pendant le week-end ?
Et vous que faites-vous ?

● Les bons conseils.

Votre voisin(e) veut passer l'hiver (ou l'été) dans votre pays ou dans votre région. Vous lui donnez des conseils :
Je te conseille de... Il vaut mieux que tu... Je te suggère de... Il est utile de... Il faut que...

A

L'automne

C'est un vrai don de la nature. Une magnifique réussite du Canada, avec ses myriades de feuilles de toutes couleurs, c'est un spectacle gratuit dont tout le monde raffole et qui se renouvelle année après année.

Si on n'a jamais vu ce spectacle, on ne peut comprendre ce que veulent dire nos « couleurs éclatantes ». Ce qui s'appelle pourpre et or est pâle à côté de nos feuillages d'érables canadiens.

Venez voir ce que l'automne offre de plus beau et de meilleur. C'est la saison où villes et villages du Canada sont le plus animés, avec toutes ces foires, ces fêtes et ces marchés regorgeant des dons de la terre. Dans les villes, c'est le début de la nouvelle saison théâtrale et mondaine. C'est aussi le temps de la spectaculaire migration de milliers d'oies et autres oiseaux sauvages.

B

Marches enneigées

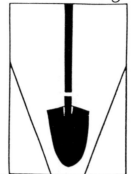

Eh oui! C'est déjà l'hiver! Nous devons ressortir la souffleuse à neige (pour plus de renseignements sur ce sujet, voir *Le consommateur canadien* du mois d'octobre 1981) que nous avons dû ranger, il n'y a pas si longtemps, pour faire place à la tondeuse à gazon.

Même si cette souffleuse est très utile pour nettoyer votre entrée de garage, il vous faudra quand même une bonne pelle pour nettoyer les marches extérieures, déblayer les roues de la voiture et les espaces exigüs que votre souffleuse ne peut pas atteindre.

Il existe de nombreuses sortes de pelles: de qualité, de formes et de poids différents et faites de différents matériaux. Par exemple, une compagnie du Québec offre cinq qualités de pelles à neige en acier, quatre qualités de pelle à neige en aluminium, deux grattoirs à neige en acier et trois en aluminium.

C

L'HIVER

extrait de « Comment vivent les Québécois » Civilisat. Hachette, 1979 (p. 37)

« Si un Québécois vous dit qu'il déteste l'hiver, ne le croyez pas. En hiver, les Québécois s'amusent, surtout lorsqu'une tempête de neige vient bouleverser les activités normales : les enfants ne vont pas à l'école, les bureaux et les magasins ferment leurs portes ; chacun peste contre la température tout en souhaitant secrètement que la tempête dure longtemps. »

A
- De quel spectacle le texte parle-t-il ?
- Que se passe-t-il l'automne au Canada dans les villes et les villages ?

B
- De quels instruments parle cet article ?
- Pourquoi la pelle est-elle un instrument important pour les Canadiens ?

C
- Que se passe-t-il quand il y a une tempête de neige ?
- Pourquoi est-ce que les gens « souhaitent que la tempête dure longtemps » ?

3. 4. Sports et loisirs

Question : *A quoi occupe-t-on ses loisirs au Québec ?*

Anne-Marie : Ici, on travaille rarement plus de trente-deux ou trente-cinq heures par semaine, ce qui laisse beaucoup de temps libre. Les activités de fin de semaine (on ne dit pas « week-end ») dépendent de la saison. Ne croyez pas que l'hiver empêche les gens de sortir de chez eux. Pas du tout. Les enfants passent leur temps à faire du patin à glace, à jouer au hockey. On va aussi faire du ski en famille dans les Laurentides. Il fait nuit très tôt mais les pistes sont éclairées. Le kilowatt ne coûte pas cher au Canada ! On fait des promenades en raquettes, du ski de fond, de la moto-neige.

Question : *Les Québécois ne sont pas tous sportifs, je suppose ?*

A.-M. : Non, il y a aussi ceux qui restent chez eux, se reposent, lisent. Il y a ceux qui regardent la TV. On la regarde beaucoup au Québec ; elle fonctionne de 7 heures du matin à 2 heures le lendemain matin. Si on ne parle que le français, on peut choisir parmi soixante films par semaine. Mais si on parle aussi l'anglais, le choix est deux fois plus grand.

A la belle saison, on fait du camping, des promenades à bicyclette (*), on va se baigner dans les lacs et les rivières. Beaucoup de gens vont à la chasse et à la pêche ; ce sont les sports les plus pratiqués. Il y a environ 900 000 lacs au Québec !

Au Québec on dirait :
(*) « en bicycle ».

Question : *Et vous, comment passez-vous vos vacances ?*

A.-M. : Les jumeaux aiment bien que nous allions au « camp ». Ils pêchent et se baignent toute la journée. Moi, j'adore me promener à vélo, lire et ne rien faire. Mais il est rare que je sois seule avec les enfants car des amis passent souvent nous voir et restent avec nous un jour ou deux. Le chalet n'est pas grand : il n'a que deux pièces, mais il y a des lits partout. Et lorsqu'on est trop nombreux, il y a toujours quelqu'un qui a une tente de camping dans le coffre de sa voiture. Il faut voir nos petits déjeuners ! Tout le monde travaille : l'un s'occupe du café, le second fait cuire des œufs au bacon, le troisième fait des toasts, les enfants mettent le couvert. Et on passe la journée à s'amuser comme des fous. Il faut dire que les Québécois aiment beaucoup se réunir, danser, rire, chanter, bien boire et bien manger. Ils sont capables de faire de longs trajets en voiture pour aller à une fête. Par exemple, ils n'ont pas peur de faire l'aller-retour Montréal-Québec dans la soirée — 480 km — pour aller « souper » chez des amis.

Si vous restez au Québec assez longtemps, vous verrez qu'on ne laisse jamais passer une occasion de s'amuser.

1 Pour donner son avis (sur un film ou un spectacle).

Solange : — *Tu as regardé « La Femme blonde » hier soir à la télé ?*
Moi, je dois dire que ça m'a bien plu.

Maxime : — *Moi non. J'ai trouvé ça sans intérêt.*

Solange : — *Je trouve que tu es bien difficile.*

Maxime : — *Mais qu'est-ce que tu as aimé dans ce film ?*

Solange : — *Les acteurs jouaient bien, l'histoire était amusante. Ce n'était pas un film extraordinaire, d'accord, mais je ne me suis pas ennuyée une seconde.*

À vous :

Faites dire à Solange et Maxime exactement le contraire :
sans intérêt / très intéressant
bien difficile / bien indulgent
extraordinaire / mauvais

« LA FEMME BLONDE »
un film de Didier de La Lande
avec
Josy THORU
et
J.-C. RICHARD

2 Pour inviter (et répondre à une invitation).

Michèle : — *Nous allons au chalet ce week-end. Nous avons invité des tas d'amis. Est-ce que vous voulez venir ?*

Alex : — *Non, je ne peux pas, je suis désolé. C'est gentil de m'inviter mais je suis en train de repeindre mon appartement. Il vaut mieux que je le finisse ce week-end.*

Michèle : — *Dommage que tu ne puisses pas venir ! Et toi, Francis ?*

Francis : — *Moi, je suis libre. Je viendrai volontiers. Qu'est-ce qu'il faut que j'apporte ?*

Michèle : — *Mais rien. Nous avons tout ce qu'il nous faut. Ah, si ! Apporte des disques, nous danserons.*

Francis : — *D'accord. Merci encore. Ça me fait bien plaisir.*

À vous :

Il y a un méchoui chez Lucien, dimanche. Il invite Annie et Violaine. Annie passe des examens en ce moment, elle refuse. Violaine viendra. Elle fera un gâteau au chocolat.

THÈMES

● **Sport.**
Faire du sport, pratiquer un sport.
Un sportif, une sportive.
Être sportif, avoir l'air sportif.
Des vêtements, des chaussures de sport.
Un terrain de sport, un stade,
des installations sportives, un club sportif.
Quelques sports pratiqués en France :
le cyclisme, le football, le rugby, le tennis...

ÉCHANGES

● **Pour situer un fait**
a) par rapport à aujourd'hui :
avant-hier, hier, **aujourd'hui,** demain, après-demain ;
b) par rapport à un jour passé :
l'avant-veille, la veille, **ce jour-là,** le lendemain, le surlendemain.

● **Pour apprécier**
Je suis ravi que (ou de)...
Je suis content que (ou de)...
Je suis heureux que (ou de)...

Pour regretter
Je suis désolé que (ou de)...
Je regrette que (ou de)...
Je trouve dommage que (ou de)...

DICO

● **« Faire », verbe à tout faire.**
FAIRE + *un nom* exprime souvent un autre verbe plus précis :

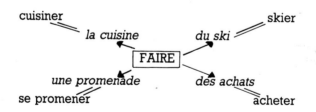

cuisiner — *la cuisine* — **FAIRE** — *du ski* — skier
une promenade — se promener
des achats — acheter

A vous :
Trouvez des verbes plus précis pour : faire de la peinture, faire du patin, faire du bricolage, faire du dessin, faire du repassage.

● **Sports.**
☐ cyclisme (de *cycle*)
☐ patinage (de *patiner)*
☐ football (de *foot* « pied » et *ball* « balle », mot d'origine anglaise)

A vous :
Cherchez des noms de sports formés avec les suffixes « -isme » et « -age ». De quels mots viennent-ils ?
Cherchez des noms de sports d'origine anglaise. De quels mots anglais viennent-ils ? Comment se prononcent-ils en français ?

❶ Pour exprimer la condition et la supposition. (Les phrases « hypothétiques ».)
(voir memento grammatical, 18.)
Ces phrases sont introduites par la conjonction SI.
Elles expriment une condition, une supposition ou une hypothèse.
ex. : Si on parle le français, on peut choisir parmi 60 films.
      (PRÉSENT)   (PRÉSENT)
Si vous restez au Québec, vous verrez qu'on ne laisse passer aucune occasion de s'amuser.
      (PRÉSENT)   (FUTUR)
La subordonnée introduite par SI peut être placée avant ou après la principale :
ex. : S'il fait beau, nous sortirons / Nous sortirons s'il fait beau.

❷ Le subjonctif [suite] *(voir memento grammatical, 14,2).*
Il s'emploie aussi
a) *après des tournures impersonnelles :*
Il est rare / il n'est pas rare, il est souhaitable...
ex. : Il est rare que je sois chez moi l'après-midi.
b) *après le verbe ÊTRE + un adjectif exprimant l'émotion ou le sentiment :*
être content, heureux, triste, désolé.
ex. : Je suis très contente qu'on vienne nous voir.

Remarques

Le subjonctif ne s'emploie que si le verbe de la principale et le verbe de la subordonnée ne sont pas à la même personne.
ex. : Je ne veux pas regarder la télévision.
   Je ne veux pas que vous regardiez la télévision.

---

❸ Avoir peur, avoir envie : trois constructions.

a) avoir peur de + nom   J'ai très peur du verglas.
   avoir envie de + nom   J'ai envie d'une glace.
b) avoir peur de + infinitif   Ils n'ont pas peur de faire 480 km.
   avoir envie de + infinitif   Je n'ai pas envie de sortir ce soir.
c) avoir peur que + subjonctif   J'ai peur que tu sois en retard.
   avoir envie que + subjonctif   J'ai envie que tu me joues du piano.

– Exercices écrits

1. Je voudrais quelques renseignements, s'il vous plaît.
Répondez comme dans le modèle.

— *Pour entrer en faculté, est-ce qu'il faut avoir son bac ?*
— *Ah oui !* **On ne peut pas** *entrer en faculté* **si** *on n'a pas son bac.*

— *Pour devenir fonctionnaire, est-ce qu'il faut être français ?*
— *Pour entrer aux États-Unis, est-ce qu'il faut avoir un visa ?*
— *Pour camper dans un champ, est-ce qu'il faut une autorisation ?*
— *Pour prendre ses repas au restaurant universitaire, est-ce qu'il faut une carte d'étudiant ?*
— *Pour être steward, est-ce qu'il faut savoir l'anglais ?*

2. J'ai réponse à tout !
Répondez comme dans le modèle.

— *Vous téléphonez à un ami. Dans quel cas laissez-vous un message ?*
— *Je laisse un message s'il n'est pas là.*

— *Vous êtes au restaurant. Dans quel cas payez-vous par chèque ?*
— *Vous sortez de chez vous. Dans quel cas prenez-vous un parapluie ?*
— *Vous devez aller à l'aéroport. Dans quel cas prenez-vous un taxi ?*
— *Vous assistez à un accident. Dans quel cas appelez-vous une ambulance ?*
— *Une femme perd son mari dans un accident. Dans quel cas a-t-elle droit à une pension ?*

3. Des promesses conditionnelles. **Complétez les phrases comme vous le voulez.**

Si tu passes ton bac, je t'achèterai une moto.
Si tu veux aller en fac, ...
Si tu veux habiter dans un studio, ...
Si tu obtiens une licence, ...
Si tu veux aller à l'étranger, ...
Si tu as besoin d'argent, ...
Mais pour cela, il faut que tu travailles !

4. Relisez le texte et dites ce qui se passe si... **Complétez les phrases.**

Si on aime la pêche, ... S'il n'y a plus de place dans le chalet d'Anne-Marie, ... S'il y a une fête, ... Si on aime le cinéma, ... Si des amis viennent passer un ou deux jours chez Anne-Marie, ...

5. Vous et les autres. **Réagissez comme dans les deux modèles, en employant : ÊTRE CONTENT, ÊTRE HEUREUX, ÊTRE DÉSOLÉ, REGRETTER.**

Je suis invité à cette soirée.   → *Je suis content d'être invité à cette soirée.*
Mais je ne peux pas y aller !   → *Mais je suis désolé de ne pas pouvoir y aller.*
Mon frère a trouvé du travail.   → *Je suis heureux qu'il ait trouvé du travail.*
Mais il est obligé de partir en province.   → *Mais je regrette qu'il soit obligé de partir.*

1. Ils vont se marier. →
2. Mais leurs parents ne sont pas d'accord. →
3. Je vais en Californie cet été. →
4. Mais je ne peux pas t'emmener avec moi. →

5. Elle a eu un accident de voiture. →
6. Mais elle n'a pas été blessée. →
7. J'ai passé de très bonnes vacances. →
8. Mais j'ai dépensé toutes mes économies. →

6. L'interview de Laura Vinyl. **(Complétez les phrases entre parenthèses.)**

Le journaliste : — *Laura Vinyl, vous avez accepté cette interview. J'en suis très heureux. (Je suis très heureux que...)*

Laura Vinyl : — *Mais pas du tout ! Vous m'avez invitée à votre micro. C'est moi qui suis heureuse. (C'est moi qui suis heureuse que...)*

Le journaliste : — *Je dis cela car vous parlez rarement à la presse. (Il est rare...)*

Laura Vinyl : — *C'est vrai. Mes deux derniers films n'ont pas été bien accueillis et je n'ai pas donné d'interview, je n'en avais pas envie. (Je n'avais pas envie...)*

Le journaliste : — *Oui, votre dernier film, surtout, n'a pas été très apprécié, je le regrette. (Je regrette que...) Moi, je l'ai aimé.*

Laura Vinyl : — *J'en suis heureuse. (Je suis heureuse que...)*

Le journaliste : — *Et votre prochain film ? Comment sera-t-il ?*

Laura Vinyl : — *Ah ! Vous me posez une question qui me plaît. J'en suis contente. (Je suis contente que...) Mais je ne peux pas en parler encore, je le regrette. (Je regrette de...)*

Le journaliste : — *Alors c'est tout ce que vous avez à me dire ?*

Laura Vinyl : — *Oui, je ne peux rien vous dire d'autre. Je suis désolée. (Je suis désolée de...)*

Le journaliste : — *Et moi donc !*

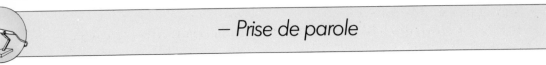
● **Vous trouverez facilement.**

Vous habitez au 10, rue de Vienne, entrée D.

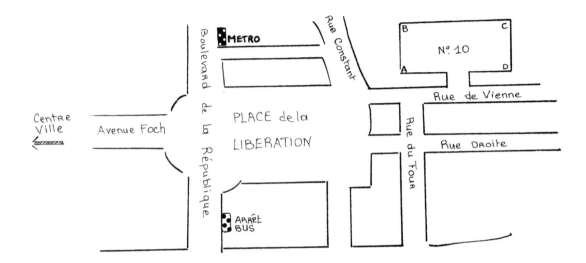

Expliquez à des amis comment venir chez vous.
— *Si vous venez en voiture depuis le centre ville par l'avenue Foch, il faut que* ....
— *Si vous arrivez par le boulevard de la République, il faut que* ....
— *Si vous venez en bus,* ....
— *Si vous venez en métro,* ....

● **Comment réagissez-vous ?**

Êtes-vous content, heureux, désolé ? Dites-le, comme dans le modèle :
Un ami est chez vous, en vacances. Il reçoit un télégramme.
— *Il apprend qu'il doit partir tout de suite.*
Vous direz : « *Je suis désolé (je regrette) que tu sois obligé de partir tout de suite.* »
— *Il doit partir car on lui propose un travail.*
Vous direz : « *Je suis content (heureux) qu'on te propose un travail.* »
a) *Des amis vous invitent à passer une semaine dans leur chalet à la montagne. Mais c'est en février, et vous avez trop de travail à ce moment-là.*
b) *Votre ami(e) est d'accord pour partir en vacances avec vous. La veille du départ, il (elle) se casse un bras !*
c) *Vous deviez aller au théâtre avec un(e) ami(e). Il (elle) vous téléphone pour vous dire qu'il n'y a plus de places. Le lendemain, vous lisez dans le journal que la pièce était très mauvaise.*
d) *Un ami vous a trouvé un appartement mais le loyer est trop élevé.*

● **« Rétrospective ».**

Dites ce qui vous a fait plaisir cette année.
Je suis heureux (content) d'avoir fait des progrès en français.
Je suis heureux (content) que .... *ait eu le prix Nobel de* ....
Dites aussi ce que vous regrettez.
Je regrette que (de)... ....   *Je suis heureux que (de)...* ....

- **« Du pain et des jeux ».**

Parlez des activités, des loisirs, des distractions et des sports dans votre pays.
En hiver, on... L'été, on... Il y a ceux qui...
Présentez-les à votre voisin(e) : « Si tu viens en hiver, on fera... on ira... ».

- **Rare, pas rare ?**

Comparez la vie en France et la vie chez vous. Et dites ce qui est rare chez vous et ne l'est pas en France, ou ce qui n'est pas rare chez vous et l'est en France.
ex. : Le mauvais temps (neige, verglas, tempêtes, inondations). Les fêtes populaires. Les événements sportifs, culturels, politiques, sociaux (grèves, manifestations, bagarres...) etc.

- **Mieux ? Moins bien ?**

Comparez les qualités et les défauts, les avantages et les inconvénients de la vie dans votre pays et de la vie en France. Employez :
Quand je suis chez moi, je suis content que (ou de)... je regrette que (ou de)...
Quand je suis en France, je suis heureux que (ou de...) je trouve dommage que (ou de)...

- **Un poème.**

Essayez de compléter ce poème d'Alain Bosquet.
« Si tu es triste, la rose se refermera et sera noire comme charbon.
Si tu es triste, le nuage s'ouvrira sur dix mille corbeaux.
Si tu es triste, ta chambre...
Si tu es triste, l'arbre...
Si tu es triste, ... »

A
- Qu'est-il prudent de faire si l'on veut assister à ce Carnaval ?
- Que va-t-il se passer pendant dix jours ?

B
L'hiver, on peut pêcher à travers la glace, le long du Saint-Laurent. Mais il fait très froid. Alors ?... on loue pour la journée ou la soirée une de ces cabanes de bois.
- A qui s'adresse cette publicité ?
- Que propose-t-elle ?

C
- Pourquoi est-ce que Bonhomme Carnaval risque de ne pas être reçu sur la glace ?
- Quand et où Bonhomme Carnaval est-il attendu ?
- Et s'il gèle très fort, que se passera-t-il ?

Ⓒ Sans gel, Bonhomme Carnaval arrivera au stationnement de la marina

« Au lieu de recevoir Bonhomme sur la glace, c'est au stationnement que les gens pourront le saluer, demain... si la température continue d'être aussi douce à Québec.

C'est la précision que donnent les autorités du Carnaval de Québec 1983 aux milliers de personnes intéressées à accueillir Bonhomme, demain à 13 h 30. En principe, l'arrivée de Bonhomme doit se faire sur la glace de la rivière Saint-Charles, en face de la marina de Saint-Roch. Mais si il ne gèle pas carrément, au cours du week-end, les règles de sécurité feront que c'est sur le stationnement de la marina qu'aura lieu l'événement.

« On ne peut quand même pas prendre la chance de rassembler de 4 000 à 5 000 personnes à un endroit précis sur la glace de la Saint-Charles pendant un aussi long moment », explique la relationniste du Carnaval, précisant qu'avec le peu de journées froides des derniers jours, la glace n'avait pas l'épaisseur souhaitée pour toute sécurité.

3. 5. Etre québécoise

Question : *Après quatorze ans passés ici, comment êtes-vous considérée par vos amis ? Comme une Québécoise ou comme une Française ?*

Anne-Marie : Pour eux, je reste encore « la Française » qui n'a pas perdu son accent. D'ailleurs, ils pensent qu'un jour je rentrerai dans mon pays.

Question : *Et si vous retourniez vivre en France, est-ce que vous auriez du mal à vous réhabituer ?*

A.-M. : Pour moi la question ne se pose pas. Et je peux vous donner plusieurs raisons. D'abord, mes enfants sont canadiens. Ensuite, tous mes amis sont ici et j'ai une vie très agréable. Et puis, j'aime bien les Québécois : ce sont des gens vraiment gentils (1). Ici, on vous tutoie facilement. Vous demandez votre chemin ? On propose de vous accompagner. Dans les rues, je me sens en sécurité, même le soir. Je n'étais pas habituée à cela en France. Enfin, matériellement, je suis bien installée. J'ai un bel appartement, et j'ai un métier qui m'intéresse. En France, je n'aurais sûrement pas la même situation. Bien sûr, tout n'est pas parfait. Par exemple, si j'étais un homme, j'aurais un meilleur poste et un salaire supérieur. Au Québec, comme ailleurs, les hommes et les femmes ne sont pas à égalité dans la vie professionnelle. Mais les Québécoises luttent et la situation des femmes s'améliore peu à peu.

Au Québec on dirait :
(1) « ils sont donc fins ».

Question : *En résumé, vous avez réussi votre intégration dans ce pays.*

A.-M. : Disons que j'ai eu plus de chance que d'autres Français qui ont eu du mal à s'intégrer ou qui n'y sont jamais arrivés. Je dois dire que je n'ai jamais été vraiment une immigrée : je suis venue ici en touriste, ou presque, et six mois après j'étais mariée à un Québécois. Je n'ai donc pas eu les problèmes des immigrés qui doivent lutter pour s'installer, apprendre le français, chercher un travail, un logement, se faire des amis. Dès mon arrivée, j'ai tout de suite fait partie de la « gang (1) à André », son groupe d'amis. Je n'ai pas été la « maudite Française », celle qui regarde les Québécois d'un air critique, celle qui croit tout savoir parce qu'elle vient de la vieille Europe. C'est pour ça qu'on m'a acceptée.

Mais je ne pense pas qu'on puisse s'intégrer tout à fait. On garde toujours une certaine nostalgie du pays d'où l'on vient et le sentiment que ses racines sont ailleurs.

Au Québec on dirait :
(1) se prononce « gagne ».

1 Pour aider quelqu'un dans la rue.

— *Pardon, monsieur. Vous ne savez pas où je peux trouver une pharmacie ?*

— *Nous sommes dimanche. Les pharmacies sont fermées, mais il y en a toujours une de garde.*

— *Et comment sait-on quelle est la pharmacie de garde ?*

— *C'est écrit dans le journal. Attendez, je vais regarder dans le mien. Voilà... Bloc-notes... Pharmacie de garde... Il y en a une boulevard Victor-Hugo.*

— *C'est loin d'ici ?*

— *C'est à cinq minutes à pied. Je vais vous accompagner.*

— *Non, non, je ne veux pas vous déranger. Dites-moi par où il faut passer.*

— *C'est sur mon chemin. Ça ne me dérange pas du tout.*

— *Vous êtes bien aimable.*

A vous :

Votre voiture tombe en panne un dimanche soir en « pleine campagne ». On vous aide à trouver un garage ouvert qui est à dix minutes en voiture. On propose de vous accompagner.

2 Pour apprécier (ou critiquer) un nouveau mode de vie.

A. — *Alors, vous vous plaisez ici ?*

B. — *Oui, beaucoup.*

A. — *Comment trouvez-vous les gens ?*

B. — *Très sympathiques.*

A. — *Ça me fait plaisir. Et côté logement ?*

B. — *Ça va, je suis bien logée.*

A. — *Bien. Je suis content pour vous.*

B. — *Il n'y a qu'un problème : mon travail. De ce côté-là, ça va moins bien.*

A. — *Ah bon ? Qu'est-ce qui se passe ?*

B. — *Je n'ai trouvé qu'un travail temporaire et pas très intéressant.*

A. — *Ah ! Je suis désolé pour vous !*

B. — *Il va falloir que je cherche autre chose. J'espère que tout ira bien.*

A. — *Moi aussi, je vous le souhaite.*

A vous :

Vous venez de vous installer dans un pays étranger. Vous avez un travail passionnant, mais vous ne connaissez personne et vous avez un logement qui ne vous plaît pas.

– Vocabulaire

THÈMES

• L'accent :

Avoir un bon accent.
Parler sans accent. Ne pas avoir d'accent.
Avoir l'accent du Nord, du Midi.
Avoir un accent étranger.

• Le travail :

☐ *le salaire :*
Toucher un salaire.
Avoir un bon salaire, un salaire élevé.
Gagner un salaire de misère.
Demander ⎫
Obtenir ⎭ une augmentation de salaire.
Un salaire mensuel, annuel.
☐ *Un poste.*
Avoir un bon poste, un poste de responsabilité.
Garder son poste.
Perdre son poste.

ÉCHANGES

☐ Pour faire des hypothèses :

Si j'avais...	je ferais...
Si j'étais...	je pourrais...
Si je pouvais...	j'aimerais...
Au cas où...	je voudrais...
A supposer que... (+ subj.)	je souhaiterais...

BULLETIN DE PAYE

Du : 1/11/n   au : 30/11/n   Payé le : 30/11/n

NOM : LATOUR Pierre

Adresse : 127, avenue de la Renaissance - TOURS

Cat. Prof¹ᵉ : Cadre   M¹ᵉ S.S. : 1 4 9 0 8 7 5 2 4 9 1 0 4

Emploi : Chef Comptable   Sal. mini. cat. :

Salaire fixe ou journées	90 00 00
Heures normales ___ h ___ à ___	
Heures sup^res ___ % ___ h ___ à ___	
Heures sup^res ___ % ___ h ___ à ___	
SALAIRE BRUT.....	90 00 , 00

Salaire de base / Retenues

90 00	Mal. 5,5 %s/Brut.
	Mal. %s/Plaf.
65 90	Vieillesse 4,70
90 00	Fonds chômage 0,84
65 90	Retraite comp^re
90 00	Cadres 1,76 2,06 %
90 00	Ass. veuvage 0,10%

SALAIRE NET.......

Indemnités { Transport

TOTAL.................

Acomptes {

NET A PAYER........

CREDIT d'heures :	Cumul crédit h. :	8 h. à prendre avant le :	8 h. prises le :	SOLDE crédit h. :

Nº Sirene

Cotisations versées à :

Cachet de l'Employeur
ETS CHANLOUP

DICO

réhabituer (v. tr.) de « re » et « habituer ». Habituer de nouveau, faire reprendre une habitude.
(v. pronom) Reprendre une habitude.
rentrer (v. intr.) de « re » et « entrer ». Entrer de nouveau, retourner dans un lieu d'où on est sorti.
(v. tr.) Mettre ou remettre à l'intérieur.
retourner (v. intr.) de « re » et « tourner ». Aller de nouveau dans un lieu où on est déjà allé. Revenir à l'endroit d'où l'on est parti.
(v. tr.) Tourner de nouveau. Tourner de manière à mettre dessus ce qui était dessous. *Retourner une carte.*

A vous :

Vérifiez dans le dictionnaire si les verbes suivants peuvent prendre le préfixe « re » avec le sens de « de nouveau », et si avec ce préfixe, ils ont aussi un autre sens : accompagner, chercher, considérer, demander, garder, installer, intégrer, se marier, penser, poser.

1 **Le subjonctif (suite).** *(voir memento grammatical, 14,2).*
A la forme affirmative, **croire, penser, être sûr, imaginer** sont suivis de l'indicatif.
A la forme négative, ils sont suivis du subjonctif. Ils expriment le doute.

		crois pense suis sûr...		peut s'intégrer facilement.
Je			qu'on	
	ne	crois pas pense pas suis pas sûr...		puisse s'intégrer facilement.

2 **L'expression de l'hypothèse (suite)** *(voir mémento grammatical, 18)*
avec la principale au conditionnel.

— *Le conditionnel indique une action éventuelle soumise à condition.*
☐ Il peut avoir une valeur de futur incertain :
Si vous retourniez vivre en France, est-ce que vous auriez du mal à vous réhabituer ?
☐ Il peut aussi servir à évoquer quelque chose d'irréel :
Si j'étais un homme, j'aurais un meilleur poste.

— *La condition est exprimée par une proposition subordonnée introduite par **si** dont le verbe est
à l'imparfait. Cette proposition peut être absente mais elle reste sous-entendue :*
En France, je n'aurais sûrement pas la même situation.
(= **Si** je retournais vivre en France...)

3 **Expression du temps : préposition + QUE**

Dès mon arrivée →	Dès que je suis arrivé.
Depuis mon arrivée →	Depuis que je suis arrivé.
Avant mon départ →	Avant que je sois parti.
Après mon départ →	1. Après que je suis parti. (indicatif)
Après mon départ →	2. Après que je sois parti. (subjonctif incorrect mais utilisé)

— Exercices écrits

1. Le beau parleur. Mettez les verbes entre parenthèses à la forme qui convient.
— *Que penses-tu de Robert Martin, notre nouveau collègue ? Moi, je trouve que c'(être) un homme intelligent.*
— *Moi, je ne pense pas qu'il le (être). Mais il dit qu'il l'(être) et tout le monde le croit. S'il (être) intelligent, il (faire) moins le « clown ».*
— *Moi, je le trouve très amusant. Il connaît des tas d'histoires.*
— *Il est vrai qu'il (parler) beaucoup. Mais je ne suis pas sûr qu'il (savoir) toujours de quoi il parle. Et je ne crois pas qu'il (dire) toujours des choses très intéressantes.*

2. Le portrait chinois.
Ce jeu consiste à faire trouver le nom d'un personnage célèbre à l'aide d'une série de phrases hypothétiques comme celles-ci :
Si c'était un pays, ce serait l'Inde ou l'Angleterre.
Si c'était un animal, ce serait une vache.
Si c'était une fleur, ce serait une rose.
Si c'était un livre, ce serait l'histoire de la non-violence.
Si c'était un mauvais moment, ce serait la prison.
Solution : GANDHI.
Écrivez un ou deux portraits chinois.

3. Ce n'est pas mon « type ».
Sylvie n'est pas d'accord avec Patricia. **Complétez ses phrases.**
Patricia : — *Tu as vu ce beau garçon ? Je pense qu'il est italien.*
Sylvie : — *Moi je ne pense pas qu'il soit italien.*
Patricia : — *Je trouve qu'il fait jeune.*
Sylvie : — *Moi je ne...*
Patricia : — *Je ne crois pas qu'il ait plus de trente ans.*
Sylvie : — *Et moi je crois...*
Patricia : — *Il a un beau costume. Je trouve qu'il est très élégant.*
Sylvie : — *Moi je ne...*
Patricia : — *J'ai l'impression qu'il nous a vues !*
Sylvie : — *Moi je n'ai...*
Patricia : — *Regarde sa voiture. Tu crois qu'elle est à lui ?*
Sylvie : — *Non, je ne... Tu vois bien !*
(C'était un chauffeur qui attendait son patron.)

4. Que faudrait-il faire ?
Si vous vouliez apprendre la photographie, que faudrait-il faire ?
— *Il faudrait que je...*
Si vous vouliez acheter une voiture d'occasion... ?
Si vous vouliez trouver un baby-sitter... ?
Si vous vouliez faire le tour du monde... ?
Continuez...

5. Un poème de Jacques Prévert.
Mettez les verbes à la forme qui convient.
Si j'avais une sœur,
Je t'(aimer) mieux que ma sœur.
Si j'avais tout l'or du monde,
Je le (jeter) à tes pieds.
Si j'avais un harem,
Tu (être) ma favorite.

● **Les uns pensent au futur, les autres rêvent.**

Dites ce qu'ils feront si...
Dites ce qu'ils feraient si...

● **On peut rêver...**

A votre avis, que répondrait chacun des personnages suivants à la question :
« *Que feriez-vous si vous gagniez à la Loterie nationale ?* »

Et vous, que feriez-vous ?

● **Rêvons encore un peu...**

Dialoguez avec votre voisin(e).
— *Si vous aviez davantage de temps libre, que feriez-vous ?*
— *Si vous étiez plus jeune, ... ?*
— *Si vous étiez plus vieux, ... ?*
— *Si vous aviez une énorme somme d'argent à dépenser en 24 heures, ... ?*
— *Si vous n'aviez plus que 24 heures à vivre, ... ?*
— *Si vous pouviez recommencer vos études, ... ?*
— *Si une fée vous permettait de réaliser trois vœux ?*
Continuez...

● **Débats.**

a) ***Les travailleurs étrangers.***
Y a-t-il des travailleurs étrangers chez vous ?
Essaient-ils de s'intégrer ou vivent-ils entre eux ?
Pensez-vous qu'on peut arriver à s'intégrer tout à fait ?
Que faut-il pour cela ?
Discutez entre vous en employant :

Je crois que...	*Je ne crois pas que...*
Je pense que...	*Je ne pense pas que...*
J'ai l'impression que...	*Je n'ai pas l'impression que...*

b) ***L'égalité de l'homme et de la femme dans la vie professionnelle.***
Quelle est la situation chez vous ? (postes, salaires, responsabilités).

c) ***La mobilité professionnelle (Répondez par des phrases contenant SI.)***
A quelle(s) condition(s) accepteriez-vous de changer de métier ?
Comment pourriez-vous faire pour améliorer votre situation ?
(se recycler, apprendre une autre langue, accepter de déménager, aller travailler à l'étranger).

● **Avoir un bon accent.**

Peut-on perdre tout à fait son accent ?
Peut-on changer d'accent ?
Vaut-il mieux ne pas avoir d'accent étranger ou est-ce indifférent ?
Donnez votre avis.

● **« Douce France » ?**

Vous apprenez le français depuis plusieurs mois. Est-ce que vous êtes content de cet apprentissage ? **Racontez comment ça s'est passé.** *Et si c'était à refaire ?*
Si vous vous installiez en France, que feriez-vous ? Où préféreriez-vous habiter ? Pourquoi ? A votre avis, est-ce que vous auriez du mal à vous habituer à la vie française ?

« AU QUÉBEC »

« Les Français immigrés sont environ 35 000 au Québec. Ils travaillent dans le commerce, surtout l'import-export, la restauration, les salons de coiffure, l'enseignement. (...) Les Québécois reprochent souvent à leurs cousins français de commencer leurs phrases par « Nous, en France, ... ». Même s'il a épousé une Québécoise, le Français immigré espère toujours mettre assez de dollars de côté pour finir ses jours là où il est né. Il profite généralement de la possibilité qu'il a, après 3 ans de séjour, d'obtenir la citoyenneté canadienne. La possession d'un passeport canadien ne lui retire ni son accent, ni ses réflexes « made in France ». »

DES NOMS « BIEN DE CHEZ EUX »

Beauchamp	Desprès	Lafleur	Lebeau
Beauchemin	Desrosiers	Lafontaine	Ledoux
Beauregard	Desruisseaux	Laforest	Lesage
Beauchesne	Dubois	Laframboise	Letendre
Bellemare	Duval	Lagrange	Lheureux
Bellerive	Labonté	Lahaie	Vertefeuille
Boisvert	Labranche	Lajoie	
Deschênes	Lachance	Laliberté	
Deshaies	Lacharité	Larivière	
Desjardins	Ladouceur	Laverdure	

Acadie: Nom donné en 1605 par le Sieur de Monts et Samuel de Champlain, tous deux gentilshommes de Saintonge, aux territoires du Canada atlantique, correspondant actuellement aux provinces maritimes du Nouveau-Brunswick, de Nouvelle-Ecosse et de l'Ile du Prince Edouard.

Déportés par les Anglais en 1755 («le Grand Dérangement»), les colons acadiens se retrouvent pour la plupart en Louisiane où ils forment le peuplement cajun. D'autres reviennent en France, en Poitou, ou bien réussissent à retourner en Acadie. Antonine Maillet a raconté leur odyssée dans «Pélagie la Charette», prix Goncourt 1980.

La question ainsi posée fait des Acadiens un peuple en diaspora des deux côtés de l'Atlantique, luttant pour sa propre culture de langue française.

A
- D'après ce texte, pourquoi les Français émigrent-ils au Canada ?
- L'immigré français a-t-il en général l'intention de rester au Canada toute sa vie ?
- Que peut faire un immigré après trois ans de séjour ?

B
- Tous ces noms ont-ils une signification ?
- Classer ces noms en deux catégories
- a) ceux qui évoquent la nature
- b) les autres. Comment peut-on les qualifier ?

C
- De quoi parle le livre « Pélagie la Charrette » ?
- Quelle langue parlent les Acadiens ?
- Avez-vous déjà entendu parler de la musique cajun ?
- Voyez-vous un rapport entre les mots « cajun » et « acadien » ?

Bilan 3

Le futur dans le passé. I Passez du style direct au style indirect en effectuant les changements de temps et de personnes nécessaires.

Pierre a téléphoné à Nadine qui raconte la conversation à Juliette.
— « Je te promets que je viendrai ce soir, mais je t'appellerai pour te dire à quelle heure j'arriverai. Est-ce que Juliette sera là ? Je prendrai sûrement ma voiture et je la raccompagnerai à la fin de la soirée. »
→ Pierre m'a promis...

II **Complétez** en conjuguant le verbe proposé à l'indicatif ou au conditionnel.

Croire :   Je .... que vous trouveriez facilement du travail.

Aller :   Nous avons décidé que nous .... passer quelques jours à la montagne.

Rentrer :   Ses parents croyaient qu'elle .... au bout de quelques mois.

Être sûr :   J'........................... qu'il me répondrait par retour du courrier.

Écrire :   Elle m'........................... qu'elle viendrait passer les vacances de Noël à Paris.

Articulation logique. Choisissez la locution prépositive qui convient.

I. Il a obtenu cet emploi   grâce à / à cause de   ses diplômes.

2. Elle n'a pas obtenu cet emploi   grâce à / à cause de   son âge.

3. J'ai accepté cette proposition   grâce à / malgré   un salaire assez bas.

4. J'ai trouvé un appartement   grâce à / malgré   mes amis.

Plus-que-parfait. Complétez avec les verbes entre parenthèses.

1. Quand je l'ai rencontré, je ne l'ai pas reconnu : je ne l'........................... pas .... depuis 15 ans. (revoir)
2. Je lui ai répété ce que je lui .... hier. (dire)
3. Je lui ai fait récrire la lettre qu'il .... à son grand-père. (écrire)
4. Nous n'avons pas pu dîner dans ce restaurant car nous n'........................... pas .... de table. (réserver)
5. Elle a revendu l'appartement qu'elle .... il y a 2 ans car il était trop petit. (acheter)

En, y, le. I Complétez en utilisant les pronoms « en, y » ou « le ».

— Tu lui as dit que je ne serais pas là demain ?
— Non, je n'........................... ai pas pensé mais il doit .... savoir car demain c'est samedi.
— Est-ce qu'il t'a dit pourquoi il voulait me voir ?
— Oui, il me .... a dit : il voudrait que tu t'occupes de son association.
— Il me .... a demandé plusieurs fois mais je ne veux pas m'........................... occuper.
— Pourtant, il aimerait beaucoup travailler avec toi.
— Ça, je .... crois : je ferais tout le travail !
— Tu crois vraiment qu'il te laisserait tout faire ?
— Ah oui, je l'........................... crois capable !

II **Rayez les réponses qui ne conviennent pas.**

1. A : — Je n'y ai pas fait attention !
   B : — A quoi n'as-tu pas fait attention ?
   A : — A... / ce qu'il a dit. / son télégramme. / le prévenir.
2. A : — Je ne le savais pas !
   B : — Qu'est-ce que tu ne savais pas ?
   A : — ... / ce qu'il faisait. / son nom. / conduire.
3. A : — Elle ne s'y attendait pas !
   B : — A quoi ne s'attendait-elle pas ?
   A : — A... / ce qu'il ne fasse rien. / cette lettre. / recevoir une lettre.
4. A : — Il m'en a parlé.
   B : — De quoi t'a-t-il parlé ?
   A : — De... / ce qu'il avait fait. / son travail. / chercher du travail.
5. A : — Je n'en ai pas envie !
   B : — De quoi n'as-tu pas envie ?
   A : — De... / ce qu'elle m'a donné. / sa proposition. / travailler.
6. A : — Elle me l'a dit.
   B : — Que t'a-t-elle dit ?
   A : — ... / ce qu'elle avait fait. / son nom. / lui téléphoner demain.

« Où » : pronom relatif. Récrivez les phrases en utilisant le pronom relatif « où ».

1. J'habite dans une maison qui est au bord d'un lac.
La maison...
2. Je voulais aller dans un magasin mais il était fermé.
Le magasin...
3. Je travaille trois soirs par semaine, ces soirs-là, je fais garder mes enfants.
Les soirs...
4. Certains jours, il n'est pas là ; alors je fais ce que je veux.
Les jours...

Comme. Chaque phrase de A peut être reliée à une phrase de B par « comme ».
Écrivez les six phrases obtenues.

A	B
1. Mon fils a les yeux bleus	a. il me l'avait demandé
2. Je suis allé le voir	b. vous voulez
3. Écris cette lettre	c. on dit ici
4. Il dort	d. je te l'ai demandé
5. Faites	e. son père
6. J'ai un « char »	f. un bébé

Subjonctif. I Complétez les phrases en utilisant les verbes proposés au subjonctif.

Prendre :   Il souhaite que tu .... ta voiture, car la sienne est cassée.

Arriver :   Je ne veux pas que vous .... en retard.

Faire :   Elle adore que tu lui .... des cadeaux.

Partir :   Nous regrettons beaucoup qu'elle .... demain.

Dire :   Je déteste qu'il me .... ce que je dois faire.

Être :   Il faut que je .... prêt à 8 heures.

Avoir :   Il faudra que vous .... du courage.

II **Mettez les verbes soulignés à la forme négative et effectuez les changements de temps et de mode nécessaires.**

Je pense qu'il est trop tôt pour partir et que nous avons le temps de prendre un café.
Je crois qu'il sait où nous allons et je suis sûr qu'il pourra nous téléphoner là-bas.

III Récrivez les phrases de façon à utiliser les pronoms personnels proposés.

Ex. : Il vaut mieux ne pas être là quand il rentrera.
(je) → Il vaut mieux que je ne sois pas là quand il rentrera...
1. Pour aller à la gare, il faut prendre la première rue à gauche. (vous) →
2. Il vaut mieux lui téléphoner à son bureau. (tu) →
3. Il est rare de pouvoir le trouver à cette heure-ci. (on) →
4. Il est impossible de ne pas le connaître. (vous) →
5. Il est nécessaire d'obtenir son diplôme pour être infirmière. (elle) →

Bien que - pour que - avant que. Reliez les phrases 1 et 2 de façon à utiliser les conjonctions indiquées.

Ex. : Bien que 1 Ils regardent la télévision.
         2 Leur mère le leur interdit. → Ils regardent la télévision bien que leur mère le leur interdise.

• Pour que   1 Ses parents lui ont envoyé de l'argent.
              2 Il peut rentrer en France.
• Bien que   1 Elle nous a écrit.
              2 Elle est très occupée.
• Avant que 1 J'espère qu'il arrivera.
              2 Il y a trop de monde.

A quel temps et à quel mode sont conjugués les verbes des subordonnées ?

Les termes de liaison (temps). Dans les phrases suivantes, remplacez les groupes de mots soulignés par des subordonnées conjonctives. (Conjonctions : *dès que, depuis que, avant que, après que*)
Ex. : Depuis son accident, il ne joue plus aussi bien au tennis. Depuis qu'il a eu un accident, il ne joue plus aussi bien au tennis.

1. Ton frère est arrivé après ton départ, et dès son entrée, j'ai compris qu'il s'était passé quelque chose.
2. Avant de partir, laissez-moi votre adresse et téléphonez-moi dès votre arrivée.

3. — Ils sont mariés, depuis ils habitent en Australie.
— Avant leur mariage, tu les voyais souvent ?
— Oui, mais dès leur premier enfant, ils se sont installés là-bas.

Après quelle conjonction de subordination le subjonctif est-il obligatoire ?

Les phrases hypothétiques. I Quelles sont les propositions B qui peuvent convenir comme suites aux propositions A ?

A	B
1. Si vous voulez être à l'heure	il fallait partir avant. dépêchez-vous ! il faut partir maintenant.
2. S'il travaillait un peu plus	il s'ennuierait moins. il aura un meilleur salaire il gagnerait plus d'argent.
3. S'il avait terminé son travail	il serait content il pourra regarder la télévision il pourrait sortir
4. S'il a rencontré Bertrand	il lui a parlé de toi il le saurait il te le dira

II Complétez les phrases suivantes en conjuguant les verbes proposés au temps qui convient.
1. (pouvoir, être, faire, tomber malade)
Si je .... prendre 3 jours de congé, si l'hôtel n'........................ pas complet, s'il .... beau et si mes enfants ne .... pas malades, j'irai faire du ski la semaine prochaine.
2. (accepter, être, pouvoir)
Si mes parents .... de garder les enfants, si mon mari .... moins occupé et si je .... prendre 8 jours de vacances, nous irions passer une semaine au soleil.

Poèmes et chansons

Les gens de mon pays

Les gens de mon pays
Ce sont gens de parole
Et gens de causerie
qui parlent pour s'entendre
5 et parlent pour parler
il faut les écouter
c'est parfois vérité
et c'est parfois mensonge
mais la plupart du temps
10 c'est le bonheur qui dit
comme il faudra de temps
pour saisir le bonheur
à travers la misère
emmaillé au plaisir
15 tant d'en rêver tout haut
que d'en parler à l'aise.

Parlant de mon pays
je vous entends parler

et j'en ai danse aux pieds
20 et musique aux oreilles
et du loin au plus loin
de ce neigeux désert
où vous vous entêtez
à jeter vos villages
25 je vous répéterai
vos parlers et vos dires
vos propos et parlures
jusqu'à perdre mon nom
ô voix tant écoutées
30 pour qu'il ne reste plus
de moi-même qu'un peu
de votre écho sonore

Je vous entends jaser
sur les perrons des portes
35 et de chaque côté
des cléons des clôtures (1)

je vous entends chanter
dans la demi-saison
votre trop court été
40 et votre hiver si longue
je vous entends rêver
dans les soirs de doux temps
il est question de bois
de ventes et de gréments
45 de labours à finir
d'espoirs et de récoltes
d'amour et du voisin
qui va marier sa fille.

Voix noires voix durcies
50 d'écorce et de cordage
voix du pays plain-chant (2)
et voix des amoureux
douces voix attendries
des amours de village

⁵⁵ voix des beaux airs anciens
dont on s'ennuie en ville
piailleries d'écoles (3)
et palabres et sparages (4)
magasin général
⁶⁰ et restaurant du coin
les ponts les quais les gares
tous vos cris maritimes
atteignent ma fenêtre
et m'arrachent l'oreille.

⁶⁵ Est-ce vous que j'appelle
ou vous qui m'appelez
langage de mon père
et patois dix-septième
vous me faites voyage
⁷⁰ mal et mélancolie
vous me faites plaisir
et sagesse et folie
il n'est coin de la terre
où je ne vous entende
⁷⁵ il n'est coin de ma vie

à l'abri de vos bruits
il n'est chanson de moi
qui ne soit toute faite
avec vos mots vos pas
⁸⁰ avec votre musique.

Je vous entends rêver
douce comme rivière
je vous entends claquer
comme voiles du large
⁸⁵ je vous entends gronder
comme chute en montagne
je vous entends rouler
comme baril de poudre
je vous entends grandir
⁹⁰ comme grain de quatre heures
je vous entends cogner
comme mer en falaise
je vous entends passer
comme glace en débâcle (5)
⁹⁵ je vous entends demain
parler de liberté.

GILLES VIGNEAULT,
« avec l'autorisation des Productions musicales SIBECAR (Paris). »

1. poteaux des clôtures

2. musique vocale simple

3. piaillerie : cris des petits oiseaux

4. agitation

5. rupture de la glace sur les fleuves

LE QUÉBEC

Province du Canada, sept millions d'habitants, où l'on parle le français (80 %) et l'anglais. Exploré au 16e siècle par le français Jacques Cartier, le Québec a été peuplé à partir du 17e siècle par des émigrés français qui ont gardé une langue assez proche du français de cette époque.

GILLES VIGNEAULT

Chanteur québécois né en 1928, très connu dans son pays. *Les gens de mon pays* est une de ses chansons les plus célèbres.

L'AFFAIRE DES STARLETTES

L'AFFAIRE DES STARLETTES

Une étrange affaire a mis en émoi la ville de Cannes pendant le festival du Cinéma. Lisons d'abord la presse du 8 au 13 mai.

Cannes - Matin 8 mai

OUVERTURE DU FESTIVAL DE CANNES

Le festival de Cannes vient de commencer et notre ville est envahie par la foule habituelle des professionnels du cinéma (producteurs et metteurs en scène, acteurs et actrices) ainsi que des journalistes et photographes. Cette année encore, on attend plus de 20 000 personnes, et, de Menton à Saint-Raphaël, on ne trouve plus une seule chambre d'hôtel pour la durée du festival.
Les starlettes sont là elles aussi, toujours pleines d'imagination et d'espoirs. On les voit surtout l'après-midi sur la Croisette, souvent très peu vêtues, en train de poser pour les nombreux photographes à l'affût de photos à sensation. Elles sont venues des quatre coins d'Europe avec des rêves de cinéma plein la tête, dans l'espoir d'un bout d'essai et, qui sait ? peut-être d'un rôle dans un film.

DISPARITION D'UNE STARLETTE

Pour l'une d'elles, Anna Pisanelli de Milan, le festival de cette année commence mal : elle vient de signaler à la police la disparition de son amie Laura Rossetti qu'elle n'a pas revue depuis avant-hier. Ci-contre la photo de la disparue. Les personnes qui peuvent fournir des renseignements à son sujet sont priées de se mettre en rapport avec la police.

Mystère au lotissement des Pins.

Que se passe-t-il au lotissement des Pins ? Situé à 3 km du centre de Cannes, ce lotissement comporte une quinzaine de villas dans des rues très calmes. C'est dans ce quartier peu fréquenté que se trouve peut-être la solution du mystère de la disparition de deux starlettes. En effet, à la suite de notre article du 8 mai signalant la disparition d'une jeune femme de Milan, un témoin s'est manifesté à la police. Il s'agit de M. Vincent Mariani, employé des P.T.T. Il a reconnu la photo de Mlle Rossetti, qu'il a aperçue dans le lotissement des Pins le jour de sa disparition en début d'après-midi.

Par ailleurs, un jardinier, M. Armand Giraud, qui travaille en ce moment dans une villa, impasse des Mimosas, lotissement des Pins, a été le témoin d'un enlèvement avant-hier vers 13 h en pleine rue. Il a immédiatement alerté la police.

Dernière minute.

Un hôtelier cannois, M. Laurent Grimaldi, signale la disparition d'une de ses clientes, Mlle Sylviane Schmidt de Strasbourg, jeune comédienne venue à Cannes pour le festival. Depuis le 9 mai, Mlle Schmidt n'est pas reparue à son hôtel où se trouvent encore toutes ses affaires. La police a ouvert une enquête.

photo d'Isabelle Dumas de la *Croisette*

Mystère! encore une disparition

13 mai (Cannes - Matin)

ENCORE UNE DISPARITION

L'émotion est vive sur la Croisette, en particulier chez les starlettes qui n'osent plus sortir de leurs hôtels. Une quatrième disparition est signalée. Il s'agit encore d'une starlette, Mlle Isabelle Dumas de Paris. Un témoin, Mme Odile Brunois, agent immobilier à Cannes, a vu un homme et une femme se battre dans une rue déserte mardi vers 13 h 30. Peu après, Mme Brunois a trouvé sur les lieux un portefeuille qu'elle a rapporté à la police. Ce portefeuille appartient à Mlle Dumas que ses amis cannois n'ont pas revue depuis mardi soir.

Aucune des personnes disparues depuis le 6 mai n'a été revue. Devant la gravité de cette affaire de disparitions, le ministre de l'Intérieur vient de confier l'enquête au célèbre commissaire Frossard que l'on attend aujourd'hui à Cannes.

Nous sommes maintenant à la préfecture de Nice où le commissaire Frossard est en réunion avec les responsables de la police locale.

Le Commissaire Frossard : Messieurs, nous sommes réunis ce matin pour faire le point sur ces disparitions. Les responsables du festival s'inquiètent. La presse de ce matin titrait : <u>Que fait la police</u> ? Eh bien, c'est une question que je me pose moi aussi. Que fait la police ? Pourquoi l'enquête n'avance-t-elle pas ? Vous savez que la sécurité des personnes est une des questions qui préoccupent beaucoup l'opinion publique. Messieurs, la France a les yeux fixés sur nous. Il faut absolument réagir. Le ministre attend des résultats, et rapidement. Monsieur le Commissaire Divisionnaire, vous avez la parole.

Le Commissaire Divisionnaire : Je crois qu'il faut commencer par la lecture des témoignages que nous avons recueillis. Vous avez le dossier, Franceschi ?

Franceschi : Oui, Monsieur le Commissaire.

Le Com. Div. : Relisez-nous tout ça.

Franceschi : Voilà : disparition n° 1, Mlle Laura Rossetti. Nous avons d'abord le témoignage du facteur, Vincent Mariani, en date du 9 mai.
"Il était environ 13h30. Je terminais ma tournée dans le lotissement des Pins quand j'ai vu une jeune femme à pied qui m'a fait signe. Je me suis arrêté. C'était une très jolie femme, vêtue d'un pantalon et d'un T-shirt. Elle m'a demandé où se trouvait l'allée des Mimosas. J'ai reconnu sa photo dans le journal de ce matin."
Le deuxième témoignage est celui de l'amie de la disparue, Anna Pisanelli. C'est elle qui a signalé sa disparition. Je lis :
"Je suis venue à Cannes pour le festival avec Laura Rossetti. Nous étions ici depuis deux jours quand Laura a rencontré un metteur en scène qui lui a donné rendez-vous hier à 13h dans sa villa. Depuis, je ne l'ai pas revue."

Frossard : On sait qui est ce metteur en scène ?

Franceschi : Non, Monsieur le Commissaire. Melle Pisanelli ajoute :
"Je ne me rappelle pas le nom de ce metteur en scène. Ce n'est pas un nom connu. Et je ne sais pas à quelle adresse Laura devait le rencontrer." Voilà pour la première disparition.

Frossard : C'est maigre ! On a fouillé les affaires de la disparue ? On n'a pas trouvé d'indice ?

Le Com. Div. : Non, rien. Mais vous allez voir, Monsieur le Commissaire, la deuxième disparition présente plusieurs points communs avec la première.

Franceschi : Nous avons deux témoignages : celui du jardinier et celui de l'hôtelier. Le jardinier, d'abord. Il a fait sa déposition le samedi 8 mai :
"Je travaille en ce moment dans le jardin d'un client parisien, M. Lambert, qui possède une villa allée des Mimosas. Aujourd'hui, vers 13h, je venais de finir de déjeuner quand j'ai entendu un bruit de moteur. J'ai été surpris car les deux villas allée des Mimosas ne sont pas habitées en ce moment. J'ai vu deux camionnettes blanches s'arrêter dans la rue. Personne n'en est descendu. Ensuite, je suis allé travailler derrière la villa, et j'ai entendu des cris de femme. Elle disait : "Lâchez-moi, lâchez-moi", et elle a appelé au secours. Je me suis précipité, mais quand je suis arrivé à la grille du jardin, les deux camionnettes ont démarré très vite. Je suis sorti dans la rue : il n'y avait personne. J'ai trouvé ça très bizarre et j'ai téléphoné à la police."

Frossard : Et il n'a pas relevé le numéro des véhicules ?

Franceschi : Il n'en a pas eu le temps.

Frossard : Vos conclusions, Monsieur le Divisionnaire ?

Le Com. Div. : Attendez. On va d'abord écouter la déposition de l'hôtelier. Allez-y, Franceschi.

Franceschi : "Je signale la disparition d'une de mes clientes, Mlle Schmidt de Strasbourg. Elle n'a pas couché dans sa chambre depuis le 9 mai au soir, et je ne l'ai pas revue depuis. Toutes ses affaires sont encore dans sa chambre."
Ensuite, il donne le signalement de Mlle Schmidt : jeune femme de 20 à 22 ans, grande, blonde, assez jolie. Il pense que c'est une starlette.

Frossard : Attendez. Il y a une chose que je ne comprends pas ! Vous me parlez de la deuxième disparition et vous me citez deux témoignages. Mais qui vous dit que la femme que le jardinier a entendu et cette Mlle Schmidt sont la même personne ?

Le Com. Div. : C'est une supposition. M. le Commissaire, une simple supposition. J'ai parlé de points communs : les voici. Le lieu, d'abord : allée des Mimosas - un endroit désert. L'heure ensuite : entre 13h et 13h30. Les victimes, enfin : des jeunes femmes, des starlettes, plus exactement.

Frossard : Enfin, vous vous moquez de moi ! Est-ce que le jardinier parle d'une starlette ? Non. Il ne l'a même pas vue ! Pour moi...

148

Le Com. Div. : (le coupant) : Monsieur le Commissaire, je dis que c'est une supposition. Et je crois que vous serez bientôt d'accord avec moi. Franceschi, lisez-nous la déposition de Mme Brunois.

Franceschi : Alors, cette dame travaille dans une agence immobilière de Cannes. Elle a déclaré :
"J'avais rendez-vous avec un client pour lui faire visiter une villa à vendre, impasse des Oliviers..."

Le Com. Div. : Il s'agit encore d'un quartier éloigné et très calme.

Franceschi : "J'étais un peu en avance. Je me suis garée avant l'entrée de l'impasse et j'ai attendu dans ma voiture. Un taxi est arrivé, s'est engagé dans l'impasse, et est reparti. Tout de suite après, j'ai entendu des cris. Je suis sortie de ma voiture pour allez voir ce qui se passait et j'ai vu un homme et une femme qui se battaient. Elle lui donnait des coups sur la tête avec son sac à main. J'ai pensé à une scène de ménage et je suis retournée à ma voiture. Peu après, deux camionnettes blanches qui se suivaient sont sorties de l'impasse et sont parties très vite..."

Le Com. Div. : On reparle des deux camionnettes blanches...

Franceschi : "Mon client est arrivé. Nous sommes allés vers la villa à visiter, et sur le trottoir, j'ai trouvé un portefeuille. Celui de la jeune femme, je pense. "

Frossard : Alors ?

Le Com. Div. : Alors, l'inspecteur Andruet va nous dire la suite.

Andruet : Dans le portefeuille, il y avait une carte d'identité, celle de Mlle Isabelle Dumas, 21 ans, domiciliée à Paris, 14 rue Bobillot, et une lettre adressée à elle à Cannes. Je me suis rendu à cette adresse et j'ai rencontré des amis de Mlle Dumas chez qui elle habite pendant le festival. J'ai demandé où était Mlle Dumas. On m'a répondu qu'elle était allée à un rendez-vous avec un metteur en scène. Elle était partie depuis la fin de la matinée. Depuis, ses amis ne l'ont pas revue. Cette histoire ressemble beaucoup à ce qui est arrivé à la jeune Italienne.

Le Com. Div. : Evidemment, il n'y a pas de metteur en scène impasse des Oliviers. Nous avons interrogé tout le monde. Mais qu'est-ce qu'on trouve impasse des Oliviers ? On trouve les deux camionnettes blanches. Qui a-t-on encore enlevé ? Une starlette. Et à quelle heure ? Encore à 13h. Voilà, je crois que nous avons fait le tour de la question.

Frossard : Je vous remercie, Monsieur le Commissaire Divisionnaire, pour ce bilan, et voici ce que je pense. Ces affaires ont en effet beaucoup de points communs. A chaque fois, c'est presque le même scénario. Je pense qu'il s'agit en réalité d'une seule affaire.

Et une affaire bien curieuse. Et je me pose deux questions. Premièrement, pourquoi ces enlèvements ont-ils toujours lieu en plein jour ? Deuxièmement, pourquoi toujours deux camionnettes ? A mon avis, il faut absolument obtenir une réponse à la deuxième question. Je crois qu'elle nous apportera la solution.

Le 14 mai, la mystérieuse affaire de la disparition des starlettes était résolue. Voici ce que disait la présentatrice du journal télévisé de 13 h sur Antenne 2.

« Mesdames, Mesdemoiselles, Messieurs, bonjour. Tout d'abord, le calme est revenu sur la Croisette, et le festival de Cannes va pouvoir continuer en paix. On se souvient de l'affaire de la disparition de starlettes, la presse en a assez parlé. On se souvient aussi que le ministre de l'Intérieur a envoyé sur les lieux le Commissaire Frossard. Deux heures après son arrivée, l'énigme était résolue. Mais ce policier exceptionnel n'y était pour rien. C'est un coup de téléphone du coupable lui-même qui a mis fin à l'enquête. Il invitait le Commissaire à se rendre à une conférence de presse qu'il allait donner dans un hôtel de Cannes. A 11 h, la presse et la télévision étaient là, ainsi que le Commissaire Frossard et ses hommes. Alors, ce coupable, qui est-il ? Il s'agit du metteur en scène Christian de Beuil. A ses côtés, les trois disparues, en parfaite santé et souriantes. Alors, de quoi s'agit-il ? D'un coup de pub ? Eh bien, oui et non. Vous allez voir. Au départ, comme l'a expliqué Christian de Beuil, il s'agissait d'un projet de film : un film sur les enlèvements et séquestrations que Christian de Beuil prépare en ce moment. Écoutez-le :

« Au cinéma, il est rare que les scènes de violence soient réussies. Je ne pense pas qu'un comédien ou une comédienne puisse vraiment bien jouer ce genre de scènes. Il fallait que j'obtienne la peur, la peur authentique. Alors, j'ai pensé à réaliser d'authentiques enlèvements. »

Ensuite, il a expliqué comment il s'y était pris : il a choisi trois inconnues qui correspondaient à ses personnages, et leur a donné rendez-vous, toujours dans des lieux isolés et vers 13 h pour qu'il n'y ait pas de témoins, toujours en plein jour pour pouvoir filmer, eh oui, filmer, la scène de l'enlèvement. On comprend maintenant à quoi servaient les deux camionnettes que la police recherchait activement. Elles contenaient les caméras vidéo qui filmaient toute la scène. A la dernière seconde, la demoiselle était entraînée vers l'une ou l'autre camionnette. Et après, que se passait-il ? Écoutons Isabelle Dumas :

« On m'a jetée à l'intérieur de la camionnette qui a démarré aussitôt. J'étais morte de peur. Pendant tout le trajet, j'avais une arme braquée sur moi. Je voyais les caméras et les projecteurs, et j'ai compris qu'ils me filmaient mais je ne savais pas pourquoi. »

Arrivés à destination, dans une villa complètement isolée du côté de Vence, on poussait dehors la demoiselle, et on l'emmenait dans une grande pièce vide où elle était filmée sans le savoir pendant encore une demi-heure. Et après, Christian de Beuil apparaissait avec champagne et carnet de chèques, et il expliquait toute l'affaire. Ensuite commençait une douce période de « séquestration » entre guillemets, avec piscine, champagne et repas fins, car, pour mener à bien toute l'opération, il ne fallait pas que les deux premières disparues réapparaissent trop vite. Bien sûr, les jeunes femmes téléphonaient à leurs parents et amis pour les rassurer.

Voilà, vous savez tout. Vous comprenez pourquoi aucune n'a porté plainte. Voici maintenant trois comédiennes avec un rôle dans un film, et voici un metteur en scène, hier encore inconnu, qui va faire demain la une de tous les journaux. Un beau coup de pub, en fin de compte. Une histoire qui finit bien, mais une histoire parfaitement immorale. Avec de pareilles méthodes, on imagine ce que ferait Christian de Beuil s'il devait tourner un film sur la torture, par exemple. L'histoire, d'ailleurs, n'a pas été du goût du Commissaire Frossard. C'est lui qui porte plainte pour outrage à magistrat. Il considère, à juste titre, que Christian de Beuil s'est moqué de la police. Christian de Beuil, lui, savait ce qu'il risquait : de 15 jours à trois mois de prison, et une forte amende. Mais il est très heureux du résultat, et comme il l'a déclaré, s'il va en prison, il pourra travailler dans le calme à un nouveau scénario... »

Poèmes et chansons

LE CINÉMA

Paroles de Claude NOUGARO

Musique de Michel LEGRAND

Sur l'écran noir de mes nuits blanches
Moi je me fais du cinéma,
Sans pognon et sans caméra.
Bardot peut partir en vacances
Ma vedette c'est toujours toi.
Pour te dire que je t'aime y'a
rien à faire je flanche,
J'ai du cœur mais pas d'estomac.
C'est pourquoi je prends ma revanche
Sur l'écran noir de mes nuits blanches
Où je me fais du cinéma.

D'abord un gros plan sur tes hanches,
Puis un travelling panorama
Sur ta poitrine grand format.
Voilà comment mon film commence.
Souriant, je m'avance vers toi
Un mètre quatre-vingts, des biceps plein les manches,
Je crève l'écran de mes nuits blanches
Où je me fais du cinéma.

Te voilà déjà dans mes bras,
Le lit arrive en avalanche
Sur l'écran noir de mes nuits blanches
Où je me fais du cinéma.
Une fois, deux fois, dix fois, vingt fois,
Je recommence la séquence
Où tu me tombes dans les bras.

Je tourne tous les soirs y compris le dimanche.
Parfois on sonne, j'ouvre, c'est toi.
Vais-je te prendre par les hanches
Comme sur l'écran de mes nuits blanches ?
Non, je te dis « Comment ça va »
Et je t'emmène au cinéma.

Grammar Notes

A. LE DOMAINE DU NOM: The Noun and Related Parts of Speech

1 LE GENRE DU NOM: The Gender of Nouns

Every French noun has a gender, either *masculine* or *feminine*. Knowing the gender of a noun is essential for expressing yourself correctly in French. Dictionaries always indicate the gender of nouns. However, you can often tell the gender of a noun by the singular article accompanying it: *le* or *un* for the masculine (*le ciel*, *un toit*); *la* or *une* for the feminine (*la maison*, *une rivière*).

1.1. For the names of things, it is largely a matter of chance whether a noun will be masculine or feminine. But each noun referring to a thing has only *one* gender, masculine or feminine.
le soleil but *la lune*; *un banc* but *une table*; *mon stylo* but *ma serviette* . . .

1.2. For living things, the male animal is masculine, while the female is feminine. In such cases, certain nouns can be either masculine or feminine. (Note the slight differences in endings between the masculine and feminine forms.)
masculine: *un chat*, *un lion*, *un renard*, *un éléphant*
feminine: *une chatte*, *une lionne*, *une renarde*, *une éléphante*

Often, names of living things are different for the male and the female:
masculine: *le père*, *le frère*, *le garçon*, *le coq*
feminine: *la mère*, *la sœur*, *la fille*, *la poule*

Some animals have only one gender.
une guêpe, *un moustique*, *une girafe*.

1.3. Forming the feminine of nouns with two genders:

a) Nouns that end in -e in the masculine form do *not* change in the feminine form.
élève, camarade, concierge, pianiste, secrétaire, malade, touriste, locataire:
un élève/une élève; *le locataire/la locataire*, etc.

b) Generally, the feminine is formed by adding -e to the masculine form.
un ami/une amie; *un marchand/une marchande*; *un commerçant/une commerçante*

c) Many nouns form the feminine by changing the last syllable, in addition to adding -e. Here are some common examples:

masculine	feminine	change	
un boucher →	une bouchère	er →	ère
un épicier	une épicière	ier	ière
un prince	une princesse	e	esse
un chameau	une chamelle	eau	elle
un colonel	une colonelle	el	elle
un paysan	une paysanne	an	anne
un chien	une chienne	ien	ienne
un lion	une lionne	on	onne
un voisin	une voisine	in	ine
un voleur	une voleuse	eur	euse
un acteur	une actrice	teur	trice
un veuf	une veuve	f	ve
un loup	une louve	p	ve
un époux	une épouse	x	se

2 LE NOMBRE: SINGULIER ET PLURIEL: Singular and Plural Nouns

2.1. In most cases, **noun plurals** are formed by adding -s. However, this s is usually not pronounced.
un livre/deux livres; *l'avion/trois avions*

The -s is pronounced when a plural noun is followed by a word beginning with a vowel. This linking of the two words is called *liaison*.
les livres (Z) américains; les Etats (Z)-Unis

Also, if a plural noun *begins* with a vowel, the s of the preceding article, possessive, demonstrative, or adjective will be pronounced.
mes (Z) enfants, les (Z) oranges, les (Z) autres, ces (Z) idées

2.2. There are several **exceptions** to the general rule above:

a) Most nouns that end in -al in the singular become -aux in the plural: (*un cheval/les chevaux*).

However, a few -al nouns merely add -s in the plural form: *bal, carnaval, chacal, choral, festival, récital, regal*. (*un bal/des bals*)

b) There are 7 nouns ending in -ail in the singular that end in -aux in the plural: *bail, corail, émail, soupirail, vitrail, travail, vantail*. (*un bail/des baux*)

c) Nouns ending in -au, -eau, -eu in the singular add an -x in the plural: *un tuyau/des tuyaux*; *un seau/des seaux*; *un jeu/des jeux*.

d) There are 7 nouns ending in -ou in the singular that add an -x for the plural: *bijou, caillou, chou, genou, hibou, joujou, pou*. (*un caillou/des cailloux*)

e) Nouns ending in -s, -x, -z in the singular do not change spelling in the plural: *une souris/des souris*; *un nez/des nez*; *un prix/des prix*.

3 L'ACCORD: Agreement

In French, both gender and number are important because nouns and the articles, demonstratives, possessives, and adjectives modifying them must *agree* with each other; that is, they must have the *same* gender and number.

le chat noir, la chatte noire, les petits chats noirs, etc.
un ami allemand, une amie allemande, ces amis allemands, nos amies, etc.

4 LES ARTICLES: The Articles

4.1. LES ARTICLES DÉFINIS: Definite Articles

	Singular	Plural
Masculine	*le*	*les*
Feminine	*la*	*les*

Note the elided form *l'* before a vowel or a mute *h*: *l'aéroport, l'hôpital* .

Contracted form of definite articles

Masculine	**not** *à le*	**but**	*au*
Feminine	(no contraction)		*à la*
Plural	**not** *à les*	**but**	*aux*

4.2. LES ARTICLES INDÉFINIS: Indefinite Articles

	Singular	Plural
Masculine	*un*	*des*
Feminine	*une*	

un grand hôtel, une voiture étrangère, des cigarettes

4.3. LES ARTICLES PARTITIFS: The Partitive Articles

Partitive articles result from the contraction of *de* plus a definite article.

Masculine	**not** *de le*	**but**	*du*
Feminine	(no contraction)		*de la*
Plural	**not** *de les*	**but**	*des*

du jus de fruit, de la bière, des verres

Note these uses of the partitive article:
*Il y a beaucoup **de** neige—Il y a **de la** neige.*
*Il y a assez **de** pain—Il y a **du** pain.*
*Il y a peu **de** lacs—Il y a **des** lacs.*

Note that, in a negative sentence, *de* (or *d'*) is the only partitive.
*Je ne veux **pas de** sauce au piment.*
*On ne voit **pas de** neige ici.*
*On ne voit **plus de** skieurs ici.*
*Il n'y **plus d'**oiseaux au centre-ville.*

5 LES DÉMONSTRATIFS: Demonstratives

5.1. Forms

	Singular	Plural
Masculine	*ce/cet**	*ces*
Feminine	*cette*	*ces*

*cet before a vowel or a mute *h*.

5.2. Examples

*Je ne connais pas **cette** ville.*
*Regardez **ce** chien, là dans la rue.*

Note the difference between, for example, *ce soir* (today) et *ce soir-là* (some other day); likewise, *cette année-là, ce jour-là*, etc.

Always say or write *ce mois-ci*, instead of *ce mois*.

6 LES POSSESSIFS: Possessives

6.1. Possessives have different forms, depending on whether
—there is one or several possessors;
—the possessives refer to the first, second, or third person;
—the noun that follows is masculine or feminine, singular or plural.

6.2. ONE POSSESSOR

		1st	2nd	3rd
Sing.	M	MON *chat*	TON *chat*	SON *chat*
	F	MA *chatte*	TA *chatte*	SA *chatte*
Plural		MES *amis*	TES *amis*	SES *amis*

6.3. SEVERAL POSSESSORS

		1st	2nd	3rd
Sing.	M	NOTRE *pays*	VOTRE *pays*	LEUR *pays*
	F	NOTRE *ville*	VOTRE *ville*	LEUR *ville*
Plural		NOS *amis*	VOS *amis*	LEURS *amis*

Note that when a singular noun begins with a vowel, you use *mon, ton, son*, no matter what the gender of the noun is: *son amie, mon assiette, ton oncle*.

6.4. Examples

(one child)	*Un enfant joue avec son chat.*	(one cat)
(one child)	*Un enfant joue avec ses chats.*	(several cats)
(several children)	*Des enfants jouent avec leur chat.*	(one cat)
(several children)	*Des enfants jouent avec leurs chats.*	(several cats)

7 LES QUANTIFICATEURS: Quantifiers

Placed before the noun, **quantifiers** express quantity: *un peu, beaucoup, un, trois, tous*, etc.

7.1. TOTALITÉ ET NULLITÉ: All and Nothing

a) **La totalité**: all

	Masculine	Feminine
Singular	*tout*	*toute*
Plural	*tous*	*toutes*

tout le village	*toute la* ville
tous les amis	*toutes les* fleurs

> **Note** these equivalent meanings:
> *Tous les habitants ont un jardin.*
> *Chaque habitant a un jardin.*
>
> *Tout* can also be used alone, as a pronoun.
> *Vous avez **tout** pris?*
> ***Tous** étaient occupés.*

b) **La nullité**: nothing
*Il n'y avait **pas un** étranger.*
*Il n'y avait **aucun** étranger.*
*Il n'y avait **pas d'**étrangers.*

Du tout serves to reinforce the idea of nothingness.
*Il n'y avait pas d'eau **du tout**.*
*Il n'y a plus **du tout** de neige.*

7.2. GRANDES OU PETITES QUANTITÉS: Large or Small Quantities

a) *Peu/beaucoup (de)*: a little, a lot

Singular
*Il y a **peu de** neige cet hiver.*
*Il y a **beaucoup de** neige cet hiver.*

Plural
*Il y a **peu de** taxis dans cette ville.*
*Il y a **beaucoup de** taxis dans cette ville.*

b) *Trop (de)*: too much
*Il y a **trop de** neige cet hiver.*
*Il y a **trop de** lacs dans ce pays.*

c) *Assez (de)*: enough
*Il y a **assez de** vin pour tout le monde.*

d) *Pas assez/trop peu de*: not enough, too little
*Il n'y a **pas assez de** vin pour tout le monde.*
*Il y avait **trop peu de** neige cet hiver-là.*

7.3. QUANTITÉS INDÉTERMINÉES: Indeterminate Quantities

Quelques, plusieurs (plural), *un peu (de)* (singular): some or a few, several, a little

*Il y avait **quelques** skieurs sur la piste, neuf ou dix.*
*Comment, sa femme? Mais il a **plusieurs** femmes!*
*Je veux bien **un peu de** café, merci.*

7.4. QUANTIFICATEURS AVEC ADJECTIFS, ADVERBES ET VERBES: Quantifiers Used with Adjectives, Adverbs, and Verbs

with an adjective	*Pierre a été **très malade**.*
with an adverb	*Pierre travaille **très bien**.*
with a verb	*Pierre travaille **trop/peu/beaucoup**.*
with an auxiliary	*Pierre a **trop/peu/beaucoup** travaillé.*

8 LES ADJECTIFS: Adjectives

8.1. MASCULIN ET FÉMININ DES ADJECTIFS: Adjectives and Gender

a) If a masculine adjective ends in a consonant, *or* a vowel other than *e*, it is made feminine by adding *-e*: *vert/verte; grand/grande; joli/jolie*.

b) Other cases: With a few adjectives, the final consonant of the masculine form is doubled to make it feminine: *ancien/ancienne; gros/grosse*.

Note also these irregularities: *blanc/blanche; doux/douce; fou/folle; curieux/curieuse*.

c) The final consonant of the masculine ending is generally silent (*gros* is pronounced GRO), while the feminine ending is generally pronounced (*grosse* is pronounced GROSS).

d) If the masculine form of the adjective ends in *-e*, there is no change for the feminine form: *jeune, propre, calme, timide*.

> **Note** the use of *nouveau, beau*, and *vieux*. These three adjectives have a special ending before masculine singular nouns beginning with a vowel.
> *Un nouveau film/un **nouvel** acteur/une nouvelle actrice*
> *Un beau garçon/un **bel** homme/une belle fleur*
> *Un vieux château/un **vieil** ami/une vieille maison*

8.2. PLURIEL DES ADJECTIFS: Plurals of Adjectives

Like nouns, adjectives add *-s* to the singular to form the plural or, in the case of *-al* endings, change to *-aux* (except for *idéals, finals*).

8.3. PLACE DES ADJECTIFS PAR RAPPORT AU NOM: Position of Adjectives

Most adjectives are placed **after** the noun: *mon costume **beige**, un poulet **délicieux**, un mari **canadien**.*

However, a few adjectives are placed **before** the noun: *petit, grand, gros, bon, beau, jeune, vieux.*
  *Quelques **belles** pommes, une **vieille** maison, un **grand** fleuve*

Thus, it is possible for one adjective to precede and another to follow a noun at the same time.
  *Elle habite une **grande** ville **canadienne**.*
  *Il a une **grosse** voiture **étrangère**.*

> **Note** the difference in meaning achieved by changing the position of an adjective: *un grand homme* (an important man)/*un homme grand* (a tall man), etc.

8.4. LES COMPARATIFS, *PLUS, MOINS, AUSSI*: The Comparatives, *More, Less, As*

a) Comparisons of **inequality** are expressed by the adverbs *plus* and *moins*.
Paris est plus grand que Montpellier.

Le Sénégal est moins chaud que le Mali.
(or) *Le Sénégal n'est pas aussi chaud que le Mali.*

b) Comparisons of **equality** are expressed by the adverb *aussi*.
Il fait aussi froid ici qu'au Québec.

c) Adverbs of comparison are also used with nouns. Note, however, that *aussi* is replaced by *autant* when the comparison is adverbial.
*Il y a **plus de** monde sur la piste bleue.*
*J'ai **moins d'**argent que lui.*
*Nous avons **autant de** clients en Afrique qu'au Canada.*

Note that you say *meilleur*, not *plus bon*, but that you can say either *pire* or *plus mauvais*. Also note that you say *mieux*, not *plus bien*, and *pis* or *plus mal*.

8.5. LES SUPERLATIFS, *LE PLUS, LE MOINS*: The Superlatives, *The Most, The Least*

a) **Relative superlatives** express the **highest** degree of some quality within a group.
*C'est **le plus bel** hôtel de Montréal.*
*Ils m'ont donné **la meilleure chambre** de l'hôtel.*
*"Le Chamois" est la boîte **la moins chère**.*

b) The **irregular superlatives** are the same as for the comparatives: *le meilleur, le mieux, le pire, le pis, le plus mal.*

c) **Absolute superlatives** express a very high degree, without actual comparison to others.
*Cette piste est **très difficile**.*

9 LES PRONOMS PERSONNELS: Personal Pronouns

9.1. Table of Forms. The letters **A, B, C,** and **D** refer to paragraphs below, where the various types of pronouns listed in the table are discussed.

		A	B	C
Sing.	1st pers.	*je*	*me*	*moi*
	2nd pers	*tu*	*te*	*toi*
	3rd pers.	*elle/il/on*	*le/la/se*	*elle/lui*
Pl.	1st pers.	*nous*	*nous*	*nous*
	2nd pers.	*vous*	*vous*	*vous*
	3rd pers.	*elles/ils*	*les/se*	*elles/eux*
	D	*lui, leur, en, y*		

Note that the elided forms *j', t', m', l',* and *s'* are used before vowels.

9.2. A. LES PRONOMS SUJETS: Subject Pronouns
Je pars tout de suite.
Nous allons aussi à Briançon.
Il est ingénieur.

Note that *on* is an indefinite pronoun.
On m'a fait une radio tout de suite.

In spoken French, *on* can also replace *nous.*
On est allées au Chamois hier soir.

9.3. B. LES PRONOMS COMPLÉMENTS: Object Pronouns
Object pronouns are placed **before** the verb.
*On viendra peut-être **te** voir.*
*Mes parents sont à l'hôpital. Je vais **les** voir.*

Note that *se* is a **reflexive** pronoun; that is, it refers back to the subject of the sentence. See also the conjugation of **reflexive verbs.**
*Ma mère **s'**inquiète. Jacques **se** rase. Ils **se** parlent.*

9.4. C. LES PRONOMS TONIQUES: Tonic Pronouns
Tonic pronouns are used:

a) After a preposition:
*On peut passer te prendre **chez toi**.*
*Je ne skie pas **avec elle**.*

b) As a pronoun of insistence:
*Ton père souffre beaucoup, **lui**.*
***Moi**, je veux un jus d'ananas.*

Note that these pronouns are also used in short replies.
*Qui veut du café?—**Moi**.*

9.5. D. *Lui, leur, en,* and *y* stand for a noun preceded by a preposition. Examples:

a) **People:**

lui =**à** + **sing. noun**	*Elle parle **à Jean**/* *Elle **lui** parle* *Elle parle **à sa sœur**/* *Elle **lui** parle*
de lui =**de** + **sing. noun**	*Elle parle **de Jean**/* *Elle parle **de lui***
leur =**à** + **plur. noun**	*Elle parle **à ses amis**/* *Elle **leur** parle* *Elle parle **à ses amies**/* *Elle **leur** parle*

b) **Things:**

y =**à** + **noun**	*Je vais **à la poste**/* *J'**y** vais* *Je pense **à mon pays**/* *J'**y** pense*
en =**de** + **noun**	*Je viens **de cette ville**/* *J'**en** viens* *Il parle **de ce livre**/* *Il **en** parle*

9.6. *Y, en,* and *le* can also stand for entire prepositional phrases.
Vous avez apporté la facture?
*—Non, mais **j'y** penserai.*
*(Je penserai **à apporter la facture**.)*
Dites-lui que je pense à elle.
*—Oui, je **le** lui dirai.*
*(Je lui dirai **que vous pensez à elle**.).*

9.7. Pronouns with -**même** (*lui-même,* etc.) are derived from the pronouns in Column C. They place special emphasis on the person referred to.
*Il est venu **lui-même.*** (and no one else)
***Elle-même** me l'a dit.* (she herself told me)

⑩ PRONOMS DÉMONSTRATIFS:
Demonstrative Pronouns

10.1. Table of Forms.

	Singular		Plural	
Masc.	*celui-ci*	*celui-là*	*ceux-ci*	*ceux-là*
Fem.	*celle-ci*	*celle-là*	*celles-ci*	*celles-là*

10.2. Grammar books state that -**ci** should be used when talking about something near and -**là** when talking about something farther away. However, in actual usage, -**là** is used much more often, even when something is near.

10.3. *CELA (ÇA), CECI*
Cela can stand either for a noun or a whole phrase.
*La vie en montagne? C'est **cela** qui m'intéresse.*

In spoken French, *cela* is often replaced by *ça,* but never in written French.
***Ça,** c'est mon magasin.*
*La vie en montagne? C'est **ça** qui m'intéresse.*
*Montréal? Où c'est, **ça**?*

10.4. *CELUI, CELLE, CEUX, CELLES* can be followed by a complement:
*La route de Roscoff? Prenez **celle de** droite.*

Or by a relative clause:
*L'hôtel du Golfe? C'est **celui qui** est au bord de la mer.*

⑪ PRONOMS POSSESSIFS:
Possessive Pronouns

Table of Forms

	Singular		Plural	
One possessor	*le mien*	*la mienne*	*les miens*	*les miennes*
	le tien	*la tienne*	*les tiens*	*les tiennes*
	le sien	*la sienne*	*les siens*	*les siennes*
Several possessors	*le nôtre*	*la nôtre*	*les nôtres*	
	le vôtre	*la vôtre*	*les vôtres*	
	le leur	*la leur*	*les leurs*	

*Ce billet est **à moi.**/C'est **le mien.***
*Ces skis sont **à toi.**/Ce sont **les tiens.***
*Les livres sont **à eux.**/Ce sont **les leurs.***

Note that the masculine and feminine forms are the same when there are several possessors, although the articles vary in the singular.

⑫ PRONOMS INDÉFINIS:
Indefinite Pronouns

12.1. Table of Forms

quelqu'un	*quelque chose*	*quelque part*
n'importe qui	*n'importe quoi*	*n'importe où*
tout le monde	*tout*	*partout*
personne	*rien*	*nulle part*

***N'importe qui** vous dira où est Villeneuve.*
***Tout le monde** connaît cet hôtel.*
*Il y a de l'essence **partout.***

12.2. The pronoun **on** (see also 9.2) expresses a general subject, which can be anyone and everyone.
***On** croit toujours avoir raison.*
For **relative pronouns,** see section 22; for **interrogative pronouns,** see section 20.

B. LE DOMAINE DU VERBE: The Verb

13 CONJUGAISONS: Conjugations

aimer

Indicatif présent

J'	aime
Tu	aimes
Il	aime
Ns.	aimons
Vs.	aimez
Ils	aiment

Subjonctif présent

que j'	aime
que tu	aimes
qu'il	aime
que ns.	aimions
que vs.	aimiez
qu'ils	aiment

Imparfait

J'	aimais
Tu	aimais
Il	aimait
Ns.	aimions
Vs.	aimiez
Ils	aimaient

Passé composé

J'	ai aimé
Tu	as aimé
Il	a aimé
Ns.	avons aimé
Vs.	avez aimé
Ils	ont aimé

Futur

J'	aimerai
Tu	aimeras
Il	aimera
Ns.	aimerons
Vs.	aimerez
Ils	aimeront

Conditionnel

J'	aimerais
Tu	aimerais
Il	aimerait
Ns.	aimerions
Vs.	aimeriez
Ils	aimeraient

Impératif

aime
aimons
aimez

rendre

Indicatif présent

Je	rends
Tu	rends
Il	rend
Ns.	rendons
Vs.	rendez
Ils	rendent

Subjonctif présent

que je	rende
que tu	rendes
qu'il	rende
que ns.	rendions
que vs.	rendiez
qu'ils	rendent

Imparfait

Je	rendais
Tu	rendais
Il	rendait
Ns.	rendions
Vs.	rendiez
Ils	rendaient

Passé composé

J'	ai rendu
Tu	as rendu
Il	a rendu
Ns.	avons rendu
Vs.	avez rendu
Ils	ont rendu

Futur

Je	rendrai
Tu	rendras
Il	rendra
Ns.	rendrons
Vs.	rendrez
Ils	rendront

Conditionnel

Je	rendrais
Tu	rendrais
Il	rendrait
Ns.	rendrions
Vs.	rendriez
Ils	rendraient

Impératif

rends
rendons
rendez

finir

Indicatif présent

Je	finis
Tu	finis
Il	finit
Ns.	finissons
Vs.	finissez
Ils	finissent

Subjonctif présent

que je	finisse
que tu	finisses
qu'il	finisse
que ns.	finissions
que vs.	finissiez
qu'ils	finissent

Imparfait

Je	finissais
Tu	finissais
Il	finissait
Ns.	finissions
Vs.	finissiez
Ils	finissaient

Passé composé

J'	ai fini
Tu	as fini
Il	a fini
Ns.	avons fini
Vs.	avez fini
Ils	ont fini

Futur

Je	finirai
Tu	finiras
Il	finira
Ns.	finirons
Vs.	finirez
Ils	finiront

Conditionnel

Je	finirais
Tu	finirais
Il	finirait
Ns.	finirions
Vs.	finiriez
Ils	finiraient

Impératif

finis
finissons
finissez

offrir

Indicatif présent

J'	offre
Tu	offres
Il	offre
Ns.	offrons
Vs.	offrez
Ils	offrent

Subjonctif présent

que j'	offre
que tu	offres
qu'il	offre
que ns.	offrions
que vs.	offriez
qu'ils	offrent

Imparfait

J'	offrais
Tu	offrais
Il	offrait
Ns.	offrions
Vs.	offriez
Ils	offraient

Passé composé

J'	ai offert
Tu	as offert
Il	a offert
Ns.	avons offert
Vs.	avez offert
Ils	ont offert

Futur

J'	offrirai
Tu	offriras
Il	offrira
Ns.	offrirons
Vs.	offrirez
Ils	offriront

Conditionnel

J'	offrirais
Tu	offrirais
Il	offrirait
Ns.	offririons
Vs.	offririez
Ils	offriraient

Impératif

offres
offrons
offrez

avoir

Indicatif présent

J'	ai
Tu	as
Il	a
Nous	avons
Vous	avez
Ils	ont

Subjonctif présent

que j'	aie
que tu	aies
qu'il	ait
que ns.	ayons
que vs.	ayez
qu'ils	aient

Imparfait

J'	avais
Tu	avais
Il	avait
Ns.	avions
Vs.	aviez
Ils	avaient

Passé composé

J'	ai eu
Tu	as eu
Il	a eu
Ns.	avons eu
Vs.	avez eu
Ils	ont eu

Futur

J'	aurai
Tu	auras
Il	aura
Ns.	aurons
Vs.	aurez
Ils	auront

Conditionnel

J'	aurais
Tu	aurais
Il	aurait
Ns.	aurions
Vs.	auriez
Ils	auraient

Impératif

aie
ayons
ayez

être

Indicatif présent

Je	suis
Tu	es
Il	est
Nous	sommes
Vous	êtes
Ils	sont

Subjonctif présent

que je	sois
que tu	sois
qu'il	soit
que ns.	soyons
que vs.	soyez
qu'ils	soient

Imparfait

J'	étais
Tu	étais
Il	était
Ns.	étions
Vs.	étiez
Ils	étaient

Passé composé

J'	ai été
Tu	as été
Il	a été
Ns.	avons été
Vs.	avez été
Ils	ont été

Futur

Je	serai
Tu	seras
Il	sera
Ns.	serons
Vs.	serez
Ils	seront

Conditionnel

Je	serais
Tu	serais
Il	serait
Ns.	serions
Vs.	seriez
Ils	seraient

Impératif

sois
soyons
soyez

aller

Indicatif présent

Je	vais
Tu	vas
Il	va
Ns.	allons
Vs.	allez
Ils	vont

Subjonctif présent

que j'	aille
que tu	ailles
qu'il	aille
que ns.	allions
que vs.	alliez
qu'ils	aillent

Imparfait

J'	allais
Tu	allais
Il	allait
Ns.	allions
Vs.	alliez
Ils	allaient

Passé composé

Je	suis allé(ée)
Tu	es allé(ée)
Il/Elle	est allé(ée)
Ns.	sommes allés(ées)
Vs.	êtes allés(ées)
Ils/Elles	sont allés(ées)

Futur

J'	irai
Tu	iras
Il	ira
Ns.	irons
Vs.	irez
Ils	iront

Conditionnel

J'	irais
Tu	irais
Il	irait
Ns.	irions
Vs.	iriez
Ils	iraient

Impératif

va
allons
allez

venir

Indicatif présent

Je	viens
Tu	viens
Il	vient
Ns.	venons
Vs.	venez
Ils	viennent

Subjonctif présent

que je	vienne
que tu	viennes
qu'il	vienne
que ns.	venions
que vs.	veniez
qu'ils	viennent

Imparfait

Je	venais
Tu	venais
Il	venait
Ns.	venions
Vs.	veniez
Ils	venaient

Passé composé

Je	suis venu(ue)
Tu	est venu(ue)
Il/Elle	est venu(ue)
Ns.	sommes venus(ues)
Vs.	êtes venus(ues)
Ils/Elles	sont venus(ues)

Futur

Je	viendrai
Tu	viendras
Il	viendra
Ns.	viendrons
Vs.	viendrez
Ils	viendront

Conditionnel

Je	viendrais
Tu	viendrais
Il	viendrait
Ns.	viendrions
Vs.	viendriez
Ils	viendraient

Impératif

viens
venons
venez

faire

Indicatif présent
Je	fais
Tu	fais
Il	fait
Ns.	faisons
Vs.	faites
Ils	font

Subjonctif présent
que je	fasse
que tu	fasses
qu'il	fasse
que ns.	fassions
que vs.	fassiez
qu'ils	fassent

Imparfait
Je	faisais
Tu	faisais
Il	faisait
Ns.	faisions
Vs.	faisiez
Ils	faisaient

Passé composé
J'	ai fait
Tu	as fait
Il	a fait
Ns.	avons fait
Vs.	avez fait
Ils	ont fait

Futur
Je	ferai
Tu	feras
Il	fera
Ns.	ferons
Vs.	ferez
Ils	feront

Conditionnel
Je	ferais
Tu	ferais
Il	ferait
Ns.	ferions
Vs.	feriez
Ils	feraient

Impératif
fais
faisons
faites

se laver

Indicatif présent
Je me lave
Tu te laves
Il se lave
Ns. ns. lavons
Vs. vs. lavez
Ils se lavent

Subjonctif présent
que je me lave
que tu te laves
qu'il se lave
que ns. ns. lavions
que vs. vs. laviez
qu'ils se lavent

Imparfait
Je me lavais
Tu te lavais
Il se lavait
Ns. ns. lavions
Vs. vs. laviez
Ils se lavaient

Passé composé
Je me suis lavé(ée)
Tu t'es lavé(ée)
Il/Elle s'est lavé(ée)
Ns. ns. sommes lavés(ées)
Vs. vs. êtes lavés(ées)
Ils/Elles se sont lavés(ées)

Futur
Je me laverai
Tu te laveras
Il se lavera
Ns. ns. laverons
Vs. vs. laverez
Ils se laveront

Conditionnel
Je me laverais
Tu te laverais
Il se laverait
Ns. ns. laverions
Ils se laveraient

Impératif
lave-toi
lavons-nous
lavez-vous

14 LES PRÉSENTS (INDICATIF ET SUBJONCTIF): The Present Tenses (Indicative and Subjunctive)

14.1. LE PRÉSENT DE L'INDICATIF: The Present Indicative

The present indicative is used to express:

a) **Facts** (in contrast with the subjunctive) in the **present, states** of being in the present, and **general truths.**
Regarde le chat: il dort bien!
Ma cousine habite au Canada.
Le soleil se lève à l'Est.

b) **Actions taking place in the present** (the present progressive in English). This idea is often expressed by the expression *être en train de* plus the infinitive, but a simple verb is enough to convey the idea of an action in progress.
Ne le dérangez pas, il dort.
Ne le dérangez pas, il est en train de dormir.

c) To give to a **future** action the sense of present immediacy.
J'arrive tout de suite!
Son train arrive dans la soirée.

14.2. LE PRÉSENT DU SUBJONCTIF: The Present Subjunctive

a) Most often, it expresses ideas that are **not real,** but only wished, thought, desired, etc. The conjunction *que* usually signals a subjunctive verb.
*Il faut que j'**aille** acheter des timbres.*
*Pourvu qu'ils **soient** arrivés!*
*Je ne suis pas sûr qu'il **vienne** avec elle.*

b) Certain verbs in the main clause must be followed by a subjunctive verb in the subordinate clause. They fall into five general categories:

—verbs of **will:** *accepter, désirer, souhaiter, vouloir,* etc.
*Je veux que les enfants **soient** au lit à 9 h.*

—verbs of **emotion:** *aimer, détester, préférer,* etc.
*Il regrette que vous ne **puissiez** pas venir.*

—also expressing emotion, the verb *être* followed by certain adjectives: *être content, être heureux, être triste, être désolé,* etc.
*Je suis content que vous **veniez** ensemble.*

—**impersonal expressions** with *il: Il faut que, il vaut mieux que, il est important, il est nécessaire, il est rare,* etc. or their negative forms, *il n'est pas nécessaire, il n'est pas rare,* etc.
*Il est nécessaire que vous **preniez** cet avion.*
*Il n'est pas rare que des amis **viennent** nous voir.*

—verbs of **opinion** (*croire, imaginer, penser*) when they are negative.
*Je **pense** qu'on **peut** s'intégrer facilement* (Indicative)
*Je **ne pense pas** qu'on **puisse** s'intégrer facilement.* (Subjunctive)

15 LE PASSÉ: The Past

15.1. LE PASSÉ COMPOSÉ: The Compound Past Tense

a) The *passé composé* is a compound tense formed with **avoir** as the auxiliary plus the past participle of the verb.
J'ai vu mes parents à l'hôpital.

Être is the auxiliary used with reflexive verbs and a few others: *arriver/partir, entrer/sortir, monter/descendre, aller/venir, devenir, parvenir, naître.*
*Je me **suis** levé très tôt.*
*Nous **sommes** sortis ensemble.*

b) In spoken French, the *passé composé* expresses **events** that occurred in the past.
*Hier, on **a skié** toute la matinée; puis on **a déjeuné** au Grand Alpe, on **a** encore **skié**, on **est rentrées** à 5 heures . . .*

The *passé composé* also explains how the past helped cause the present.
*Je suis fatigué: j'**ai skié** toute la journée!*
*Elle connaît bien le Canada: elle **y a passé** dix ans.*

15.2. L'IMPARFAIT: The Imperfect Tense

a) This tense expresses an action that **was happening** at a certain moment in the past; or a **state of being** in the past with no definite beginning or end.
*Je **prenais** une douche quand le téléphone a sonné.*
*Il **faisait** très chaud ici l'été dernier.*

b) The imperfect tense also expresses **repeated action** in the past.
*Le soir, on **allait** danser au Chamois.*
*Tous les matins, je **pêchais** dans le lac.*

15.3. LE PLUS-QUE-PARFAIT: The Pluperfect Tense

a) **The rules for forming** the pluperfect are the same as for the *passé composé* (see paragraph 15.1), except that the auxiliary is in the *imperfect* tense.
*Je m'**étais** levé très tôt.*
*Nous **étions** sortis ensemble.*

b) This tense expresses **an event that occurred before another fact in the past.**
*J'**ai vu** l'ingénieur tout à l'heure.*
*J'**avais vu** l'ingénieur une semaine avant.*

16 LE FUTUR: The Future Tense

16.1. This tense expresses events that **will occur.**
*J'**annoncerai** mon mariage la semaine prochaine.*
*Demain, il **fera** encore plus froid.*

16.2. The future is also used in indirect discourse (paragraph 24.1) and in conditional sentences (paragraph 18.1).
*Il m'a dit qu'il **sera** aussi à Bamako.*
*Si vous allez danser, j'**irai** avec vous.*

17 AUXILIAIRES ET VERBES: Auxiliaries and Verbs

17.1. The auxiliary verbs *avoir* and *être* are used to form compound tenses. *Être* is used with reflexive verbs and a few others, such as, *arriver, partir, aller, venir* (paragraph 15.1).
J'ai vu le fleuve de mon hôtel.
Elle s'est baignée dans le fleuve.
Nous sommes arrivées à l'heure.

17.2. The auxiliary verb *avoir,* when followed by the preposition *à,* expresses the idea of **obligation.**
J'ai des devoirs à faire.
J'ai deux lettres à poster.

17.3. The verb *aller* serves as an auxiliary when it is followed by an infinitive. It is then used to express:

a) Intention:
Je vais m'acheter d'autres skis.
Il va s'installer en Afrique.

b) Prediction:
Je crois qu'il va pleuvoir.
Elle ne va pas vous répondre.

17.4. The verb *venir* serves as an auxiliary when it is followed by *de* plus an infinitive. It is then used to express the recent past.
Je viens de rencontrer Virginie.

17.5. The verb *falloir* is used only in the impersonal expression **il faut**:

a) Followed by *que* and the subjunctive, *il faut* expresses **obligation:**
Il faut que je téléphone à ma grand-mère.
Il faut que vous alliez à la Foire du Livre.

b) Followed by the infinitive, it expresses the same sense of **obligation:**
Il faut partir maintenant.

c) With a pronoun (*me, te, nous,* etc.), *il faut* expresses **need:**
Il me faut des francs suisses pour ce voyage. (money)
Il vous faut trois heures pour aller à Briançon. (time)

18 LES PHRASES CONDITIONNELLES; LE CONDITIONNEL: Conditional Sentences and the Conditional Mood

18.1. A conditional sentence is composed of a conditional clause introduced by *si* and a main clause. The clause introduced by **si** expresses a **hypothesis** or a **supposition.**

a) **Hypotheses using the present tense**
Si on parle français, on est compris partout.
Si tu viens me voir, on ira pêcher dans un des lacs.

The verb in the main clause is in the **present tense** if it states a **general fact**; but if it describes an **event that has not yet happened**, the verb is in the **future.**

b) **Hypotheses using the imperfect tense**
Si j'avais de l'argent, je changerais de voiture.

Here, the verb in the *si* clause is in the **imperfect** tense, while the verb in the main clause is in the **conditional** mood. These hypotheses describe things that are **possible,** but **uncertain.**
Si je retournais en France un jour, j'aurais du mal à trouver du travail.

These hypotheses can also express an idea that is **not true,** something **imaginary.**
Si j'étais un homme, j'aurais un meilleur poste.
(Actually, I am not a man.)

18.2. **Forms of the Conditional Mood.** (See section 13 for the conjugated forms.)

18.3. **LE CONDITIONNEL ET LA CONCORDANCE DES TEMPS: The Conditional and the Sequence of Tenses**
When two clauses are connected, one usually determines the tense of the other, as, for example, in noun clauses (see section 23). A noun clause is introduced by **que.**

a) If a noun clause expresses a **future** event, the main verb is in the **present** tense, while the verb in the noun clause is in the **future.**
Ils croient que je rentrerai en France.
Il me dit que je trouverai du travail.

b) If the main verb is in a **past** tense (imperfect or *passé composé*), the verb in the noun clause is in the **conditional.**
Ils croyaient que je rentrerais en France.
Il m'a dit que je trouverais facilement du travail.

See also sections 23, *Noun Clauses,* and 24, *Indirect Discourse.*

19 L'IMPÉRATIF: The Imperative

19.1. **Forms of the Imperative.** (See section 13 for the conjugated forms.) Examples:
Va à la banque d'abord.
Prenez un billet de première.

The imperative form that ends in *-ons* expresses an invitation to one or several people to do something together.
Prenons un pot ensemble ce soir.
Allons pêcher sur le lac.

In informal speech, this kind of invitation is often expressed by **si** + the imperfect and a question mark:
Si on allait pêcher aujourd'hui?

19.2. **L'IMPÉRATIF NÉGATIF: The Negative Imperative**
As with other verb forms, the negative expression **ne . . . pas** surrounds the imperative verb.
Ne prenez pas la piste noire.
Ne mange pas de cette sauce!

Note the change in the use of **partitive articles** in the negative.
Prenez de la sauce.
Ne prenez pas de sauce.

Note also the **position of pronouns** with affirmative and negative imperatives.
*Mangez-**le**.*
Ne le *mangez **pas**.*
*Dites-**le-lui**.*
Ne le lui *dites **pas**.*

19.3. In instructions and on signs, the **infinitive may replace the imperative.**
Peler trois oignons.
Pousser d'abord le bouton A.
Ne pas ouvrir cette porte. Danger!

20 QUESTIONS ET RÉPONSES: Questions and Answers

20.1. Questions that call for a *Yes* or *No* answer. There are **three** types of such questions in French:

a) The most commonly used form of question in spoken French is a declarative sentence spoken with a questioning **intonation.**
Je t'emmène à la gare en voiture.
Je t'emmène à la gare en voiture?
Je n'ai rien oublié.
Je n'ai rien oublié?

b) **Questions introduced by *Est-ce que . . . ?*** are also quite common.
Est-ce que *vous auriez du mal à vous réhabituer?*

c) **Inversion** of the verb and subject pronoun is a less common question form in spoken French.
Avez-vous *envisagé de rentrer en France?*

Note that when the subject is not a pronoun, an inverted verb and subject pronoun follows.
*Le docteur **a-t-il** dit quelque chose?*

This is the least common way of asking a question in everyday speech.

20.2. Questions with Interrogative *qu-* Words
These kinds of questions use interrogative words that ask for information. Such interrogative words usually begin with *qu-* (*qui, que, quel, quand, quoi*), or else they contain a *-qu-* (*pourquoi*). Exceptions to this pattern are *combien, comment,* and *où.* Questions with these interrogative words are formed in much the same way as in paragraph 20.1:

a) **With intonation.**
Ça c'est passé quand? (Ça c'est passé hier soir.)
Tu l'as mis où? (Je l'ai mis sur la table.)
Ça coûte combien? (Ça coûte 30 F.)

There is another intonation form that places the interrogative word **at the beginning** of the question.
Combien ça coute?

b) **With *Est-ce que . . . ?***
Qu'est-ce que tu as vu?

Où est-ce que tu l'as mis?
Qui est-ce qui te l'a dit?

c) **With inversion**
Où as-tu mis les skis?
Quand le docteur est-il venu?

21 LA NÉGATION: Negatives

21.1. *NE . . . PAS*: Not

a) Negation in French generally consists of two elements, *ne* and *pas*, normally separated by the verb.
*Je **n'**emporte **pas** mes skis.*
*Anne-Marie **ne** savait **pas** l'anglais.*

b) If there is an **auxiliary verb,** *ne . . . pas* surrounds it.
*Elle **n'a pas** pris ses skis.*
*Il **ne** faut **pas** laisser passer une occasion de s'amuser.*

c) *Ne* and *pas* are both placed **before an infinitive.**
Ne pas *prendre cette piste. Danger!*
*Elle a peur de **ne pas** avoir de place.*

21.2. *NE . . . QUE*: Only

a) Like *ne . . . pas*, *ne* and *que* are separated by the verb.
*Je **ne** partirai **que** pour deux ans.* (No more than two years)
*Elle **n'a que** deux enfants.*

b) With a compound verb, *ne* stands before the auxiliary, while *que* is placed after the past participle.
*Il **n'a** lu **que** deux livres.*

21.3. *NE . . . JAMAIS*: Never

a) Like *ne . . . pas*, *ne* and *jamais* are separated by the verb.
*On **ne** voit **jamais** de neige ici.*

A sentence can be made more emphatic by putting *jamais* at the beginning of the sentence.
Jamais *il **n'**est venu ici.*

b) If there is an auxiliary verb, *ne . . . jamais* surround it.
*On **n'a jamais** vu de neige ici.*

21.4. *NE . . . PLUS*: No longer, No more
Like *ne . . . pas*, *ne . . . plus* are separated by the verb.
*Il **n'**y a **plus** d'emplois en biologie.*
*Nous **n'**avons **plus** de timbres.*

21.5. QUESTIONS AVEC NÉGATION: Negative Questions
Negative questions combine an interrogative form with a negative form. Notice the patterns below.
Ils ne sont pas blessés?
Est-ce qu'il n'y a pas de taxis?
Ne peuvent-ils pas venir avec nous?

C. LA PHRASE COMPLEXE: Complex Sentences

22 LES PROPOSITIONS RELATIVES: Relative Clauses

22.1. Formation. Relative clauses are a way for speakers and writers to combine two sentences into one. Relative clauses are constructed by **replacing a noun with a relative pronoun.** Following this pattern:
Ma voisine m'a dit qu'il fait très froid au Québec./Ma voisine est canadienne.
= *Ma voisine, qui est canadienne, m'a dit qu'il faisait très froid au Québec.*
L'imprimeur pourra vous donner le renseignement./ Vous connaissez l'imprimeur.
= *L'imprimeur que vous connaissez pourra vous donner le renseignement.*

22.2. The most common relative pronouns are: *qui, que, où, dont.*
L'hôtel qui est au bord du fleuve est le meilleur.
   (QUI is the subject: *L'hôtel est au bord du fleuve.*)
Je suis à l'hôtel que l'on voit près du pont.
   (QUE is the direct object: *On voit l'hôtel.*)
C'est l'hôtel où j'étais l'an dernier.
   (OÙ is the complement of place: J'étais **dans cet hôtel.**)
L'hôtel dont je vous parle est assez cher.
   (DONT is the indirect object: je parle **de l'hôtel.**)

22.3. Relative pronouns can **refer to another pronoun,** as well as to a noun.

a) To a **demonstrative pronoun** (see paragraph 10.4).
Ma maison est celle que vous voyez près du lac.
Celui qui parle est mon professeur d'informatique.

b) To an **indefinite pronoun.**
Il y a quelqu'un qui a pris mon parapluie.

22.4. LES STRUCTURES EMPHATIQUES (C'EST . . . QUI, ETC.): Emphatic Constructions
Emphatic constructions are often used to highlight a word or group of words. The word/word group is placed between *c'est* (or *ce sont*) and a relative pronoun.
Ce sont les enfants qui ont pêché ce saumon.
C'est à Montréal que j'ai connu mon mari.

23 LES COMPLÉTIVES, LES INFINITIFS: Noun Clauses and Infinitives

23.1. Noun clauses are subordinate clauses that **complement** the verb. They are introduced by *que,* and are found after **verbs of expression** such as *dire, annoncer, déclarer,* and *répondre* or **verbs of thought** such as *penser, croire, estimer,* and *supposer.*
Elle dit qu'elle ne rentrera pas en France.
Je crois qu'il travaille dans une banque.

Note that a simpler construction is possible.
Il travaille dans une banque, je crois.

23.2. When certain verbs have **a naturally negative meaning,** or when the verbs listed in paragraph 23.1 are used **negatively,** they are followed by **a noun clause in the subjunctive.** Notice the patterns:
Je crois qu'il est étranger.
Je doute qu'il soit étranger.
Je ne crois pas qu'il soit étranger.

Noun clauses that follow an impersonal expression are also in the subjunctive.
Il faut qu'ils reviennent immédiatement.
Il est rare que nous allions au cinéma.

23.3. Infinitives. Generally, **infinitive complements** are used instead of subordinate clauses whenever the **performer of the second action** is the **same** as the subject of the main clause.
Ma mère croit qu'elle est malade.
Ma mère croit être malade.
Je dois aller chez le dentiste.
Elle aime vivre ici.

23.4. A **causative construction** is formed whenever the verb **faire** is followed by an infinitive. The resulting sentence expresses the idea that the subject has **caused something to be done.**
Elle a fait venir le médecin.
(Elle a fait quelque chose et le médecin est venu.)
J'ai fait sortir ce chat.
(J'ai fait quelque chose et le chat est sorti.)

24 DISCOURS DIRECT, DISCOURS INDIRECT: Direct and Indirect Discourse

Direct discourse:
Il dit toujours: "Je suis très fatigué."

Indirect discourse:
Il dit toujours qu'il est très fatigué.

24.1. Indirect discourse is most often expressed in a noun clause introduced by *que.* The **tense** and **mood** of both clauses follow a certain pattern:

PRESENT		PRESENT
Elle nous dit	*QUE*	son mari est absent.
PRESENT		FUTURE
Gilles pense	*QU'*	il réussira à son examen.
PASSÉ COMP.		CONDITIONAL
Elle a cru	*QUE*	Jean-Claude l'emmènerait.
IMPERFECT		CONDITIONAL
Je pensais	*QU'*	on viendrait me chercher.

24.2. Indirect discourse that expresses a **question** may be introduced by *si* . . .

Elle demande: « **Est-ce que c'est vrai?** » *(direct)*
Elle demande si c'est vrai. (indirect)

Je me demande si les conditions de travail sont dures.
Il ne sait pas s'il pourra venir.

. . . or by *qu-* question words and other interrogatives.

Je me demande **qui est venu.**
Je ne sais pas **qui est venu.**
Il m'a demandé **où** *est l'hôtel.*
Je me demande **quand** *je pourrai partir.*
Je ne sais pas **pourquoi** *il s'occupe du magasin.*

The patterns of tense and mood for interrogative indirect discourse are similar to those outlined in the chart in paragraph 24.1.

25 PROPOSITIONS CIRCONSTANCIELLES: Adverbial Clauses

These clauses are treated in sections 26 and 27, and have already been covered to some extent in paragraph 18.1.

26 LES RELATIONS DE TEMPS: Time Relationships

Time relations play an important role in language, because it is essential for communication to pinpoint events in time, and to relate them to events occurring at other times.

Moments in Time

a) *L'heure:* the time of day
il est trois heures, quatre heures . . .
il est trois heures et demie, trois heures et quart . . .
il est trois heures cinq, trois heures dix . . .
il est trois heures moins le quart . . .
il est midi, il est minuit moins dix . . .

b) *Le jour:* the day

Reference Point—Today. When you are referring to events occurring before, after, or on this day, you say:

aujourd'hui	today
hier	yesterday
avant-hier	the day before yesterday
demain	tomorrow
après-demain	the day after tomorrow
avant avant-hier	the day before the day before yesterday
après après-demain	the day after the day after tomorrow

Reference Point—Another Day. When the reference point is some day other than today, you say:

ce jour-là	the day (*of the wedding,* for example) *or* that day
la veille	the day before, the eve
l'avant-veille	the day before the day before
le lendemain	the day after
le surlendemain	the day after the day after

c) *La semaine, le mois, l'année:* week, month, year

Reference Point—Today. When you refer to events from the standpoint of today, you say:

cette semaine, cette année, ce mois-ci: this week, this year, this month
la semaine dernière, le mois dernier, l'année dernière: last week, last month, last year
il y a deux semaines, il y a sept mois, il y a bien des années: two weeks ago, seven months ago, many years ago
la semaine prochaine, le mois prochain, l'année prochaine: next week, next month, next year
dans deux semaines, dans plusieurs mois, dans quelques ans: in two weeks, in several months, in some years

Reference Point—Another Time. When the reference point is not today, you say:

cette semaine-là, ce mois-là, cette année-là: the week, month, or year (*of the election,* for example) or that week, month, or year
la semaine précédente: the week before, the preceding week
la semaine suivante: the week after, the following week
deux semaines avant: two weeks before
deux semaines (mois, ans) après: two weeks (months, years) after

27 LA DURÉE: Duration of Time

a) *Pendant:* during, for
Pendant is a preposition that indicates a time span with a beginning and an end in the past.
Elle a travaillé chez nous pendant 3 ans.
or: *Elle a travaillé chez nous 3 ans* (without the preposition)

Pendant can also refer to the present and future.
Je travaille tous les jours (pendant) 8 heures.
Il restera ici (pendant) une semaine.

Note that duration of time can be expressed perfectly well *without* a preposition.

b) *Depuis:* since, for
The preposition *depuis* expresses a time span that extends from a point in the past all the way up to the present.
Il dort depuis 9 heures!

There is another way to express the same idea, with *il y a.*
Il y a 12 heures qu'il dort.

28 AUTRES RELATIONS: Other Relationships

28.1. Relationships of Place

a) **Prepositions:** *à, dans, sur, sous, au-dessus (de), au-dessous (de)*

b) **Chez** is used with names of persons to designate a house, store, or restaurant.
Chez Jean, chez M. Bresson, chez le boulanger.

Note the difference between *à la boulangerie* (place), *chez le boulanger* (person).

c) **Names of Countries**
masculine: *au Canada (le Canada), au Japon, aux Etats-Unis (les Etats-Unis)*
feminine: *en France (la France), en Allemagne, en URSS*

Note the names of countries without articles: *Israël (en Israël), Chypre (à Chypre), Madagascar, Cuba.*

28.2. Relationships of Cause
In the sentence *Ils ne sortent pas . . .*

a) **Before the noun:** *. . . à cause de la pluie.*

b) **Before a subordinate clause:** *. . . parce qu'il pleuvait.*
. . . car il pleut.

28.3. Relationships of Purpose

a) **Before a noun:** *pour le succès.*

b) **Before an infinitive:** *pour réussir.*

c) **Before a subordinate clause:** *pour qu'il réussisse.*

28.4. Relationships of Opposition

a) **Between two clauses:** *On voulait sortir, mais il pleuvait.*

b) **Before a noun:** *On est sortis malgré la pluie.*

c) **Before a subordinate clause:** *Ils sont sortis bien qu'il pleuve.*

Note the use of the subjunctive in the last example.

28.5. Relationships of Comparison or Identity

a) **Comme:** *Elle travaille comme biologiste.*
Il est fort comme un bœuf. (comparison)
Elle travaille la nuit comme le jour. (In this example, **comme = aussi:** *Elle travaille le jour et la nuit aussi.*)

b) **Même:** *Tu as la même robe qu'hier.* (identity)

28.6. Relationships of Means

a) **With a noun:** *Ça s'ouvre avec un tournevis.*
b) **En + the present participle:** *Tu peux l'ouvrir en tournant.*

INDEX GRAMMATICAL*

accord 3
adjectif 8
adverbes de temps 26
aller 13, 17
articles 4
assez 7
aussi 8
auxiliaires 17
avoir 13, 17

beaucoup 7
but 28

ça 10
cause 28
ce, cette, etc. 5
cela, etc. 10
celui, etc. 10
comparatifs 8
comparaison 8, 28
concordance 18, 24
conditionnel 18
conjugaisons 13

de, de la 4
définis, articles 4
démonstratifs 5
des 4
discours direct/indirect 24
du 4
durée 27

en 9
être 13, 17

faut (il –) 17
féminin 1, 8
futur 16

genre 1

heure 26

identité 28
imparfait 15
impératif 19
indéfinis, articles 4
infinitifs 23
interrogation 19, 20

jamais 21
je, tu, etc. 9

la 4
le 4
le (pronom) 9
le mien, etc. 11
les 4
lieu 28
lui 9

masculin 1, 8
moins 8
moment 26
mon, ma, etc. 6
moyen 28

ne . . . pas 21
ne . . . jamais 21
ne . . . plus 21
ne . . . que 21
négation 21
nom 1, 2
nombre 2, 8

opposition 28

partitifs, articles 4
passé 15

passé composé 15
peu 7
pluriel 2, 8
plus 8
plusieurs 7
plus-que-parfait 15
possessifs 6, 11
présent 14
pronoms démonstratifs 10
pronoms indéfinis 12
pronoms personnels 9
pronoms possessifs 11
pronoms relatifs 22
propositions circonstancielles 25
propositions complétives 23
propositions conditionnelles 18
propositions relatives 22
propositions subordonnées 22, 23, etc.

quantificateurs 7
quelques 7
questions 20

réfléchis, pronoms 9
relations de temps 27
relations (autres) 28
répliques 20
réponses 20

singulier 2
subjonctif 14
superlatif 8

tout, etc. 7
trop 7

un(e) 4

venir 13, 17

y 9

*All numerals in this index refer to the section numbers of the *Grammar Notes.*

LEXIQUE

Attention! Cette liste ne présente pas tout le lexique employé dans *Sans Frontières 2*. On n'y trouvera ni le lexique déjà introduit dans *Sans Frontières 1*, ni le lexique des **documents authentiques** et des **commentaires pédagogiques** (grammaire, consignes des exercices...) propres à *Sans Frontières 2*.

Abréviations : n = nom ; v = verbe ; adj. = adjectif ; adv.= adverbe ; prép. = préposition ; loc. = locution ; interj. = interjection ; m. = masculin ; f. = féminin ; pl = pluriel ; 1.2 = Unité 1, leçon 2. A = lexique des dialogues et textes (vocabulaire « actif »).
B = lexique des systématisations orales (vocabulaire « actif »).
C = autre lexique (vocabulaire « passif »).

A

ABONNÉ, ÉE (n. et adj.) : Il n'y a pas d'abonné au numéro que vous avez demandé. 1.1.C
ABRÉVIATION (n. f.) : Mlle pour mademoiselle est une abréviation. 3.3.C
ACCÉLÉRER (v.) : La voiture accélère. 1.3.C
ACCENT (n. m.) : Je n'ai pas perdu mon accent français. 3.5.A
ACCIDENTÉ, ÉE (adj.) : Une personne est accidentée. 1.3.C
ACCOMPAGNER (v.) : M. Lefèvre accompagne son associé. 2.1.A
ACCOMPAGNATEUR, TRICE (n.) : voir Accompagner. 2.1.C
ACCOMPAGNEMENT (n. m.) : voir Accompagner. 2.1.C
ACTUEL, ELLE (adj.) : C'est un des meilleurs imprimeurs à l'heure actuelle. 2.5.A
ACTUELLEMENT (adv.) : Nous survolons actuellement... 2.2.A
ADRESSER (S' - À) (v.) : Il s'est adressé à l'hôtesse. 2.4.A
ADVERSAIRE (n. m. et f.) : Lisez la déclaration d'accident de votre adversaire. 2.3.C
AÉRIEN, IENNE (adj.) : Une compagnie aérienne. 2.1.C
AÉROGARE (n. f.) : = aéroport. L'aérogare de Roissy. 2.2.B
AFFAIRE (UNE BONNE -) (n. f.) : Tu as fait une bonne affaire ! 1.5.A
AFFECTUEUSEMENT (adv.) : Je vous embrasse affectueusement 2.3.C
AFRICAIN, AINE (adj.) : Les Nouvelles Éditions Africaines. 2.1.A
AGITATION (n. f.) : L'agitation sociale. 2.4.C
AGRANDIR (v) : Je peux agrandir la maison. 2.1.B
AGRÉER (v.) : Veuillez agréer l'expression de mes sentiments distingués. 2.5.C
AILLEURS (adv.) : Les gens étaient occupés ailleurs. 2.4.A
AIMABLE (adj.) : Vous êtes bien aimable. 3.5.B
AMBASSADEUR (n. m.) : Le jeu des ambassadeurs muets. 2.5.C
AMBULANT, E (adj.) : Dans le train, il y a une vente ambulante. 1.2.C
AMÉLIORER (v.) : Améliorer les conditions de travail. 3.5.C
AMÉLIORER (S' -) (v.) : La situation des femmes s'améliore peu à peu. 3.5.A
AMÉNAGER (v.) : Aménager le sous-sol d'une maison. 3.2.C
AMICALEMENT (adv.) : voir Ami. 2.1.C
AMITIÉS (n. f.) : Amitiés et à bientôt. 2.3.A
AMNÉSIQUE (adj.) : Depuis son accident il est amnésique. 3.2.C
AMOUREUX, EUSE (adj.) : Les amoureux de la montagne. 1.3.C
AMUSER (S' -) (v.) : Vous vous amusez bien ? 1.4.A
ANANAS (n. m.) : Du jus d'ananas. 2.2.C
ÂNE (n. m.) : Il est bête comme un âne. 3.2.C
ANNUAIRE (n. m.) : L'annuaire du téléphone. 1.1.C
ANNUEL, ELLE (adj.) : Noël est une grande fête annuelle. 3.5.C

ANTIQUAIRE (n. m. et f.) : Une foire des antiquaires. 2.1.C
APERCEVOIR (v.) : Soudain, il aperçoit Florence. 1.4.A
APPEL (n. m.) : Un appel téléphonique. 1.1.C
APRÈS-SKI (n. m.) : Tu n'emportes pas tes après-ski ? 1.1.A
APPRÉCIER (v.) : Votre dernier film n'a pas été très apprécié. 3.4.C
APPRENTISSAGE (n. m.) : voir Apprendre. 3.5.C
ARRIÉRÉ, ÉE (adj.) : Une région très arriérée. 2.3.C
ARTISANAT (n. m.) : L'artisanat du Mali. 2.3.A
ASPIRATEUR (n. m.) : Je passe l'aspirateur. 2.5.C
ASSISTANT, E (n. m. et f.) : Que fait l'assistante du médecin ? 2.1.C
ASSISTER À (v.) : Assister à une conférence. 2.4.C
ASSOCIÉ, ÉE (adj. et n.) : M. Lefèvre accompagne son associé. 2.1.A
ASSOCIER (v.) : voir Associé. 2.1.C
ASSURANCE (n. f.) : Pour conduire, il faut avoir une assurance. 3.3.C
ASSURANCE-VIE (n. f.) : André avait une assurance-vie. 3.2.A
ASSURER (v.) : Ça ne me dérange pas, je t'assure. 1.5.C
ATTENDRE (s' - à) (v.) : Je m'attendais à quelque chose de confortable. 2.3.A
ATTEINDRE (v.) : Les chaleurs maxima sont atteintes en saison sèche. 2.2.C
ATTERRISSAGE (n.m.) : Atterrissage à Bamako. 2.2.C
AUTO-ÉCOLE (n. f.) : J'apprends à conduire dans une auto-école. 1.4.C
AUTOMATIQUE (adj. et n.) : Vous faites directement le numéro par l'automatique. 1.1.B
AUTOMOBILISTE (n.) : L'automobiliste le prend en auto-stop. 1.2.B
AUTO-STOPPEUR, EUSE (n.) : voir stop. 1.2.C
AVALANCHE (n. f.) : Il a fait mauvais ; il y a eu des avalanches. 1.4.C
AVANCE (en -) : On a le temps, on est en avance. 2.1.B
AVANCER (v.) : La voiture avance. 1.3.C
AVANTAGE (n. m.) : Cela présentait des avantages. 2.5.A

B

BABY-SITTER (n. m. et f.) : Cherche baby-sitter pour garde d'enfants 3 fois par semaine. 3.2.B
BABY-SITTING (n. m.) : voir Baby-sitter. 3.2.C
BACHOT (n. m.) : = baccalauréat. 2.2.C
BACON (n. m.) : Les œufs au bacon. 3.4.A
BAGAGE (n. m.) : Tu as fait tes bagages ? 1.1.C
BAGARRE (n. f.) : = bataille 3.4.C

BAGUE (n. f.) : Il m'a donné une bague en argent. 2.3.C
BAIE (n. f.) : La Baie James. 3.1.A
BAIGNEUR, EUSE (n.) : Un baigneur de 1900 à la plage. 2.2.C
BAISER (n. m.) : Bons baisers. (voir Correspondance) 2.3.C
BALL-TRAP (n. m.) : En été, il y a un ball-trap à Briançon. 1.3.C
BANDAGE (n. m.) : Il est couvert de bandages. 1.3.C
BARBU, UE (adj. et n.) : Un grand costaud barbu. 3.1.A
BÂTIMENT (n. m.) : Ce bâtiment, c'est l'hôpital. 1.3.A
BELLE-FILLE (n. f.) : Corinne est la belle-fille de M. Lebrun. 3.1.C
BESTIAUX (n. m. pl.) : Une foire aux bestiaux. 2.1.C
BÊTE (adj. et n.) : Il est bête comme un âne. 3.2.C
BIJOUTERIE (n. f.) : J'ai acheté cette montre dans une bijouterie. 2.3.C
BILINGUE (adj.) : Je suis bilingue français-anglais. 3.2.B
BISCUIT (n. m.) : Dans le sac, il y a des biscuits. 1.2.A
BISTROT (n. m.) : Prendre un verre dans un bistrot (= bar). 1.5.C
BLANCHISSERIE (n. f.) : Un service de blanchisserie. 2.4.C
BLESSÉ, ÉE (adj. et n.) : Ils sont blessés. 1.1.A
BIOCHIMISTE (n. m. et f.) : Un diplôme de biochimiste. 3.1.C
BOÎTE DE NUIT (n. f.) : On est allés dans une boîte de nuit. 1.4.A
BONBON (n. m.) : On peut acheter des bonbons au bureau de tabac. 1.4.C
BOUGER (v.) : Ne bouge pas ! 1.3.A
BOULOT (n. m.) : On reprend le boulot lundi (= travail). 1.5.A
BOUSCULER (v.) : Un client a bousculé le serveur. 2.3.A
BOUT (AU - DE) (n. m.) : Aller au bout de la rue. 1.3.C
BRACELET (n. m.) : Elle aime beaucoup les bracelets en or. 2.3.C
BRASSERIE (n. f.) : Prendre un verre dans une brasserie. 1.5.C
BRAVO (interj.) : Bravo ! C'est une bonne idée. 2.1.A
BRICOLAGE (n. m.) : Je suis très fort en bricolage. 2.1.C
BRICOLER (v.) : voir Bricolage. 2.5.C
BRICOLEUR (n. m.) : Je ne suis pas du tout bricoleur. 2.5.C
BRIQUET (n. m.) : Je n'ai pas d'allumettes mais j'ai un briquet. 1.4.C
BROCHURE (n. f.) : Voici deux brochures. 2.4.A
BROSSE (n. f.) : Une brosse à dents. 1.1.C
BROSSER (v.) : Se brosser les dents, les cheveux. 3.3.C
BUFFLE (n. m.) : Le buffle est un animal d'Afrique (voir Zoo). 2.3.C
BUREAU DE POSTE (n. m.) : Je te téléphone d'un bureau de poste. 3.1.B
BRUYANT, ANTE (adj.) : L'hôtel des Voyageurs est bruyant et cher. 1.4.B

──────── C ────────

CABINE (n. f.) : Une cabine téléphonique. 1.1.A
CAFÉTÉRIA (n. f.) : Je déjeune dans une cafétéria. 3.3.A
CAISSIER, IÈRE (n.) : La caissière rend la monnaie. 1.4.B
CALCULATRICE (n. f.) : Une calculatrice électronique. 2.2.C
CANAPÉ (n. m.) : Les chambres sont équipées d'un canapé. 2.4.C
CANOË (n. m.) : A Briançon, on peut faire du canoë. 1.3.C
CANTINE (n. f.) : Les jumeaux déjeunent à la cantine de l'école. 3.3.A
CAPABLE (adj.) : Ils sont capables de faire un long trajet pour aller à une fête. 3.4.A
CARNET (n. m.) : Un carnet de chèques. 1.4.C
CARREFOUR (n. m.) : Traverser un carrefour. 1.3.C
CARRIÈRE (n. f.) : Faire une carrière d'informaticien. 3.2.B
CARTE (n. f.) : Une carte d'embarquement. 2.1.A
CARTE (à la -) : Travailler à la carte. 2.5.C
CATALOGUE (n. m.) : Pour informer, on donne des catalogues. 2.4.C
CAVE (n. f.) : Il est descendu à la cave. 3.2.C
CEINTURE (n. f.) : Une ceinture de sécurité. 2.2.A
CÉLÈBRE (adj.) : Un personnage célèbre. 3.5.C
CENDRE (n. f.) : Ne mets pas la cendre de ta cigarette par terre. 1.2.A
CENDRIER (n. m.) : Mets la cendre dans le cendrier. 1.2.A
CENTRE-VILLE (n. m.) : Je travaille dans le centre-ville. 3.2.C
CÉRÉALE (n. f.) : On mange des céréales au petit déjeuner. 3.3.A
CÉRÉMONIE (n. f.) : La cérémonie du mariage. 3.1.C
CERTAINEMENT (adv.) : Il viendra certainement demain. 3.2.B
CHALET (n. m.) : Nous avons un chalet au bord d'un lac. 3.1.A
CHALEUR (n. f.) : Je suppose que vous êtes habitué à la chaleur. 2.2.A
CHAMPION, IONNE (n.) : Il est champion du monde. 1.5.C
CHANSON (n. f.) : Le professeur nous a appris une chanson. 2.1.C
CHANTIER (n. m.) : Le chantier de la Baie James. 3.1.A
CHASSE (n. f.) : Beaucoup de gens vont à la chasse. 3.4.A
CHAUFFER (v.) : Au sous-sol se trouve un garage chauffé. 3.2.A

CHAUFFEUR (n. m.) : Un chauffeur de taxi. 3.3.C
CHEF DU PERSONNEL (n. m.) : Je voudrais voir le chef du personnel. 2.4.
CHEVEU (n. m.) : Se laver les cheveux. 3.3.C
CHEVILLE (n. f.) : Je sais mettre une cheville dans un mur. 2.1.C
CHOC (n. m.) : Précisez la position au moment du choc. 2.3.C
CHOSE (n. f.) : La même chose ! 1.4.B
CHOUETTE (adj.) : C'est très chouette ici (= beau, bien). 1.5.C
CHRONOLOGIE (n. f.) : L'ordre chronologique. 3.2.C
CHUCHOTER (v.) : Elle me chuchote à l'oreille. 2.5.C
CIGARE (n. m.) : Fumer des cigares. 1.4.C
CIRCONSTANCE (n. f.) : Les circonstances de l'accident. 2.3.C
CITÉ (n. f.) : Habiter en cité universitaire. 1.1.A
CIVIL, E (adj.) : Un mariage civil. 3.1.A
CLASSE (n. f.) : Voyager en première ou seconde classe. 1.2.B
CLAVICULE (n. f.) : Mon père a une fracture de la clavicule. 1.1.A
CLIMATISÉ, ÉE (adj.) : J'espère que mon hôtel sera climatisé. 2.2.A
CLIMATISEUR (n. m.) : voir Climatisé. 2.4.C
CLOU (n. m.) : Maigre comme un clou. 3.2.C
CLUB (n. m.) : Un club sportif. 3.4.C
COCKTAIL (n. m.) : Des cocktails de jus de fruit. 2.2.A
COIFFER (SE -) (v.) : Il n'a pas besoin de se coiffer ; il n'a plus de cheveux !. 3.3.C
COIFFEUSE (n. f.) : Les chambres sont équipées d'une coiffeuse (meuble). 2.4.C
CODE (n. m.) : Pour téléphoner à Marseille, le code c'est 91. 1.1.B
COIN (n. m.) : Un vieux coin de Paris. 2.2.C
COL (n. m.) : Combien y a-t-il de cols autour de Briançon ? 1.3.C
COLIS (n. m.) : Je lui ai envoyé un colis de bonbons. 2.5.C
COLLIER (n. m.) : Elle porte un joli collier africain. 2.3.C
COLLOQUE (n. m.) : Il assiste à un colloque sur l'enseignement du français. 2.4.C
COMMANDANT DE BORD (n. m.) : Le commandant de bord dirige l'équipage de l'avion. 2.2.C
COMMANDER (v.) : Vous avez commandé quelque chose ? 1.5.A
COMMUNICATION (n. f.) : Une communication téléphonique. 1.1.C
COMPAGNIE (n. f.) : Une compagnie aérienne. 2.1.C
COMPARTIMENT (n. m.) : Un compartiment fumeurs. 1.2.C
COMPOSER (v.) : Il compose le numéro de téléphone. 1.1.A
COMPOSTER (v.) : A la gare, on doit composter son billet. 1.2.C
COMPRIS (adj.) : Le service est compris. 1.5.A
COMPTER SUR (v.) : Comptez sur moi, je vous aiderai. 2.1.A
COMPTEUR (n. m.) : Les faux taxis n'ont pas de compteur. 2.2.A
CONCERNER (v.) : Racontez des souvenirs vous concernant. 3.4.C
CONDITION (n. f.) : Les conditions de travail étaient très dures. 3.1.A
CONDUCTEUR, TRICE (n.) : Le conducteur de la voiture. 2.3.C
CONFORTABLE (adj.) : Mes chaussures sont très confortables. 1.5.A
CONGRÈS (n. m.) : Elle est à un congrès de médecine en Italie. 2.4.C
CONSÉQUENCE (n. f.) : La cause et la conséquence. 2.3.C
CONSIDÉRER (v.) : Comment êtes-vous considérée par vos amis ? 3.5.A
CONSIGNE (n. f.) : Les consignes de sécurité. 2.2.C
CONSISTER (v.) : Le jeu consiste à trouver... 3.5.C
CONSOMMATION (n. f.) : Voilà les consommations ! 1.5.A
CONSTAT (n. m.) : Un constat d'accident. 2.3.C
CONSTRUIRE (v.) : Nous construisons un bâtiment. 2.5.C
CONSULTER (v.) : Consulter un médecin. 2.1.B
CONTACT (n. m.) : Besson va d'abord prendre des contacts. 2.1.A
CONTINU, E (adj.) : On fait la journée continue. 3.3.A
CONTRADICTION (n. f.) : L'esprit de contradiction. 1.4.C
CONVENIR (v.) : Mettre le verbe au temps qui convient. 3.1.A
CORBEAU (n. m.) : Il y a des corbeaux dans les arbres (oiseau). 3.4.C
CORDE (n. f.) : Je cherche une corde pour monter en haut de cet arbre. 1.4.C
CORRESPONDANCE (n.f.) : 1. Vous avez une correspondance à Avignon. 1.2.B
    2. Il fait de la correspondance (courrier). 2.5.C
CORRESPONDANT, ANTE (adj. et n.) : Le numéro de téléphone de votre correspondant. 1.1.B
CORRIGER (v.) : Corrigez vos erreurs. 3.2.C
COSTAUD (adj. et n. m.) : Un grand costaud barbu. 3.1.A
COUCHER (n. m.) : Le coucher du soleil. 2.3.A
COUCHETTE (n. f.) : Vous voulez une couchette en haut ? 1.2.B
COUP (n. m.) : C'est un coup dur ! 1.1.A
COURIR (v.) : Il court vers la voiture. 1.2.A
COURS (n. m.) : J'ai pris mes cours pour travailler un peu. 1.1.A
COÛT (n. m.) : Le coût de cette réparation est de 1 000 F. 2.5.A

COUVERT, E (adj.) : Il est couvert de bandages. 1.3.C
COUVERTURE (n. f.) : Des draps et des couvertures. 2.3.C
CRÂNE (n. m.) : Une fracture du crâne. 1.1.B
CRÉATION (n. f.) : voir Créer. 2.5.C
CRÉER (v.) : Nous allons créer une imprimerie. 2.1.A
CRITIQUE (adj. et n. f.) : Regarder d'un air critique. 3.5.A
CROCODILE (n. m.) : Le crocodile est un animal dangereux (voir Zoo). 2.3.C
CROISÉ, E (adj.) : Des piquets croisés. 1.4.C
CROIX (n. f.) : Mettre une croix dans chacune des cases. 2.3.C
CROQUIS (n. m.) : Faire le croquis de l'accident. 2.3.C
CULTURE (n. f.) : Le ministre de la Culture. 2.4.A
CYCLISME (n. m.) : = sport (bicyclette). 3.4.C

———————— D ————————

DAMIER (n. m.) : Un drapeau à damier. 1.4.C
DAVANTAGE (adv.) : J'en veux davantage (= plus). 3.5.C
DÉBUTANT, ANTE (adj. et n.) : En ski, je suis débutant. 1.4.A
DÉBROUILLER (se -) (v.) : Tu te débrouilles mieux que l'an dernier. 1.4.A
DÉCÈS (n. m.) : Un faire-part de décès. 3.1.C
DÉCIDER (v.) : J'ai décidé de partir en Amérique. 2.1.C
DÉCLARATION (n. f.) : Une déclaration d'accident. 2.3.C
DÉCOLLAGE (n. m.) : Je dois être à l'aéroport une heure avant le décollage. 2.1.B
DÉCOURAGÉ, ÉE (adj.) : Vous n'avez jamais été découragée ? 3.2.A
DÉCROCHER (v.) : Décrocher le téléphone. 1.1.C
DÉLAI (n. m.) : Les délais sont souvent longs. 2.5.A
DÉMARRER (v.) : La voiture démarre. 1.3.C
DEMI-TOUR (n. m.) : Il faut faire demi-tour. 1.3.A
DENTIFRICE (n. m.) : Prends ta brosse à dents et ton dentifrice ! 3.2.C
DÉPANNAGE (n. m.) : L'entretien et le dépannage. 2.5.A
DÉPANNER (v.) : voir Dépannage. 2.5.C
DÉPAYSÉ, E (adj.) : Je ne me suis pas senti trop dépaysée. 2.3.C
DÉPAYSEMENT (n. m.) : voir Dépayser. 2.3.C
DÉPAYSER (v.) : J'aime voyager parce que j'aime me dépayser. 2.3.C
DÉPENDANCE (n. f.) : Les dépendances d'une maison. 3.2.C
DÉPENSER (v.) : Ça lui fait dépenser trop d'argent. 2.3.C
DÉPOSER (v.) : Tu peux me déposer à la sortie de la ville ? 1.2.A
DÉRANGER (v.) : Ça ne vous dérange pas si je fume ? 1.2.A
DÉRAPER (v.) : Ils ont dérapé sur une plaque de verglas. 1.1.A
DESCENTE (n. f.) : voir Descendre. 1.4.C
DÉSIGNER (v.) : Pour désigner un monsieur... 2.4.C
DESTINATION (À - DE) : Vol à destination de Bamako. 2.1.C
DÉVELOPPER (v.) : voir se développer. 2.5.C
DÉVELOPPER (SE -) (v.) : Nos affaires avec l'Afrique se développent. 2.5.C
DEVINETTE (n. f.) : Je vais te poser une devinette. 3.1.C
DIEU (MON -!) (interj.) : Oh, mon Dieu ! 1.1.A
DIPLÔME (n. m.) : Il venait d'obtenir son diplôme d'ingénieur. 3.1.A
DIPLÔMÉ, ÉE (adj.) : Être diplômé d'une grande école. 3.1.C
DIRECT, E (adj.) : Y a-t-il un train direct entre Nice et Briançon ? 1.3.C
DIRECTEMENT (adv.) : Vous faites directement le numéro. 1.1.A
DIRIGER (SE -) (v.) : Il avait besoin d'un plan pour se diriger. 2.4.A
DISCOURS (n. m.) : Le discours du ministre. 2.4.A
DISPUTE (n. f.) : voir Se disputer. 1.3.C
DISTANCE, (n. f.) : C'est à quelle distance d'ici ? — 3 km. 1.3.C
DISTINGUÉ, ÉE (adj.) : Veuillez agréer l'expression de mes sentiments distingués. 2.5.C
DISTRACTION (n. f.) : Il y a de nombreuses distractions à Briançon. 1.3.C
DOULOUREUX, EUSE (adj.) : C'est douloureux ? Oui, ça fait mal. 1.3.C
DRAPEAU (n. m.) : Drapeau noir : que devez-vous faire ? 1.4.C
DUR, E (adj.) : C'est un coup dur. 1.1.A
DURÉE (n. f.) : J'y resterai pendant toute la durée de la foire. 2.1.A
DURER (v.) : Notre vol dure un peu plus de cinq heures. 2.1.A

ÉCONOMIE (n. f.) : Faire des économies. 3.2.A
ÉDITEUR (n. m.) : voir Édition. 2.1.C
ÉDITION (n. f.) : Les Nouvelles Éditions Dakaroises. 2.1.A
ÉDUQUER (v.) : Éduquer un enfant. 3.1.C
EFFECTUER (v.) : Pour les passagers effectuant des vols intérieurs... 2.1.C
ÉGALITÉ (n. f.) : Les hommes et les femmes ne sont pas à égalité. 3.5.A
ÉLECTRICITÉ (n. f.) : voir Électrique. 2.5.C
ÉLECTRONIQUE (n. f. et adj.) : Une calculatrice électronique. 2.2.C
ÉLÉGANT, E (adj.) : Je trouve que cet homme est très élégant. 3.5.C
ÉLÉPHANT (n. m.) : J'ai vu un éléphant rose (voir Zoo). 2.3.C
ÉLEVÉ, E (adj.) : Le coût est très élevé. 2.5.A
ÉLEVER (v.) : Pour élever les jumeaux. 3.1.A
EMBARQUEMENT (n. m.) : Une carte d'embarquement. 2.1.A
EMBARQUER (v.) : voir Embarquement. 2.1.C
EMMENER (v.) : Je t'emmène à moto à la gare. 1.1.A
EMPÊCHER (v.) : L'hiver n'empêche pas les gens de sortir. 3.4.C
EMPIÉTER (v.) : La voiture empiétait sur l'autre file. 2.3.C
EMPLOYER (v.) : Pour aller vite dans Paris, il vaut mieux employer le métro (= se servir de). 1.2.C
EMPLOYEUR (n. m.) : Son employeur est assez gentil (= patron.) 3.1.C
EMPORTER (v.) : Tu n'emportes pas tes après-ski ? 1.1.A
EMPRUNTER (v.) : Les voyageurs sont priés d'emprunter les passages souterrains. 1.2.C
ENCAISSER (v.) : Il a encaissé ton chèque. 1.5.C
ENFANCE (n. f.) : Un ami d'enfance. 2.2.C
ENFIN (adv.) : Enfin, il fume une cigarette. 2.1.C
ENGAGER (S' -) (v.) : S'engager dans un parking. 2.3.C
ENNUYER (S' -) (v.) : Ça ne nous ennuie pas. 1.5.A
ENNUYER (S' -) (v.) : Tu vas t'ennuyer ! 1.4.A
ÉNORME (adj.) : Les éléphants sont des animaux énormes (= très grand). 3.5.C
ÉNORMÉMENT (adv.) : Florence a fait énormément de progrès. 1.4.A
ENREGISTRER (v.) : J'ai fait enregistrer ma valise. 2.1.A
ENSUITE (adv.) : Ensuite, nous prendrons une décision. 2.1.A
ENTENDRE (v.) : Je suis bien content de t'entendre. 3.1.B
ENTENDRE (S' -) (v.) : Vous allez bien vous entendre ? 3.1.B
EN-TÊTE (n. m.) : voir Correspondance. 2.5.C
ENTRETENIR (v.) : voir Entretien. 2.5.C
ENTRETIEN (n. m.) : Il faut former le personnel pour l'entretien. 2.5.A
ENVISAGER (v.) : J'ai envisagé de rentrer en France. 3.2.C
ÉQUIPAGE (n. m.) : L'équipage d'un avion. 2.2.C
ÉQUIPE (n. f.) : Il y a une équipe de télévision. 2.4.A
ÉQUIPEMENT (n. m.) : L'équipement de l'imprimerie est moderne. 2.5.A
ÉQUIPER (v.) : voir Équipement. 2.5.C
ERREUR (n. f.) : Le jeu des erreurs. 3.2.C
ESCALADE (n. f.) : On peut faire du ski et de l'escalade. 1.3.C
ESPÉRER (v.) : Vous pourrez l'aider, j'espère ? 2.1.A
ESSENCE (n. f.) : De l'essence ordinaire ou du super ? 1.3.C
ÉTAT (n. m.) : Il est en bon état physique. 1.3.C
ÉTUDIER (v.) : Il va étudier la question. 2.1.A
EUROPÉEN, ENNE (adj.) : Nous avons travaillé avec des imprimeurs européens. 2.5.A
ÉVÉNEMENT (n. m.) : Racontez un événement de votre vie. 3.2.C
ÉVITER (v.) : J'évite de boire de l'alcool. 2.2.A
EXAGÉRER (v.) : 3 000 F un vélo ! Ils exagèrent ! 1.4.A
EXAMEN (n. m.) : Tu as bientôt des examens à la Faculté. 1.3.A
EXCURSION (n. f.) : J'ai fait une excursion en Bretagne. 2.3.C
EXCUSE (n. f.) : Je vous présente toutes mes excuses. 2.3.C
EXPÉRIENCE (n. f.) : L'expérience professionnelle. 3.1.C
EXPLIQUER (v.) : Je vais t'expliquer... 2.3.C
EXPOSANT (n. m.) : voir Exposition. 2.4.A
EXPOSER (v.) : voir Exposition. 2.1.C
EXPOSITION (n. f.) : J'ai visité une belle exposition de photos. 2.1.A
EXPRÈS : 1. (adv.) : Je ne l'ai pas fait exprès. 2.3.C
2. (adj.) invar. et n. m. : Une lettre exprès, envoyer une lettre par exprès (voir Correspondance.) 2.5.C

———————— E ————————

ÉCHOUER (v.) : Échouer à un examen. 3.1.C
ÉCLAIR (n. m.) : Rapide comme l'éclair. 3.2.C
ÉCLAIRER (v.) : Les pistes sont éclairées la nuit. 3.4.A

———————— F ————————

FAIRE-PART (n. m.) : Un faire-part de mariage. 3.1.A
FAIT (AU -) (loc.) : Au fait, comment vont tes parents ? 1.5.A
FATIGANT, ANTE (adj.) : Ces voyages sont un peu trop fatigants. 2.2.A

FATIGUE (n. f.) : Je suis mort de fatigue. 1.5.C
FAUTE (n. f.) : Ce n'est pas de votre faute. 2.3.B
FAVORABLE (adj.) : Réactions très favorables des ministères. 2.5.A
FAVORI, ITE (adj. et n.) : Le piano est mon instrument favori (= qui plaît le plus). 3.5.C
FÉLICITATION (n. f.) : Bravo ! Félicitations ! 3.1.A
FÉLICITER (v.) : Mes parents m'ont téléphoné pour me féliciter. 3.1.A
FEMME DE MÉNAGE (n. f.) : Je paye une femme de ménage pour travailler chez moi. 2.1.C
FERMER (v.) : Les banques ferment vers 7 heures. 3.3.A
FIANCÉ, ÉE (n. et adj.) : Elle écrit à son fiancé. 1.4.C
FILE (n. f.) : La voiture roulait sur la même file. 2.3.C
FINALEMENT (adv.) : Finalement, nous avons décidé de... 3.1.A
FINANCER (v.) : C'est nous qui avons tout financé. 2.5.C
FILTRANT, ANTE (adj.) : Des lunettes à verres filtrants. 2.2.C
FISTON (n. m.) : Bonsoir, fiston ! 1.3.A
FLÈCHE (n. f.) : Précisez la direction par des flèches. 2.3.A
FLEUR (n. f.) : Il y a des fleurs et des plantes partout. 2.3.A
FLEUVE (n. m.) : L'Amazone est le fleuve le plus long du monde. 1.5.C
FOIRE (n. f.) : La foire du livre. 2.1.A
FOND (AU - DE) (n. m.) : L'escalier est au fond du couloir. 1.3.C
FORFAIT (n. m.) : J'ai pris un forfait de sept jours. 1.4.C
FORMATION (n. f.) : voir Former. 2.5.C
FORME (n. f.) : Pour être en forme, il faut bien dormir. 3.3.C
FORMER (v.) : Nous devons former le personnel. 2.5.A
FORT (n. m.) : Les forts de Briançon sont du début du XVIIIe siècle. 1.3.C
FOSSÉ (n. m.) : Leur voiture est tombée dans le fossé. 1.1.A
FRAIS (n. m. pl.) : Mes parents sont venus malgré la distance et les frais. 3.1.A
FREINER (v.) : Il faut freiner avant les virages. 1.3.C
FRIGO (n. m.) : Il y a de la bière dans le frigo (= réfrigérateur). 2.3.C

─────────── G ───────────

GANT (n. m.) : Un gant de toilette. 3.3.C
GARDE (DE -) (n. f.) : La pharmacie de garde. 3.5.B
GAZELLE (n. f.) : Les gazelles courent vite (voir Zoo). 2.3.C
GASOIL (OU GAZOLE) (n. m.) : Le pompiste remplit le réservoir de gasoil. 1.3.C
GENDRE (n. m.) : Il est le gendre de M. Lebrun. 3.1.C
GÉOGRAPHIE (n. f.) : Elle travaille mal en histoire-géographie. 2.2.C
GÉOGRAPHIQUEMENT (adv.) : voir Géographie. 3.3.A
GIRATOIRE (adj.) : Le sens giratoire. 2.3.C
GOLF (n. m.) : Il y a un golf miniature. 1.3.C
GRÂCE À (loc.) : Grâce au plan, M. Besson n'avait pas de mal à se diriger. 2.4.A
GRENIER (n. m.) : Les valises sont dans le grenier. 3.2.C
GRÈVE (n. f.) : Ils sont en grève depuis 1 mois (= arrêt de travail). 3.4.C
GUICHET (n. m.) : Demandez au guichet 3. 1.1.A
GUIDER (v.) : Une visite guidée. 1.3.C

─────────── H ───────────

HABILLÉ, ÉE (adj.) : Il est très mal habillé. 2.3.C
HABITAT (n. m.) : = logement. 3.2.C
HABITUDE (D' -) (loc.) : D'habitude, on se couche tôt. 1.4.A
HABITUÉ, ÉE (adj.) : Je suppose que vous êtes habitué à la chaleur. 2.2.A
HAREM (n. m.) : Si j'avais un harem, tu serais ma favorite. 3.5.C
HEBDOMADAIRE (adj.) (n. m.) : Une revue hebdomadaire (= de chaque semaine). 3.3.A
HEURE (À L' -) (loc.) : On sera à l'heure. 2.1.C
HEUREUX, EUSE (adj.) : Enchanté. Très heureux. 2.1.A
HEURTER (v.) : La voiture a heurté un arbre. 1.1.B
HIPPOPOTAME (n. m.) : Les hippopotames aiment l'eau (voir Zoo). 2.3.C
HIVERNAGE (n. m.) : = hiver ou saison des pluies. 2.2.C
HOCKEY (n. m.) : = sport. J'ai vu un beau match de hockey sur glace. 3.4.A
HÔPITAL (n. m.) : Mes parents sont à l'hôpital. 1.1.A
HORAIRE (n. m.) : Quels sont les horaires des trains pour Perpignan ? 1.2.B
HOSPITALISÉ, ÉE (adj.) : Quelqu'un de votre famille vient d'être hospitalisé. 1.3.C

HÔTESSE (n. f.) : A l'aéroport, l'hôtesse enregistre les bagages. 2.1.C
HYPOTHÉTIQUE (adj.) : Des phrases hypothétiques. 3.5.C

─────────── I ───────────

IDENTITÉ (n. f.) : Une carte d'identité. 3.1.C
IMBUVABLE (adj.) : Ce vin est imbuvable ! 3.3.C
IMMANGEABLE (adj.) : Cette viande est immangeable. 3.3.C
IMMIGRÉ, ÉE (n. et adj.) : Je n'ai jamais été une immigrée. 3.5.A
IMMÉDIAT, E (adj.) : Embarquement immédiat. 2.1.A
IMPASSE (n. f.) : Au bout de l'impasse. 1.3.C
IMPOSSIBLE (adj.) : Impossible de venir. 1.3.C
IMPRESSION (n. f.) : Mes premières impressions sont bonnes. 2.3.A
IMPRIMER (v.) : La machine imprime une marque sur le billet. 1.2.C
IMPRIMERIE (n. f.) : M. Lefèvre est directeur d'une imprimerie. 2.1.A
IMPRIMEUR (n. m.) : voir Imprimerie. 2.1.C
INCIDENT (n. m.) : Il y a eu un petit incident au restaurant. 2.3.A
INCONVÉNIENT (n. m.) : Cela présente des avantages mais aussi des inconvénients. 2.5.A
INDISCRÉTION (n. f.) Il écoute aux portes. Il est d'une indiscrétion incroyable ! 1.1.C
INDULGENT, ENTE (adj.) : Tu es bien indulgente ! 3.4.B
INFORMATICIEN, IENNE (n.) : voir Informatique. 3.2.B
INFORMATIQUE (n. f.) : J'ai fait un stage d'informatique. 3.2.A
INFORMER (v.) : Pour m'informer je lis le journal et j'écoute la radio. 2.4.C
INONDATION (n. f.) : Il a beaucoup plu. Il y a des inondations. 3.4.C
INSCRIPTION (n. f.) : Il faut remplir une fiche d'inscription. 1.4.C
INSTALLER (v.) : Nous installerons nos machines. 2.5.A
INSUPPORTABLE (adj.) : 40 °C ! C'est une chaleur insupportable. 3.3.C
INTÉGRATION (n. f.) : Vous avez réussi votre intégration ? 3.5.C
INTÉGRER (S' -) (v.) : D'autres Français ont eu du mal à s'intégrer au Canada. 3.5.C
INTENTION (n. f.) : Nous avons l'intention de créer une imprimerie. 2.1.A
INTÉRESSÉ, ÉE (adj.) : Les éditeurs sont presque tous intéressés. 2.5.A
INTÉRÊT (n. m.) : Une histoire sans intérêt. 3.4.B
INTERMINABLE (adj.) : J'ai souvent trouvé l'hiver interminable. 3.3.A
INTERNATIONAL, E (adj.) : On servait une cuisine internationale. 2.3.A
INTERRUPTEUR (n. m.) : Je peux installer un interrupteur. 2.1.C
INVENDABLE (adj.) : Ce livre est invendable. Il est trop cher ! 3.3.C

─────────── J ───────────

JAMAIS (adv.) : Le contraire de toujours, c'est jamais. 1.4.C
JEUNESSE (n. f.) : Faites-le parler de sa jeunesse. 2.2.C
JOUEUR, EUSE (n.) : Un joueur de tennis. 2.2.C
JUMEAU, ELLE (adj. et n.) : Donnez-moi deux lits jumeaux. 2.3.B
JUSTE (adj. et adv.) : Dans le virage juste après la station Shell. 1.3.A

─────────── K ───────────

KAYAK (n. m.) : On fait du canoë et du kayak. 1.3.C
KILOWATT (n. m.) : Le kilowatt ne coûte pas cher au Canada. 3.4.A

─────────── L ───────────

LABORATOIRE (n. m.) : J'ai fait un stage dans un laboratoire. 3.1.A
LAGUNE (n. f.) : Cet hôtel d'Abidjan est au bord de la lagune. 2.4.C
LAINAGE (n. m.) : Ne pas oublier d'emporter des lainages. 2.2.C
LANDAIS, AISE (adj.) : La côte landaise. 1.4.B
LANGUE (n. f.) : Un cours de langue française. 3.1.B
LATITUDE (n. f.) : Les saisons sont d'une durée variable selon la latitude. 2.2.C
LAVERIE (n. f.) : Au sous-sol se trouve une laverie. 3.2.A
LEÇON (n. f.) : Une leçon de ski. 1.4.C
LÉGENDE (n. f.) : Trouvez pour chaque dessin une légende. 3.1.C
LENDEMAIN (n. m.) : Le lendemain, Laurence rencontre Jocelyne. 2.1.C

LENTEMENT (adv.) : On ira lentement.   1.5.C

LEVÉE (n. f.) : A quelle heure a lieu la prochaine levée de courrier ?   1.1.C

LIAISON (n. f.) : Les liaisons aériennes.   2.1.C

LIBERTÉ (n. f.) : Nous avons peu de liberté.   2.2.C

LICENCE (n. f.) : Une licence de mathématiques.   3.4.C

LINGUISTIQUE (adj.) : Les séjours linguistiques.   3.3.C

LOCAL, E (adj.) : A 17 h 10, heure locale.   2.1.A

LOGER (v.) : Je loge dans un petit hôtel.   3.1.B

LONGTEMPS (adv.) : Il ne faudra pas rester longtemps.   1.3.A

LONGUEMENT (adv.) : Il m'a longuement parlé de l'Afrique.   2.3.A

LORRAIN, AINE (adj.) : Une quiche lorraine.   1.2.C

LOTO (n. m.) : Si je gagnais au loto !   3.5.C

LUNCH (n. m.) : Je suis invité au lunch de son mariage (= réception).   3.1.C

LUTTER (v.) : Les Québécoises luttent pour l'égalité.   3.5.A

M

MAGAZINE (n. m.) : voir Journal.   2.1.C

MAIGRE (adj.) : Maigre comme un clou.   3.2.C

MAINTENANT (adv.) : Maintenant, tu vas nous donner une leçon de ski.   1.5.A

MALADROIT, E (adj.) : Je suis trop maladroit.   2.1.C

MALGRÉ (prép.) : Malgré la distance et les frais.   3.1.A

MANIAQUE (adj.) : Êtes-vous maniaque ?   2.4.C

MANIFESTATION (n. f.) : Une manifestation publique.   2.4.C

MANŒUVRE (n. f.) : Faire des manœuvres avec une voiture.   1.3.C

MAQUILLER (SE -) (v.) : On se maquille avec des produits de beauté.   3.3.C

MARCHE (n. f.) : Faire marche arrière.   1.3.C

MARCHÉ (BON -) (adj.) : Ce restaurant est très bon marché.   1.4.B

MAROQUINERIE (n. f.) : La maroquinerie est un artisanat qui vient du Maroc.   2.3.C

MASQUE (n. m.) : J'ai acheté un masque africain en bois noir.   2.3.C

MATÉRIEL, ELLE (adj.) : Vous n'avez pas de problèmes matériels.   3.2.A

MATÉRIELLEMENT (adv.) : Matériellement, je suis très bien installée.   3.5.A

MATINÉE (n. f.) : Rendez-vous demain dans la matinée vers 10 h (= matin).   1.4.C

MAUDIT, E (adj.) : Je n'ai jamais été la maudite Française.   3.5.A

MÉCANIQUE (adj. et n. f.) : Les remontées mécaniques.   1.4.C

MÊME (adv.) : Je me sens en sécurité, même le soir.   3.5.A

MÉNAGE (n. m.) : Faire le ménage.   1.1.C

MENSUEL, ELLE (adj.) : = de chaque mois. Un salaire mensuel.   3.5.C

MESSAGE (n. m.) : Je laisse un message s'il n'est pas là.   3.4.C

MINIATURE (adj.) : Un golf miniature.   1.3.C

MINISTÈRE (n. m.) : Je travaillais dans un ministère.   2.2.C

MINISTRE (n. m.) : Le ministre de la Culture.   2.4.A

MISÈRE (n. f.) : Un salaire de misère.   3.5.C

MONDE (n. m.) : Il y a beaucoup de monde.   1.4.B

MONITEUR, TRICE (n.) : Les moniteurs de ski.   1.4.C

MONOTONE (adj.) : Une vie bien monotone.   2.4.C

MOYENNE (n. f.) : La moyenne des températures est de 35°.   2.2.C

MOURIR DE (v.) : Je meurs de soif !   1.5.A

MUR (n. m.) : Je sais mettre une cheville dans un mur.   2.5.C

MUSICAL, E (adj.) : Une comédie musicale.   1.1.C

N

NAISSANCE (n. f.) : Un faire-part de naissance.   3.1.C

NATIONAL, E (adj.) : Prenez la route nationale en direction de l'Italie.   1.3.B

NATURE (n. f.) : Il adorait la nature.   3.1.A

NAVIGANT, ANTE (adj.) : Le personnel navigant.   2.2.C

NÉGATIF, IVE (adj.) : Une réaction négative.   2.1.B

NETTOYAGE (n. m.) : Il voulait payer le nettoyage du costume.   2.3.A

NETTOYER (v.) : Le pompiste nettoie le pare-brise.   1.3.C

NEUF, NEUVE (adj.) : Mes chaussures sont presque neuves.   1.5.C

NEUTRE (adj.) : Une réaction neutre.   2.1.C

NOCE (n. f.) : = mariage. Un voyage de noces.   3.1.C

NOMBREUX, EUSE (adj.) : La région offre de nombreuses possibilités.   1.3.C

NON-VIOLENCE (n. f.) : Gandhi était pour la non-violence.   3.5.C

NOSTALGIE (n. f.) : On garde une certaine nostalgie de son pays.   3.5.A

NOTER (v.) : Entendu, c'est noté.   2.4.A

NOURRIR (v.) : Nourrir un enfant.   3.1.C

NUMÉRO (n. m.) : Un numéro de téléphone.   1.1.B

O

OBTENIR (v.) : Il venait d'obtenir son diplôme.   3.1.A

OCCASION (n. f.) : On ne laisse pas passer une occasion de s'amuser.   3.4.A

OCCASION (D' -) : Elle a acheté une voiture d'occasion.   1.5.A

OCCUPÉ, ÉE (adj.) : Les gens étaient occupés ailleurs.   2.4.A

OCCUPER (S' - DE) (v.) : Je vais m'occuper du magasin.   1.2.A

OFFRE (n. f.) : Une offre d'emploi.   3.1.C

OMELETTE (n. f.) : Fais-nous une omelette au rhum.   1.2.C

OPÉRATION (n. f.) : Subir une opération.   1.3.B

OPÉRER (v.) : On opère le blessé.   1.3.C

ORDINAIRE (adj.) : Est-ce un train ordinaire ou un TGV ?   1.2.C

ORDINAIRE (D' -) : De l'ordinaire = de l'essence ordinaire.   1.3.C

ORGANISATEUR, TRICE (n.) : L'organisateur du colloque.   2.4.C

ORIGINAIRE (adj.) : Anne-Marie est originaire de Mâcon.   3.1.A

P

PAIR (AU -) (n. m.) : Cherche JF au pair.   3.2.B

PAIRE (n. f.) : Une paire de chaussures.   2.5.B

PALME (VIN DE -) (n. f.) : Nous avons pris du vin de palme.   2.3.A

PANTHÈRE (n. f.) : La panthère est un animal très dangereux (voir Zoo).   2.3.C

PARAPLUIE (n. m.) : Quand il pleut, je prends mon parapluie.   3.4.C

PARE-BRISE (n. m.) : Le pompiste nettoie le pare-brise.   1.3.C

PARFUM (n. m.) : Je voudrais un parfum pour ma femme.   2.2.B

PARLEUR (n. m.) : C'est un beau parleur.   3.5.C

PARMI (prép.) : Il se dirige parmi les stands.   2.4.A

PAROLE (n. f.) : Donner la parole à quelqu'un.   2.2.C

PART (DE LA - DE) (n. f.) : C'est de la part de qui ?   1.1.C

PARTICULIER (EN -) (loc.) : Je voudrais voir en particulier les stands des éditeurs africains.   2.4.A

PARTICULIÈREMENT (adv.) : Des conditions de travail particulièrement difficiles.   3.1.C

PARTOUT (adv.) : Il y a autant de monde partout.   1.4.A

PASSAGER, ÈRE (n.) : D'où part ce passager ?   1.2.C

PASSANT, ANTE (adj. et n.) : Le touriste demande un renseignement à un passant.   1.4.B

PATIN (n. m.) : Faire du patin à glace.   3.4.C

PATINAGE (n. m.) : voir Patin.   3.4.C

PATINER (v.) : Faire du patin.   3.4.C

PAVILLON (n. m.) : 1. Ce stand est pavillon n° 4.   2.4.C
    2. = Une villa.   3.2.C

P.C.V. (abrév.) : Appeler quelqu'un en P.C.V.   1.1.C

PEIGNE (n. m.) : Prends ce peigne et coiffe-toi !   3.3.C

PEINTRE (n. m.) : Picasso est un peintre extraordinaire.   2.5.C

PENCHER (SE -) (v.) : Je peux me pencher, moi.   1.3.A

PENSION (n. f.) : 1. Quel est le prix de la pension à l'hôtel ?   1.4.C
    2. Je n'avais pas droit à une pension.   3.2.A
    3. = Pensionnat.   2.2.C

PENSIONNAT (n. m.) : La vie n'est pas gaie au pensionnat.   2.2.C

PERCEVOIR (v.) : Percevoir une taxe.   2.1.C

PERFECTIONNEMENT (n. m.) : Une période de formation ou de perfectionnement.   3.1.C

PÉRIODE (n. f.) : Une période d'études.   3.1.C

PERMIS (n. m.) : Un permis de conduire.   2.1.C

PERSONNEL (n. m.) : Le personnel navigant.   2.2.C

PEUPLÉ, ÉE (adj.) : La Chine est le pays le plus peuplé du monde.   1.1.C

PHARMACEUTIQUE (adj.) : Un laboratoire pharmaceutique.   3.1.A

PIÉTON, ONNE (n.) : L'agent de police fait traverser les piétons.   2.1.C

PILOTE (n. m.) : Un pilote automobile.   3.5.C

PIMENT (n. m.) : Une sauce au piment assez forte.   2.3.A

PIMENTÉ, ÉE (adj.) : J'aurai un premier souvenir pimenté !   2.3.A

PISTE (n. f.) : Les pistes sont bonnes à Megève.   1.4.B

PLAISIR (n. m.) : Ça nous fait bien plaisir de te voir. 1.3.A
PLAQUE (n. f.) : Une plaque de verglas. 1.1.A
PLÂTRE (n. m.) : Je garderai mon plâtre un mois. 1.3.A
PLUPART (LA -) (n. f.) : La plupart des magasins restent ouverts. 3.3.A
PLUSIEURS (adj. plur.) : Je peux vous donner plusieurs raisons. 3.5.A
PNEU (n. m.) : Le pompiste vérifie la pression des pneus. 1.3.C
POMPISTE (n. m. ou f.) : Le pompiste remplit le réservoir d'essence. 1.3.C
PONT (n. m.) : Sur le pont d'Avignon. 2.4.C
PORTEFEUILLE (n. m.) : C'est dangereux pour votre portefeuille. 2.2.A
PORTRAIT (n. m.) : Le jeu du portrait chinois. 3.5.C
POSITIF, IVE (adj.) : Une réaction positive. 2.1.B
POSITION (n. f.) : Précisez la position des véhicules. 2.3.C
POSSIBILITÉ (n. f.) : Une autre possibilité. 2.1.B
POT (n. m.) : On prendra un pot au bar (= verre). 1.4.A
POURTANT (adv.) : Pourtant, c'est une route que tu connais bien. 1.3.A
PRATIQUE (n. f.) : La pratique du sport. 1.4.C
PRATIQUER (v.) : Pratiquer un sport. 3.4.C
PRÉCISER (v.) : Pour préciser le croquis... 2.3.C
PRÉPARER (v.) : Préparer un bon repas. 2.1.B
PRÉSENT (JUSQU'À -) (loc.) : Jusqu'à présent, réactions favorables. 2.5.A
PRÉSENTER (SE - À) (v.) : Se présenter à un examen. 3.1.A
PRESSE (n. f.) : Il travaille dans la presse (= les journaux, la radio, la télévision). 3.3.C
PRESSION (n. f.) : La pression des pneus. 1.3.C
PRÊT-À-PORTER (n. m.) : Le salon du prêt-à-porter. 2.1.C
PRÉVENIR (v.) : Merci de me prévenir. 2.2.A
PRIER (v.) : Vous êtes priés de mettre votre ceinture de sécurité. 2.2.C
PRIORITÉ (n. f.) : Un signal de priorité. 2.3.C
PRISE (n. f.) : Je peux réparer une prise électrique. 2.1.C
PRISON (n. f.) : Gandhi a été en prison. 3.5.C
PROBLÈME (n. m.) : Vous n'avez pas de problèmes matériels ? 3.2.A
PRODUIRE (v.) : Cette maison produit un travail de qualité. 2.5.A
PRODUIRE (SE -) (v.) : Un accident se produit devant vous. 1.4.C
PROFONDÉMENT (adv.) : J'ai dormi profondément. 2.3.C
PROGRÈS (n. m.) : Florence a fait des progrès cette année. 1.4.A
PROLONGER (v.) : Je prolonge mon séjour jusqu'à lundi. 2.4.C
PROMETTRE (v.) : Je te promets que je t'achèterai une moto. 2.4.C
PROPOS (À -) (loc.) : A propos, quelle sera la température à Bamako ? 2.2.A
PROPOSER (v.) : On propose de vous accompagner. 2.4.B
PROPOSITION (n. f.) : André a eu une proposition très intéressante. 3.1.A
PROVENANCE (n. f.) : Un vol en provenance de Bamako. 2.1.C
PROVISION (n. f.) : Un sac à provisions. 2.3.B
PUBLIC, IQUE (adj.) : Une cabine publique. 2.1.A
PUBLIER (v.) : Les éditeurs publient des livres. 2.1.C
PYJAMA (n. m.) : J'ai pris ma trousse de toilette et mon pyjama. 1.1.A

Q

QUAI (n. m.) : Sur le quai de la gare. 1.2.C
QUALIFICATION (n. f.) : Une meilleure qualification professionnelle. 3.2.C
QUAND (adv.) : Ça s'est passé quand ? 1.1.A
QUEUE (n. f.) : Il faut faire la queue aux remontées. 1.4.A
QUICHE (n. f.) : Une quiche lorraine. 1.2.C
QUITTER (v.) : Leur voiture a quitté la route. 1.1.A
QUOTIDIEN, IENNE (adj.) : = de chaque jour. La vie quotidienne. 3.3.A

R

RACCOMPAGNER (v.) : Vos amis veulent vous raccompagner. 1.5.B
RACCROCHER (v.) : Raccrocher le téléphone. 1.1.C
RACINE (n. f.) : On garde le sentiment que ses racines sont ailleurs. 3.5.A
RADIO (RADIOGRAPHIE) (n. f.) : On t'a fait une radio ? 1.3.A
RAFRAÎCHISSEMENT (n. m.) : 1. Voulez-vous des rafraîchissements ? 2.2.A
   2. On observe un rafraîchissement causé par la pluie. 2.2.C
RALENTIR (v.) : La voiture ralentit. 1.3.C
RANDONNÉE (n. f.) : Faire de la randonnée en montagne. 1.3.C
RAPPELER (v.) : Rappelle-moi votre nom. 3.2.B
RAQUETTE (n. f.) : 1. Une raquette de tennis. 1.5.C
   2. On fait des promenades en raquettes. 3.4.A

RARE (adj.) : Il est rare que je sois seule. 3.4.C
RAREMENT (adv.) : On travaille rarement plus de 32 h par semaine. 3.4.A
RASER (v.) : J'ai de la crème à raser dans ma trousse de toilette. 3.3.C
RASOIR (n. m.) : voir Raser. 3.3.C
RATER (v.) : La voiture a raté un virage. 1.1.C
RÉACTION (n. f.) : Réaction négative de votre ami. 2.1.B
RÉAGIR (v.) : voir Réaction. 2.5.C
RÉCEPTION (n. f.) : Vous êtes à la réception dans un hôtel. 1.3.B
RECHERCHER (v.) : Vous recherchez quelqu'un. 2.4.B
RÉCLAMATION (n. f.) : Faire une réclamation. 2.3.A
RECOMMENCER (v.) : Recommencer des études. 3.5.C
RECOUVRIR (v.) : La neige recouvre la ville. 3.3.A
RECULER (v.) : La voiture recule. 1.3.C
RECYCLAGE (n. m.) : voir Recycler. 3.2.C
RECYCLER (v.) : J'ai dû me recycler en informatique. 3.2.A
REDESCENDRE (v.) : Redescendre l'escalier. 1.3.C
RÉDIGER (v.) : Rédiger un télégramme. 1.1.C
REDRESSER (SE -) (v.) : Il veut se redresser pour l'embrasser. 1.3.A
REGAGNER (v.) : Vous êtes priés de regagner votre siège. 2.2.A
RÉGULIER, IÈRE (adj.) : Des services réguliers d'autobus. 2.1.C
RÉHABITUER (SE -) (v.) : Vous auriez du mal à vous réhabituer ? 3.5.A
RELIGIEUX, IEUSE (adj.) : Un mariage religieux. 3.1.C
REMARIER (SE -) (v.) : Je vais me remarier. 3.1.B
REMONTÉE (n. f.) : Il y a beaucoup de skieurs. Il faut faire la queue aux remontées. 1.4.A
REMONTER (v.) : Je remonte faire mon sac. 1.1.A
REMPART (n. m.) : Des remparts du XVIIIᵉ siècle. 1.3.C
REMPLIR (v.) : Le pompiste remplit le réservoir d'essence. 1.3.C
RENCONTRE (n. f.) : Une rencontre extraordinaire. 3.1.C
RENCONTRER (v.) : Je dois rencontrer des éditeurs africains. 2.1.A
RENDRE (v.) : Rendre la monnaie. 1.4.B
RENDRE (SE - À) (v.) : M. Besson se rend à Bamako. 2.1.A
RENSEIGNER (v.) : Le concierge vous renseigne. 2.4.B
RENVERSER (v.) : La voiture s'est renversée. 1.1.C
REPASSAGE (n. m.) : Je n'aime pas faire le repassage. 2.1.C
REPASSER (v.) : 1. voir Repassage. 2.1.C
   2. Je repasserai demain. 2.4.B
REPEINDRE (v.) : Repeindre son appartement. 3.4.B
REPRENDRE (v.) : Reprendre son travail après les vacances. 1.5.C
RÉSERVATION (n. f.) : Au guichet « Réservations ». 1.2.B
RÉSERVER (v.) : Je voudrais réserver une couchette. 1.2.B
RÉSERVOIR (n. m.) : Le pompiste remplit le réservoir. 1.3.C
RESPONSABILITÉ (n. f.) : Un poste de responsabilité. 3.5.C
RESSEMBLER (v.) : La vie ressemble à celle que j'ai connue en France. 3.3.A
RESTAURATION (n. f.) : La restauration est prévue dans le TGV. 1.2.C
RESTE (n. m.) : Je passe le reste de mon temps dans les avions. 2.2.A
RÉUNION (n. f.) : J'ai eu une réunion de travail jusqu'à 20 h. 2.4.C
RÉUSSIR (v.) : Réussir à un examen. 3.1.C
REVUE (n. f.) : Une revue sur le cinéma (= journal). 2.1.C
RHUM (n. m.) : Fais-nous une omelette au rhum. 1.2.C
RICHE (adj. et n.) : Est-ce que le ski est un sport de riches ? 1.4.C
RIDICULE (adj.) : Tu es ridicule, tu ne nous déranges pas. 1.5.B
ROSE (n. f.) : J'aime les roses rouges (= fleur). 3.4.C
RUBRIQUE (n. f.) : Pour chaque rubrique, il y a trois réponses. 2.5.C
RUGBY (n. m.) : Il joue au rugby (= sport). 3.4.C

S

SAC (n. m.) : Un sac à provisions. 2.3.B
SAFARI (n. m.) : Un safari en Afrique. 2.3.C
SALARIÉ, ÉE (n. et adj.) : Un grand nombre de salariés sont payés chaque semaine. 3.3.A
SANDWICH (n. m.) : Où est le sac avec les sandwiches ? 1.2.A
SATELLITE (n. m.) : Embarquement satellite 4. 2.1.A
SAUCE (n. f.) : Le pili-pili est une sauce au piment. 2.3.A
SAUNA (n. m.) : Au sous-sol se trouve un sauna. 3.2.A
SAVON (n. m.) : J'ai du savon dans ma trousse de toilette. 1.1.C
SCÉNARIO (n. m.) : A chaque stand, c'était le même scénario. 2.4.A
SCIENTIFIQUE (n. et adj.) : Elle est forte en maths, c'est une scientifique. 2.2.C
SCORE (n. m.) : Calculez votre score. 2.1.C
SCULPTURE (n. f.) : La sculpture sur bois. 2.3.C
SEC, SÈCHE (adj.) : La saison sèche. 2.2.C
SÉPARER (v.) : On vous propose deux places séparées. 3.3.B

SÉRIE (n. f.) : Une série de phrases. 3.5.C
SERVICE MILITAIRE (n. m.) : Le garçon a fait son service militaire. 3.2.B
SERVIETTE (n. f.) : Une serviette de toilette. 3.3.C
SERVIR (v.) : Gilles est en train de servir un vieux monsieur. 1.4.A
SHAMPOOING (n. m.) : Le shampooing est très bon pour les cheveux. 3.3.C
SIGNATURE (n. f.) : voir Signer. 2.5.C
SIGNER (v.) : Florence veut aussi signer la lettre. 1.3.C
SIGNIFICATION (n. f.) : Trouvez la signification de ces abréviations. 3.3.C
SIMPLE (adj.) : Je veux un aller simple. 1.2.C
SINGE (n. m.) : Le singe est très amusant (voir Zoo). 2.3.C
SITUER (SE -) (v.) : La saison la plus agréable se situe entre novembre et mars. 2.2.C
SKI DE FOND (n. m.) : On fait aussi du ski de fond. 3.4.A
SNACK (snack-bar) (n. m.) : Prendre un repas au snack. 1.5.C
SOIN (n. m.) : Il a reçu des soins à l'hôpital. 1.3.C
SOIRÉE (n. f.) : = soir. Bonne soirée. 1.4.A
SOMMET (n. m.) : On se retrouve au sommet de la télécabine. 1.4.A
SOUDAIN (adv.) : Soudain, il aperçoit Florence. 1.4.A
SOUS-DIRECTEUR (n. m.) : Le bureau du sous-directeur. 2.4.A
SOUTERRAIN, AINE (adj. et n.) : Un parking souterrain. 3.3.A
SOUVENT (adv.) : J'y vais très souvent. 1.2.A
SPÉCIALISTE (n. m. et f.) : Un spécialiste de la vente. 2.4.C
SPORTIF, IVE (adj. et n.) : Vous n'êtes pas sportif ? 1.3.C
STAGE (n. m.) : J'ai fait un stage de deux mois dans un laboratoire. 3.1.A
STAGIAIRE (n. m. et f.) : voir Stage. 3.1.C
STAND (n. m.) : Il avait besoin d'un plan pour se diriger parmi les stands. 2.4.A
STATION-SERVICE (n. f.) : Tu vois la station-service Shell ? 1.3.A
STATIONNEMENT (n. m.) : Quitter un stationnement. 2.3.C
STOP (auto-stop) (n. m.) : Faire du stop. 1.2.A
SUBIR (v.) : Vous aller voir un ami qui a subi une opération. 1.3.B
SUCCURSALE (n. f.) : Nous avons l'intention d'y créer une petite succursale. 2.1.A
SUJET (n. m.) : Faire une conférence sur un sujet. 2.4.C
SUPER (SUPERCARBURANT) (n. m.) : Voulez-vous du super ou de l'ordinaire ? 1.3.C
SUPERBE (adj.) : Il fait un temps superbe. 1.4.C
SUPÉRIEUR, E (adj.) : Je veux une couchette supérieure. 1.2.B
SUPPLÉMENT (n. m.) : Il faut payer un supplément. 1.2.C
SUPPORTABLE (adj.) : Je trouve la chaleur très supportable. 2.3.A
SUPPORTER (v.) : Je supporte mal la chaleur. 2.2.A
SUPPOSER (v.) : Je suppose que vous allez à la foire du livre. 2.1.A
SÛREMENT (adv.) : Tu skies sûrement mieux que nous. 1.4.A
SURPRISE (n. f.) : Une agréable surprise. 2.3.A
SURVOLER (v.) : Nous survolons actuellement Tombouctou. 2.2.A
SYMPHONIE (n. f.) : Une symphonie de Mozart. 2.2.C

------- T -------

TACHE (n. f.) : J'espère que la tache va partir. 2.3.A
TACHÉ, ÉE (adj.) : Votre robe n'est pas tachée. 2.3.A
TARD (adv.) : Tard est le contraire de tôt. 1.4.C
TAS (n. m.) : Je savais des tas de choses sur le Mali. 2.3.A
TAXE (n. f.) : Une taxe locale est perçue. 2.1.C
TEINTURERIE (n. f.) : Un service de teinturerie. 2.4.C
TEL (UN TEL, UNE TELLE) (n.) : Je voudrais voir Monsieur Un tel. 2.4.A
TÉLÉCABINE (n. f.) : On se retrouve au sommet de la télécabine. 1.4.A
TÉLÉPHÉRIQUE (n. m.) : voir Remontées mécaniques. 1.4.C
TÉLÉSKI (n. m.) : voir Remontées mécaniques. 1.4.C
TÉLÉSIÈGE (n. m.) : voir Remontées mécaniques. 1.4.C
TÉLÉGRAMME (n. m.) : Tu as reçu un télégramme. 1.1.A
TÉLÉGRAPHIQUE (adj.) : Écrire en style télégraphique. 1.1.C
TEMPÉRATURE (n. f.) : Quelle sera la température à Bamako ? 2.2.A
TEMPÊTE (n. f.) : Il a fait mauvais ; il y a eu des tempêtes. 1.4.C
TEMPORAIRE (adj.) : Je n'ai trouvé qu'un travail temporaire. 3.5.B
TENDREMENT (adv.) : Je t'embrasse tendrement. 2.3.C
TERMINER (v.) : Les visites sont terminées. 1.3.A
TERRE (PAR -) (n. f.) : Ne mets pas la cendre par terre. 1.2.A
TÊTE-À-QUEUE (n. m.) : La voiture a fait un tête-à-queue. 1.1.C
TICKET (n.m.) : Un ticket de métro. 3.3.C
TISSAGE (n. m.) : J'aime les tissages africains. 2.3.C

TISSU (n. m.) : Des tissus africains. 2.3.C
TOAST (n. m.) : Je prépare du café et des toasts. 3.3.A
TOILE (n. f.) : Des chaussures légères en toile. 2.3.C
TOILETTE (n. f.) : Je prends ma trousse de toilette. 1.1.A
TONNEAU (n. m.) : La voiture a fait trois tonneaux. 1.1.B
TÔT (adv.) : D'habitude, on se couche tôt. 1.4.A
TOUCHER (v.) : 1. La France touche la mer. 1.2.C
            2. Grâce à l'argent que j'ai touché. 3.2.A
TOUJOURS (adv.) : Il y a toujours du sel dans la maison. 1.2.C
TOUT LE TEMPS (loc.) : Il riait tout le temps. 3.1.A
TRACÉ (n. m.) : Précisez le tracé des voies. 2.3.C
TRADITIONNEL, ELLE (adj.) : Un mariage traditionnel. 3.1.C
TRADUIRE (v.) : Vous traduisez pour une amie qui ne parle pas français. 2.5.B
TRAJET (n. m.) : Durée du trajet : 30 minutes. 2.2.C
TRANQUILLE (adj.) : Une vie bien tranquille. 2.4.C
TRANSFERT (n. m.) : Transfert en taxi aéroport-ville. 2.1.C
TRANSMETTRE (v.) : Pour transmettre ou traduire. 2.5.B
TRANSPORTER (v.) : Une personne est transportée à l'hôpital. 1.3.C
TRAVAUX (n. m. pl.) : Je peux faire des travaux dans ma maison. 2.1.B
TRAVAUX PUBLICS (n. m. pl.) : Un ingénieur des travaux publics. 3.1.A
TRAVERS (EN -) (n. m.) : La voiture s'est mise en travers. 1.1.C
TROUSSE (n. f.) : Une trousse de toilette. 1.1.A
TUTOYER (v.) : On se tutoie, d'accord ? 1.2.A
TYPE (n. m.) : Une journée type. 3.3.A
TYPIQUEMENT (adv.) : On sert des plats typiquement africains. 2.3.A

------- U -------

UNIVERSITAIRE (adj.) : Une cité universitaire. 1.1.A

------- V -------

VACHE (n. f.) : Les vaches donnent du lait (= animal). 3.5.C
VALISE (n. f.) : Tu as fait ta valise ? 1.2.C
VASE (n. m.) : Un vase en poterie. 2.3.C
VÉHICULE (n. m.) : Les véhicules A et B... 2.3.C
VEILLE (n. f.) : La veille de Noël, les magasins sont pleins de monde. 3.4.C
VERGLAS (n. m.) : Ils ont dérapé sur une plaque de verglas. 1.1.A
VÉRIFIER (v.) : Le pompiste vérifie l'eau. 1.3.C
VERSION (n. f.) : Votre version de l'accident. 2.3.C
VESTIMENTAIRE (adj.) : = voir Vêtement. Des conseils vestimentaires. 2.2.C
VICE VERSA (loc.) : Transfert aéroport-ville ou vice versa. 2.1.C
VIF, VIVE (adj.) : Malgré le froid très vif. 3.3.A
VIRAGE (n. m.) : Il a raté un virage. 1.1.B
VISA (n. m.) : Est-ce qu'il faut un visa pour entrer aux U.S.A. ? 3.4.A
VITESSE (n. f.) : Une vitesse de 150 km/h. 1.5.C
VŒU (n. m.) : Tous mes vœux de bonheur. 3.1.B
VOIE (n. f.) : Préciser le tracé des voies. 2.3.C
VOL (n. m.) : Vol Air Afrique. 2.1.A
VOYAGEUR, EUSE (n.) : voir Voyager. 2.5.A
VUE (n. f.) : La vue est magnifique. 2.2.A

------- W -------

WAGON-LIT (n. m.) : On peut voyager en couchette ou en wagon-lit. 1.2.C

------- Z -------

ZÉRO (n. m.) : J'ai dû repartir presque à zéro. 3.2.A
ZOO (n. m.) : Dans un zoo, il y a des lions, des girafes, etc. 2.3.C

Vocabulary List by Lesson

The symbols indicate the activity sections where the vocabulary listed will be found.

adv = adverbe	*f = féminin*	*m=masculin*	*pl = pluriel*
prép = préposition	*subj = subjonctif*	*dép. = département*

1.1

le départ	departure
précipiter	to rush, to hasten
la cité	city, the oldest part of a city
la cité universitaire	student dormitory complex
Aix-en-Provence; Aix [ɛks]	town in the south of France (*dép. des Bouches-du-Rhône*)
prendre le courrier [kurje]	*(here)* to pick up the mail
mon Dieu! [djœ]	my God!
mauvais, -e	bad, evil, wicked, unpleasant, nasty
l'hôpital *m*	hospital
la prière	please, prayer
embrasser	to embrace, to hug, to kiss
je t'embrasse	I give you a big hug
déraper	to skid, to slip
la plaque	plate, sheet
le verglas [vɛrgla]	ice *(on a road)*
quitter	to leave
quitter la route	*(here)* to run off the road
le fossé	ditch
blessé, -e	wounded
la clavicule	collar bone
la chance	luck
pas de chance!	*(here)* what tough luck!
le coup [ku]	blow
dur, -e	hard, difficult
remonter	to go upstairs again
faire son sac [sak]	to pack one's bag
Briançon [briɑ̃sɔ̃]	city in the Alps (*dép. des Hautes-Alpes*)
la trousse	kit, case
la trousse de toilette	shaving kit, kit with toilet articles
le cours [kur]	course in school
les cours *m pl*	*(here)* class notes
emporter qc [ɑ̃pɔrte]	to take something along
les après-ski *m pl* [apreski]	après-ski clothes
emmener une personne [ɑ̃mne]	to bring a person
emmener qn à la gare	to bring someone to the train station
sympa(thique) [sɛ̃pa(tik)]	nice, warm friendly

le numéro	number
directement *adv*	directly
l'automatique *m*	direct dialing
vous le faites directement par l'automatique	you dial directly
vous faites (le) 19	you dial 19
le code de la ville	area code of the town
le/la correspondant/-e	*(here)* your party
prenez la cabine 4	take booth 4
la Grande-Bretagne	Great Britain
pouvez-vous me faire la monnaie de 10 F	can you give me change for 10 francs?
le guichet [giʃɛ]	ticket window
le centime	centime (1/100th of 1 franc)
la pièce de 5 F	a 5-franc coin
rater	to miss, to fail
le virage	turn, curve
le tonneau	barrel
faire un tonneau	to do a somersault, the action of rolling over
heurter qc ['œte]	to run against *or* into
heurter un arbre	to run into a tree
le crâne [kran]	cranium, skull

les thèmes *m pl*	themes
rédiger (un télégramme)	to write up (a telegram)
inscrire en capitales	to write in capital letters
complet/-ète	complete, full
le bloc	*(here)* apartment complex
le bâtiment	building
une lettre par case	one letter per box
éventuellement *adv*	perhaps, if need be
lisible *m/f*	readable
Paul va mieux	Paul is better
sortir	to go out, to leave
le cas échéant	if need be
le/la destinataire	addressee
pour avis	for notification
en cas de non-remise	in case of nondelivery
l'expéditeur *m*	sender
appeler qn	to call *or* telephone someone
le coup de téléphone [ku]	telephone call
le fil [fil]	wire
le coup de fil	telephone call
l'annuaire *m* [anɥɛr]	telephone book
décrocher	to pick up *(the telephone)*
raccrocher	to hang up
P.C.V. = à PerCeVoir, à percevoir	to be collected
appeler en P.C.V. [peseve]	to call collect
la communication téléphonique	telephone call
l'appel (téléphonique) *m*	telephone call
l'échange *m*	exchange
les échanges *m pl*	exchanges
parler à qn	to talk to someone
ne quittez pas	don't hang up
occupé, -e	occupied, busy
ça ne répond pas	no one answers
de la part de . . .	on behalf of
c'est de la part de qui?	on behalf of whom?, who's calling?
l'abonné/-e *m/f*	telephone subscriber
vérifier	to verify, to check
veuillez vérifier le numéro [vœje. . .]	please check the number
le dictionnaire	dictionary
le dico	*(slang)* dictionary
faire un tête-à-queue [tɛtakø]	to spin around, to fishtail
en travers (de) *prép* [travɛr]	across, crossways

se mettre en travers	to stop sideways
se renverser	to overturn
s'écraser (contre)	to be crushed (against)
le mémento [meměto]	summary, notes
se former	to be formed
se conjuguer	to be conjugated
les verbes pronominaux	reflexive verbs
irrégulier/-ière	irregular
le futur immédiat ou, composé	immediate future (often called *le futur proche*)
les pronoms remplaçant . . .	pronouns replacing . . .
commun, -e	common
l'accord m	agreement

les bagages m pl	luggage, bags
conduire [kɔ̃dɥir]	to drive
conduire qn	to drive someone
aller prendre qn	to go pick someone up
compléter	to complete
le style télégraphique [stil]	telegraphic style
complet/-ète [kɔ̃plɛ/ɛt]	complete, full
correspondre à	to correspond to
le baiser	kiss
bons baisers	love and kisses *(closing of a personal letter)*
accorder	to make (something) agree
le/la New-Yorkais/-e m/f	New Yorker

frapper à la porte	to knock on the door
poser une question	to ask a question
signer [siɲe]	to sign one's name
entendre	to understand, to hear
ce que	what (that which)
la phrase	sentence
ci-dessous	below
il est chez lui	he is at home
sonner	to ring

l'opérateur/-trice	telephone operator
aviser	to inform, to notify
les frais	charges
la taxe	tax
le tarif	rate
obtenir	to obtain
composer	to dial
réveiller	to awaken
à l'heure	on time
l'assurance	assurance
le réveil	wake-up; alarm clock
par appel	each call
l'horloge f	clock
l'horloge parlante	talking clock
à l'heure exacte	at the exact time
le jour ouvrable	working days
le jour férié	holiday
unique	sole, only
proche	near
bd = boulevard	boulevard
avoir lieu	to take place
tard	late
le portefeuille	wallet, portfolio

1.2

l'autostop m	hitchhiking
le hall ['ol]	large, formal hall
ouvert, -e	open
plus de train	no more trains
le jour de chance	lucky day

faire du stop	to hitchhike
déposer	to set down, to let (someone) off
la sortie de la ville	outskirts of town
le toit	roof
courir	to run
à quel endroit?	at what place?, where?
souvent *adv*	often
moi, c'est Gilles [ʒil]	I'm Gilles
se tutoyer [tytwaje]	to use the *tu*-form with each other
avoir envie de	to feel like, to want
le sandwich au jambon	ham sandwich
le biscuit [biskɥi]	cookie
le coca, le Coca-Cola	Coke, Coca-Cola
déranger	to bother, to disturb
le briquet	cigarette lighter
la cendre	ash
la terre	earth, ground
par terre	on the ground
le cendrier [sãdrie]	ashtray
ennuyeux/-euse [ãnɥiø/øz]	bothersome, annoying
s'occuper de	to take care of
skier [skje]	to ski

la gare de Lyon	train station in Paris
Perpignan [perpiɲã]	city in the south of France *(dép. des Pyrénées-Orientales)*
l'horaire *m*	schedule
Narbonne [narbɔn]	city in the south *(dép. de l'Aude)*
Nice [nis]	city in the south *(dép. des Alpes-Maritimes)*
Angoulême [ãgulɛm]	city in the west *(dép. de la Charente)*
Bordeaux [bɔrdo]	port city on the Atlantic Ocean *(dép. de la Gironde)*
la correspondance	connecting train
réserver	to reserve
la couchette	sleeping berth on a train
les couchettes *f pl*	sleeping car
la seconde classe	second class
le billet	ticket
le voilà	there it is
au milieu	in the middle
Abbeville [abvil]	city in the north *(dép. de la Somme)*
Montreuil [mɔ̃trœj]; Saint-Omer [sɛ̃tɔmɛr]; Hesdin [edɛ̃]	cities in the north *(dép. du Pas-de-Calais)*
à l'arrière	in back
Amiens [amjɛ̃]	city in the north *(dép. de la Somme)*
Arras [aras]	city in the north *(dép. du Pas-de-Calais)*
Saint-Pol [sɛ̃pɔl]	town in the north *(dép. du Nord)*
l'automobiliste *m/f*	driver

simple *m/f*	simple, ordinary, plain
l'aller *m*	one-way ticket
un aller	one one-way ticket
l'aller-retour *m*	round-trip ticket
le non-fumeur	nonsmoker, *(here)* nonsmoking
de nuit	by night
le wagon-lit	sleeping car
le supplément	extra charge
le quai	platform
composter le billet	to stamp the ticket
la voiture-restaurant	restaurant car
le grill-express	grill car
la vente ambulante	vendor (on train)
la SNCF (Société Nationale des Chemins de Fer Français)	French National Railway

l'auto-stoppeur/-euse *m/f*	hitchhiker
prendre qn en auto-stop	to pick up a hitchhiker
partir en stop	to go hitchhiking
l'interrogation *f*	questions
l'Auvergne *f*	area in the Massif Central region (in central France)
Serre-Chevalier [sɛrʃəvalje]	winter-sports area in the Alps
l'emploi *m* [ãplwa]	usage
l'impératif *m*	imperative
à partir de	from, on the basis of
sauf	except
être suivi, -e de	to be followed by
toujours	always, ever, still
le trait d'union	hyphen
semblable *m/f*	alike, similar
contraire *m/f*	contrary
muet/-ette	silent
accompagné, -e de	accompanied by
à la place de	in place of
Châteauroux [ʃatoru]	city *(dép. de l'Indre)*
Limoges [limɔʒ]	city famous for the manufacturing of porcelain *(dép. de la Haute-Vienne)*

la quiche lorraine [kiʃ]	an egg-custard pie with ham or bacon bits
le rhum [rɔm]	rum
l'enquête *f*	survey
autour de	around
le monde	the world
Mexico [mɛksiko]	Mexico City
Moscou [mɔsku]	Moscow
Londres [lõdr]	London
toucher la mer	to border on the sea
l'Espagne *f* [ɛspaɲ]	Spain
la Grèce [grɛs]	Greece
l'Ecosse *f* [ekɔs]	Scotland
relire	to read again
la valise	suitcase
dire au revoir	to say good-bye
le parapluie [paraplɥi]	umbrella

la poire [pwar]	pear
l'habitude *f*	habit
réagir	to react
la rencontre	encounter, meeting
le but [by;byt]	goal, objective
Agen [aʒɛ̃]	town in the southwest *(dép. du Lot-et-Garonne)*
Murcia = Murcie [myrsi]	town in the south of Spain
Lyon [ljõ]	city on the Rhone River *(dép. du Rhône)*
durer	to last
Dijon [diʒõ]	city in Burgundy *(dép. de la Côte-d'Or)*
Chalon-sur-Saône [ʃalõsyrsõn]; Mâcon [makõ]	cities in Burgundy *(dép. de la Saône-et-Loire)*
Lyon-Perrache	train station in Lyons
Valence [valãs]; Avignon [aviɲõ]; Tarascon [taraskõ]; Arles [arl]	cities between Lyons and Marseilles
Marseille Saint-Charles [. . . ʃarl]	train station in Marseilles
comporter	to contain, to have
la place assise	seats
sauf indication contraire	except where noted
mal *adv*	badly

l'ouest *m*	west
l'arrivée *f*	arrival
la particularité	detail
la prestation	service, feature
un TGV (train à grande vitesse)	French high-speed train

la restauration	restaurant services
la rame	train section
la durée	duration
le trajet	trip
le coffret repas	box lunch
circuler	to operate, to be in service
proche *m/f*	near
le choix	choice
la grillade	grilled meat
la formule	plan, formula
alléger	to lighten
renouveler	to renew, to change
à l'intention de	for
se déplacer	to travel, to move
fréquemment *adv*	frequently
la pâtisserie	pastry
ainsi que	as well as
excepté, -e	except for
climatisé, -e	air conditioned
l'accès *m*	access
assis, -e	seated, with a seat

1.3

l'arrivée *f*	arrival
le bâtiment	building
laisser	to leave
et Serre-Chevalier, c'est par où?	and how do you get to Serre-Chevalier?
faire demi-tour	to turn around
c'est à combien de km, Serre-Chevalier?	it's how many kilometers to Serre-Chevalier?
venir voir qn	to come to see someone
le centre hospitalier	hospital
les urgences *f pl*	emergency ward
terminer	to finish
je suis de la famille	I am a member of the family
c'est différent	that's different
longtemps	a long time
il ne faudra pas rester longtemps	you must not stay a long time
la radio(graphie)	x-ray
ne . . . rien du tout	nothing at all
faire plaisir	to make happy, to give pleasure
ça fait mal	that hurts
bouger	to move
se pencher	to lean
se sentir bien	to feel well
souffrir	to suffer
avoir mal	to have pain
toute la nuit	all night
le plâtre	plaster (cast)
la station-service	service station
pourtant	however
tenir le magasin	to take care of the store
l'examen *m* [egzamɛ̃]	exam
apporter	*(here)* to bring along
se reposer	to rest
(le) fiston *m*	son, youngster

Névache	town in the Alps
la Nationale [nasjɔnal]	national highway
La Vachete	town in the Alps
en direction de l'Italie [dirɛksjɔ̃]	in the direction of Italy
Guillestre [gijɛstr]	town in the *dép. des Hautes-Alpes*
Sestrière [sɛstriɛr]	winter resort in the Italian Alps
sur votre gauche	on your left
le fond [fɔ̃]	bottom
au fond de	at the end of

la santé	health
subir	to undergo
subir une opération	to undergo an operation

le secours	help
le soin [swɛ̃]	care
accidenté, -e [aksidɑ̃te]	victim of an accident
transporter	to transport
soigner [swaɲe]	to care for
opérer	to operate on *(someone)*
remplir	to fill
l'essence (ordinaire)	gas (regular)
le super [sypɛr]	super
le carburant	fuel
le gasoil [gazɔjl/gazwal]	diesel fuel
le gazole [gazɔl]	diesel fuel
le pompiste	station attendant
nettoyer [netwaje]	to clean
le pare-brise	windshield
vérifier l'huile *f*	to check the oil
le pneu [pnø]	tire
la pression des pneus	tire pressure
combien j'en mets?	how much should I put in?
douloureux/-euse	painful
être mal	to be ill
démarrer	start (the car), to move off
avancer	to go forward
reculer	to go back
accélérer [akselere]	to accelerate
freiner	to brake
faire marche arrière	to go backwards, to go in reverse
se garer	to park
tout droit	straight ahead
au bout de	at the end of
le repère	reference points
l'impasse *f*	dead end
le carrefour	crossroads, intersection
la porte	door
sur la gauche	on the left side
ajouter	to add
retrouver	to find (again)
la terminaison	ending
lorsque	when
signifier	to mean
s'accorder	to agree with

marseillais, -e	of *or* from Marseilles
se trouver	to be located, to be found
le/la Parisien/-sienne	a Parisian
le quai	quay, *(here)* street that runs along a riverbank
le Louvre	world-famous art museum in Paris, former palace of French kings
le Pont-Neuf	oldest bridge in Paris
questionner sur	to ask about
la dispute	dispute, argument
les soldes *f pl*	sale

la station de sports d'hiver	winter sports resort
nombreux/-euse	numerous
l'amoureux/-euse	lover(s)
l'amoureux de la montagne	lover of mountains
l'escalade *f*	scaling, climbing
la randonnée	outing, excursion
le ball-trap [baltrap]	trapshooting

se rendre	to go to
le col	pass, collar, saddle *(of a mountain)*
l'autoroute directe	expressway, freeway
Genève [ʒɔnɛv]	Geneva
Annecy [ansi]	city in the French Alps *(dép. de la Haute-Savoie)*
Venise [vəniz]	Venice
Modane [mɔdan]	Modena, in Italy
Alpe d'Huez [alpədɥɛz]	winter resorts in the Alps
Bourg-d'Oisans [burdwazã]	
sportif/-ive	liking sports, athletic
la région briançonnaise [briãsɔnɛz]	the Briançon region

 1.4

servir	to serve, to wait on
devoir	to owe, to be obliged, to have to
combien je vous dois? [dwa]	how much do I owe you?
rendre	to give back
avoir l'habitude de faire qc	to be in the habit of doing something
la soirée	evening
se passer	to happen, to take place
beaucoup de monde	many people
faire la queue [kø]	to stand in line
Villeneuve [vilnœv], Montgenèvre [mɔ̃ʒənɛvr]	winter resorts near Briançon
la remontée	climb, ascent, lift
la remontée (mécanique)	(mechanical) ski lift
autant de	so many, as much
partout	everywhere
s'amuser	to amuse oneself, to have fun
retrouver	to find again, *(here)* to run into
énormément *adv*	a lot of
aussi bien que	as well as
se débrouiller [debruje]	to get along, to manage
d'habitude	normally, usually
la boîte (de nuit)	nightclub, discotheque
vraiment *adv*	truly, really
vous serez encore là demain?	will you still be there tomorrow?
qu'est-ce que vous en dites?	what do you think about that?
s'ennuyer [sãnɥije]	to be bored
le/la débutant/-e	beginner
le fort (fort, -e)	*(here)* experienced
le sommet	summit, top
la (*or* le) télécabine	cablecar
prendre un pot [po]	*(slang)* to have a drink

la caissière	cashier
service compris	service (tip) included
le relais [rəlɛ]	relay stop for long-distance carriages
le Relais	common name for a restaurant
le terminus [tɛrminys]	terminal
l'auberge *f* [oberʒ]	inn, *(here)* an elegant restaurant with a country atmosphere
bruyant, -e	loud
Megève [məʒɛv], Méribel [meribɛl]	winter resorts in the Alps
la piste	*(here)* ski run
l'un; l'autre	the one; the other
la côte landaise	Landes coast, on the Atlantic in southwest France

le papier à lettres	writing paper
le bonbon	candy
le téléski	ski lift
télésiège	chair lift
le téléphérique	cable car
la descente	descent
faire la noire	to go down the black (most dangerous) ski run
moyen/-enne	medium

pire *m/f*	worse, worst
pis *adv* [pil]	worse, worst
l'insistance *f*	emphasis
le verbe opérateur	modal verbs

l'auto-école *f*	driving school
l'interrogatoire *m*	interrogation, *(here)* a series of questions
souligner	to underline

quel temps avez-vous?	what kind of weather are you having?
loger	to live, to stay
se payer	to treat oneself
l'esprit *m*	spirit, mind
l'esprit de contradiction	spirit of contradiction
Vars	winter resort in the Alps
la pratique	practice
le forfait	set price
l'argent liquide	cash
le carnet de chèques	checkbook

la signification	meaning
le drapeau	flag
quant à	in regard to
la circulation	traffic
le damier	checkerboard
hors (de)	outside of
le hors-piste	off-trail
déconseiller	to advise against
le piquet	post, stake
croisé, -e	crossed
tendre un filet	to stretch a net
apercevoir	to see, to perceive
le rocher	rock
depuis	since, *(here)* from
depuis l'amont	from the up-side
la fermeture	closing
le secouriste	first-aid worker
préciser	to give specific information
à proximité de	near
se produire	to happen, to occur
la balise	marker
en aval	down-side
la partie du corps	part of the body
sembler	to seem
toucher	to touch, to affect
être touché -e	*(here)* to be affected, to be hurt
la hanche	hip
grâce à	thanks to, due to
efficace *m/f*	efficient, effective
s'agir de	to be a question of
la langue	language
triplace	three-seater
le ski alpin	Alpine skiing
le domaine	domain, *(here)* area
le stade	stadium
la boucle	buckle, *(here)* cross-country ski run
entretenir	to maintain
le moniteur-guide	ski guide
la jardinière	kindergarten teachers
les langues pratiquées	languages spoken
le ski de fond	cross-country skiing
le ski artistique	trick skiing
le ski hors-piste	off-trail skiing
l'accueil *m*	welcome, *(here)* beginning
la leçon particulière	individual, private lesson
le tarif	rate

1.5

le moins de monde [mwɛ̃]	the fewest people
la piste noire, rouge	most difficult, second most difficult ski run
n'ayez pas peur! [nɛjepapœr]	don't be afraid!
la piste bleue, verte	third most difficult, easiest ski run
mourir de soif [swaʃ]	to die of thirst
dis donc [didɔ̃k]	say there!, hey!
bon marché	cheap, reasonable
meilleur marché *m/f* [mɛjœr]	a better buy, cheaper
neuf/-ve	brand-new
faire une bonne affaire	to get a good deal
en plus	on top of that, furthermore
le boulot [bulo]	*(slang)* job
au fait [oʃɛ]	by the way
gêner	to annoy, to disturb
redescendre	to go down again
ennuyer	to bother
ridicule *m/f*	ridiculous
la consommation	*(here)* beverage

prendre un verre	to have something to drink
un citron pressé	fresh lemon juice
la tournée	*(here)* round, turn to pay
à pied	on foot
raccompagner	*(here)* to accompany back (home)
l'appartenance *f*	belonging, ownership
la voiture de location	rental car
rencontrer qn	to meet someone

la brasserie	pub
le bistrot	neighborhood café pub
le snack [snak]	snack shop
encaisser	to cash, to collect
je t'en prie	please
chouette *m/f* [ʃwɛt]	wonderful, great
reprendre le travail	to take up again, to go back to work
plusieurs *m pl/f pl*	several
l'espace *m*	space

Chantemerle [ʃɑ̃təmɛrl]	winter resort
une fenêtre qui donne sur les pistes	a window looking out on the ski runs
perdre	to lose
le cadre	frame, *(here)* box
arriver le/la dernier/-ère	to arrive last
le champion du monde	world champion
l'Amazone *f*	Amazon River
le fleuve	river
le mont Everest [evrɛst]	Mount Everest
l'URSS *f* [yɛrɛsɛs] (Union des républiques socialistes soviétiques)	USSR
peuplé, -e	inhabited

le caravaning [karavaniŋ]	trailer camping
le/la moniteur/-trice	instructor
la vitesse	speed
acheter d'occasion	to buy used

Poèmes et chansons

Poems and Songs

la chanson	song
le montagnard	mountaineers
la chanson folklorique	folksong
les amours *f pl*	loves
la cabane	hut, cabin
fortuné, -e	fortunate, happy
la patrie	country

tant *adv*	so, so much
en chœur [kœr]	in chorus, in unison
la paix [pɛ]	peace
le bonheur	happiness
halte! halte-là!	halt!, stop there!
l'étranger/-ère *m/f*	foreigner
mes campagnes *f pl*	*(here)* flatlands, plains
le berger	shepherd
la folie	madness
heureux/-euse	happy, content
la ceinture	belt
joyeux/-euse	joyful
ma mie (=mon amie)	my darling
la cime	summit
argenter	to cover with silver
le pic	mountain peak
orageux/-euse	stormy
dompter	to tame, to subdue
favoriser	to favor
le glacier	glacier
le plomb [plɔ̃]	lead, *(here)* bullet
atteindre	to attain, to get
l'ours *m* [urs]	bear
le mont	mountain
une fois	one time, once
devancer	to precede, to get ahead of
la course	course, race
le chamois	chamois, small goat-like antelope
silencieux, euse	silent
voiler	to veil
se dérober	*(hear)* to disappear, to be hidden
mugir	to moo, to bellow, to roar, to moan
l'ombre *f*	shadow
chanter bas	to sing softly
réveiller	to waken

le ski de fond	cross-country skiing
à peu près	approximately, around
le ski alpin	Alpine skiing
se choisir	to be chosen
en fonction de	according to
la taille	size
la largeur	width
le système de fixation	binding system
l'équilibre *m*	equilibrium, balance
donc	so, thus, therefore
convenir à	to suit
l'habitué *m*	*(here)* regular skier
rêver de	to dream of
l'apparition *f*	appearance
récemment *adv*	recently
le bois	wood
enter dans la fabrication	to enter into the manufacture
superposé	to put on top of one another
juxtaposé	to put next to one another
le dernier cri	the last word, the latest fashion
à l'heure actuelle	today, right now
la semelle à écailles	*(here)* fish-scale skis
antirecul	antiskid
le pas	step
jouer de mauvais tours	to play tricks
glacé, -e	icy
de toutes façons	in any event, in any case
s'user	to wear out
aux dires de qn	according to

maintenir	*(here)* to hold
l'avant du pied	front of the foot
le talon	heel
le matériel de fond	materials for long-distance skiing
encombrant, -e	encumbering
la souplesse	suppleness, flexibility
la légèreté	lightness
le bouleau	birch wood
le noyer	walnut
le sapin	fir
le hêtre	beech wood
le balsa	balsa wood
le bâton	ski pole
disposer de	to have at one's disposal, to have available

Bilan 1

le groupe verbal	word groups
la tournure	expression
en courant	running
le verbe qui s'impose	the verb that is required
la suite logique	logical sequence of ideas
le maillot de bain	bathing suit
le pinceau	brush
la peinture	painting
le formulaire	form
particulier/-ière	particular, individual

2.1

Roissy	airport outside of Paris (also called *Charles de Gaulle*)
l'imprimerie	printing plant
l'associé, -e *m/f*	associate, business partner
se rendre à	to go to
la foire	fair
Bamako [**bamako**]	capital of Mali, located on the Niger River
le Mali [**mali**]	French-speaking country in West Africa
la Foire du Livre	book fair
l'hôtesse *f*	stewardess, hostess
l'embarquement *m*	boarding
la carte d'embarquement	boarding pass
ça y est!	that's it!
faire enregistrer sa valise	to check one's baggage
eh bien!	so!
le directeur commercial	sales manager
l'édition *f*	edition
les éditions	publishing house
Dakar [**dakar**]	capital of Senegal
dakarois, -e	of *or* from Dakar
très heureux	pleased to meet you
l'éditeur/-trice *m/f*	publisher
créer	to create
la succursale	branch
prendre contact avec qn	to make contact with someone
ensuite	then
prendre une décision	to make a decision
compter sur qn	to count on someone
avec plaisir	with pleasure, gladly
la durée	duration
le haut-parleur	loudspeaker
le vol	flight
Air Afrique	name of an African airline company
Abidjan [**abidʒã**]	capital of the Ivory Coast in West Africa
plus de	more than

l'heure *(f)* locale	local time
le décollage	take-off
le chiffre	figure, number

les villes desservies	cities served
le rapport UTC (temps universel coordonné)	*(here)* time difference
l'Île Maurice *f*	Mauritius, island east of Madagascar in the Indian Ocean
Plaisance	name of the airport on Mauritius
la roupie	rupee (currency)
le Mexique	Mexico
le car	long-distance bus (to or from the airport)
le fauteuil-couchette	armchair-sleeper
dans combien de temps?	in how long? when?
la porte	*(here)* gate
être en avance	to be early
l'horaire *m*	schedule
Ery (thrée) [eritre]	Eritrea (Northern Ethiopia)
Lisbonne [lisbɔn]	Lisbon
Palma [palma]	Palma de Mallorca
Venise [vəniz]	Venice
retardé, -e	late, delayed
annuler	to cancel
demander son avis à qn	to ask someone for advice
agrandir	to enlarge
l'Eure *f*	department in Normandy
l'étude *f*	*(here)* notary's office
la s.a.r.l. (société à responsabilité limitée)	corporation

la compagnie aérienne	airline company
l'enregistrement *(m)* des bagages	baggage check
la provenance	point of origin
en provenance de	coming from
l'imprimeur *m*	printer
imprimer	to print
la maison d'édition	publishing house
publier	to publish
l'auteur *m*	author
la revue	journal, magazine
décider de	to decide to
ça va marcher	that's going to work, that's going to be successful
neutre *m/f*	neutral
à mon avis	in my opinion
soutenir	to support
l'accompagnateur/-trice *m/f*	accompanist
l'accompagnement *m*	accompaniment
expliquer	to explain
embarquer	to board, to embark
complétif/-ive	having to do with nouns
la (proposition) subordonnée complétive	subordinate noun clause
introduire	to introduce
la proposition principale	main clause
la proposition subordonnée	subordinate clause
remarquer	to notice
le piéton	pedestrian
faire sa toilette	to get washed up

selon *prép*	according to
il va mieux	he's better
je l'ai fait manger	I made him eat
précédent, -e	preceding, previous
le cours d'anglais	English course
apprendre	to learn
la chanson	song
rater son train	to miss one's train

à l'heure	on time
le verbe qui convient	the appropriate verb
quelques jours	a few days
voir le médecin	to see the doctor
arrêter de travailler	to stop working
c'est décidé	it's decided
répondre à	to respond to, to reply to
passer	to spend *(time)*
au fond du jardin	at the far end of the garden
mourir d'envie de faire qc	to be dying to do something
l'escargot *m*	snail
amicalement *adv*	with friendliness, warmly

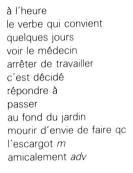

enfin	finally
faire faire	to have (something) done
ce que	what, that which
tout à l'heure	right away, soon
une machine à laver la vaisselle	dishwasher
la voiture d'occasion	used car
s'associer	to join with, to go in as partners with
la croix	cross
la case	*(here)* box
le repassage	ironing
repasser	to iron
ça m'amuse	it amuses me
la blanchisserie	laundry
maladroit, -e	clumsy
changer d'appartement	to change apartments, to move
refaire	to do over again
s'adresser à	to contact
le peintre	painter
je n'y touche jamais	I never touch it
la prise (de courant)	electric plug
l'interrupteur *m*	switch
le ménage	housework
faire le ménage	to do housework
l'aspirateur *m*	vacuum cleaner
passer l'aspirateur	to do vacuuming, to vacuum
la femme de ménage	cleaning woman
le bricolage	do-it-yourself work
bricoler	to fix things up at home
la cheville	a plug *(for driving in a nail)*
le mur	wall
le sujet	subject

aérien/-ienne	air, by air
la liaison	link, connection
les liaisons aériennes	flight connections
U.T.A. [ytea]	United Transworld Airlines
desservir	to serve
en correspondance	connecting
le vol intérieur	domestic flight
le square [skwar]	public square
Lumumba [lumumba]	Congolese politician
B.P. (boîte postale)	post office box
le fret [frɛ]	freight
le transfert [trɑ̃sfɛr]	transportation to and from the airport
FM (franc malien)	Mali Franc
Gao [gao], Goundam [gundam], Kayes [kaj(e)], Kenieba [kenjeba], Mopti [mɔpti], Nara [nara], Nioro [njɔro]	cities in Mali
Tombouctou [tɔ̃buktu]	Timbuktu
l'hôte m	*(here)* host (can also mean "guest")
la densité	*(here)* population density

faible *m/f*	*(here)* low
au km	per kilometer
campagnard, -e	rural
inégal, -e	unequal, uneven
répartir	to distribute
les quatre cinquièmes	four-fifths
la partie	part
occidental, -e	western
le dixième	one-tenth
l'ethnie *f*	ethnic group
les Bambaras [bãbara], les Malinkés [malɛ̃ke], les Kassonkés [kasɔ̃ke], les Sonraïs [sɔ̃raj], les Dogons [dɔgɔ̃]	tribes in Mali
le musulman [myzylmã]	Moslem
l'animiste *m/f*	animist
le chrétien	Christian
propre *m/f*	own

2.2

le rafraîchissement	refreshment
lequel/laquelle?	which one(s)?
celui-ci/celle-ci	this one
éviter (de)	to avoid
facile *m/f*	easy
il y a longtemps	a long time ago
le ministère	ministery, government department
tous les jours	every day
par jour	a day, each day
fatigant, -e	tiring
le changement	change
à propos	while we're on that subject
la chaleur	heat
climatiser	to air-condition
descendre à/dans un hôtel	to stop at a hotel
au bord du fleuve	by the river
la vue	view
venir chercher qn	to come get someone
connaître	to know, to be acquainted with
le compteur	meter
prévenir qn	to warn someone
le commandant de bord	flight captain
survoler	to fly over
actuellement *adv*	at this time, right now
Tombouctou [tɔ̃buktu]	Timbuktu, city in Mali

l'agence *f*	agency, office
comment fait-on pour aller à Roissy?	how does one get to Roissy?
la gare du Nord	train station in Paris
Roissy-Rail	express train connection between Roissy and Paris
la porte Maillot	bus station in Paris
Orly	airport near Paris
l'aérogare *f*	airport terminal
le R.E.R. (Réseau Express Régional)	express train system in the Paris region
le Pont St-Michel	bridge in Paris, also the name of an express-train station
les Invalides *m pl*	bus station near the Invalides monument
le trajet	trip

l'équipage *m*	crew
le personnel navigant	flight personnel
la consigne	instruction
prier de	to ask
la ceinture de sécurité	safety belt
regagner sa place	to go back to one's seat
l'atterrissage *m*	landing
la fréquence	frequency

de temps en temps	from time to time
aller vers le bas	to go down
l'arrière-grand-père	great-grandfather
descendre de	to descend from
le roi	*(here)* king
la Prusse	Prussia
l'événement *m*	event
être en train de se dérouler	to be happening, to be taking place
le radical	stem
depuis	since, for
depuis quand . . . ?	since when?, how long?
le pronom interrogatif	interrogative pronoun
le pronom démonstratif	demonstrative pronoun
le jus d'ananas	pineapple juice

le bachot/le bac	*(slang)* baccalaureat exam (college-qualifying exam)
préparer son bac	to prepare for one's baccalaureat exams
il y a trois ans	three years ago
le permis de conduire	driver's license
inscrire	to write down
la société d'import-export	import/export company
le tiroir du bureau	desk drawer
j'espère qu'elles vont t'amuser	I hope they'll amuse you
la salle d'étude	study hall
le temps de liberté	free time
la salle de jeux	game room
le pensionnat	boarding school
l'enfance *f*	childhood
se rappeler qc	to remember something
la sortie	exit

scientifique *m/f*	scientific
le/la scientifique	scientist
la calculatrice électronique	electronic calculator
donner la parole à qn	to give one's word to someone
la jeunesse	youth

débuter	to begin
vers	towards
le siècle	century
le Ghana [**gana**]	English-speaking republic of West Africa
atteindre	to attain, to reach
succéder à	to succeed, to replace
fonder	to found
connaître des heures glorieuses	to know moments of glory (its greatest period)
le règne	reign
briller	to shine
l'éclat *m*	brilliance
régner	to reign, to rule
l'Atlantique *m*	Atlantic
la boucle	bend (of a river)
la forêt	forest
les environs *m pl*	surroundings
s'étendre	to extend, to spread
allant	going, extending
la conquête	conquest
s'achever	to end, to be finished, to be completed
la guerre	war
la guerre mondiale	World War
le Soudan [**sudã**]	Sudan
se prononcer pour	to declare oneself in favor of
la Communauté (française)	French Community (French equivalent of the British Commonwealth)
l'entrée f	entry
investir	*(here)* to install

la République Soudanaise	Republic of Sudan
l'échec *m*	failure, setback
l'appellation *f*	name
distinguer	to distinguish
suivant	following, according to
l'hivernage *m*	rainy season
le rafraîchissement	refreshment, freshening
la moyenne	average
sec, sèche	dry
les chaleurs maxima	maximum heat
d'autant plus tard	so much the later
l'Harmattan [**armatã**]	proper name for a specific wind (like the *Mistral* or *Sirocco)*
souffler	to blow
dès	from, as early as
se situer	to be situated, to be placed
vestimentaire *m/f*	having to do with clothing
le lainage	woolen garment
la toile	cotton, linen
une paire de lunettes à verres filtrants	sunglasses

2.3

j'ai envie de	I want to, I feel like
en fin d'après-midi	at the end of the afternoon
sénégalais, -e	of *or* from Senegal
l'artisanat *m*	crafts
je me sens dépaysé, -e [**depeize**]	I feel out of my element
le tas	pile, bunch, heap
supportable *m/f*	tolerable, bearable
s'attendre à	to expect
la piscine	swimming pool
la fleur	flower
au bord de la piscine	by the pool
se baigner	to go swimming
le coucher de soleil	sunset
gentiment *adv*	nicely, graciously
il fait nuit	it's night
donc	so, thus
servir	to serve
le piment	hot red pepper, chili pepper
le vin de palme	palm wine
glacé, -e	iced
bousculer	to bump
le/la serveur/-veuse	waiter/waitress
la tache	spot
le nettoyage	cleaning
sinon	if not
pimenter	to season with pepper
pimenté	spicy, hot

la réclamation	complaint
les lits jumeaux *m pl*	twin beds
le grand lit	large bed
face à (la mer)	facing (the sea)
renverser un verre	to spill a glass
ce n'est pas de ma faute	it's not my fault
taché, -e	spotted
réserver (une chambre)	to reserve (a room)
le sac à provisions	grocery bag

le voyage organisé	organized tour
le circuit	tour, circuit
le singe	monkey
la panthère	panther
l'hippopotame *m*	hippopotamus

le buffle	buffalo
la bijouterie	jewelry store
le collier	necklace
la bague	ring
la maroquinerie	*(here)* leather work
la ceinture	belt
la sculpture sur bois	wood sculpture
la sculpture sur ivoire	ivory sculpture
le tissage	weaving
le tissu	cloth
la poterie	pottery
exprès *adv* [ɛksprɛ]	on purpose
la faute	fault
c'est (de) ma faute	it's my fault
présenter toutes ses excuses à qn	to offer one's excuses to someone, to apologize
je vous en prie	*(here)* it was nothing
pour terminer	to end, to finish
tendrement *adv*	tenderly
affectueusement *adv*	affectionately
cordialement	cordially
la bise	kiss
désorienter	to disorient, to confuse
le changement de décor	change of decor
le changement de milieu	change of surroundings
rechercher	to seek
décourager	to discourage
exprimer	to express
précis, -e	precise
«l'action ponctuelle» *f* = «l'action point» *f*	action taking place at a single point in time

réécrire	to rewrite
«l'action cadre» *f*	action that serves as a frame, background action
avoir l'air triste	to have a sad air, to look sad
s'habiller	to dress one's self, to be dressed
quitter (sa banque)	to leave (his bank), to quit (his bank)
manquer un rendez-vous	to miss a date, to miss an appointment
relier	to tie, to relate
utiliser	to use, to utilize

le constat [kɔ̃sta]	*(here)* report
le croquis [krɔki]	sketch
le conducteur	driver
préciser	to specify
la voie	roadway
la flèche	arrow
le choc	impact
le signal routier	traffic sign
utile *m/f*	useful
le stationnement	parking
en stationnement	parked
quittait un stationnement	to leave a parking space
prenait un stationnement	to take a parking space
le lieu privé	private property
le chemin de terre	unpaved road, dirt road
le sens	direction
s'engager dans	*(here)* to enter
le sens giratoire	circular traffic flow
rouler	to drive
l'arrière *m*	the rear
la file	*(here)* lane
changer de file	to change lanes
doubler	to pass

194

virer	to turn, to change direction
empiéter sur	to encroach, to infringe on
la chaussée	pavement
la circulation	traffic
inverse *m/f*	opposite
le signal de priorité	sign indicating right-of-way
l'avant gauche *m*	left-front side
j'en ai assez	I've had enough
étrange *m/f*	strange
passer par la fenêtre	to come through the window
le frigo	refrigerator
arriver	*(slang)* to happen
il m'est arrivé quelque chose d'étrange	something strange happened to me
la manière de vivre	manner of living, way of life
au contraire	just the opposite
arriéré, -e	backward
marcher sur le pied de qn	to step on someone's feet
l'encre *f*	ink

l'amitié *f*	friendship
Hotel Sofitel	a hotel chain
la situation	location
le centre-ville	downtown
à proximité de	near
le quartier des affaires	business sector
au cœur de	in the heart of
privé, -e	private
l'antilope-cheval *f,* l'ourébi *m* [urebi], le cob *m* [kɔb]	various kinds of antelopes
le phacochère *m* [fakɔʃɛr]	warthog
constituer	to turn into
la faune	fauna
accéder à	to get to
la piste	trail
s'étendre	to stretch, to extend
la superficie	area
contigu, -ë	contiguous, neighboring
en vue de	in order to, with a view to
l'hippotrague *m,* le bubale	various kinds of antelopes
outre	in addition to
la détente	rest, relaxation
le confort	comfort
la climatisation	air conditioning
gastronomique *m/f*	gastronomic, having to do with fine cooking and dining
avec ambiance musicale	with music
la vue panoramique	panoramic view

2.4

le discours	discourse, talk, speech
le ministre de la Culture	Minister of Culture
malien/-ienne	of *or* from Mali
se terminer	to end
le plan	map
se diriger	to head toward
parmi	among
l'exposant *m*	exhibitor
l'équipe *f* de la télévision	television crew
accompagner	to accompany
grâce à	thanks to
avoir du mal à	to have difficulty in
occupé, -e	busy
le scénario	script, *(here)* story
il y a quelques instants	a few moments ago
repasser	to come back, to pass by again
il vaut mieux	it is better
camerounais, -e	from *or* of Cameroon
entendu!	understood, I've got it

ne te dérange pas	don't bother
en haut [ã'o]	on top
contenir	to contain
renseigner qn	to inform someone

la manifestation	*(here)* events
le congrès [kɔ̃grɛ]	conference, convention
la réunion	meeting
le séminaire	seminar
le colloque	colloquium, conference
l'exposition *f*	exhibition, show
le pavillon [pavijɔ̃]	pavillion
assister à	to attend
s'informer	to inform oneself
l'écrivain *m*	writer
retenir	to retain, to remember
se tenir	to take place
le Grand Palais	exposition center in Paris
le livre d'art	art book
le placement	investment
peint -e (à la) main	hand-painted
la nouveauté	newly published book
la leçon	lesson
repasser une leçon	to review a lesson
le linge	laundry
repasser (le linge)	to iron the laundry
plat, -e	flat
le fer à repasser	iron
l'année *f*	year
la proposition relative	relative clause

le musée Marmottan [mamɔtã]	art museum in Paris with a famous Impressionist collection
l'Angleterre *f*	England
le devant	front part
avoir un jardin sur le devant	to have a garden in front
le laitier	milkman
poser	to place, to put
elle n'arrive pas à se décider	she cannot make up her mind
là-haut	up there
marron *m/f pl*	chestnut brown
avoir l'air neuf	to look new
la réserve d'Amboseli [ãbozli]	animal preserve in Kenya
Nairobi [najrɔbi]	capital of Kenya
le climatiseur	air conditioner

l'artisan *m (occasionally,* l'artisane *f)*	artisan, craftsman
l'Asie *f*	Asia
le niveau 3	3rd level, 3rd floor
l'Argentine *f* [arʒãtin]	Argentina
le Brésil [brezil]	Brazil
la Chine [ʃin]	China
la Colombie [kɔlɔ̃bi]	Colombia
l'Equateur *m* [ekwatœr]	Ecuador
la Hongrie ['ɔ̃gri]	Hungary
l'Inde *f* [ɛ̃d]	India
l'Indonésie *f* [ɛ̃dɔnezi]	Indonesia
le Maroc [marɔk]	Morocco
le Pérou [peru]	Peru
la Pologne [pɔlɔɲ]	Poland
la Roumanie [rumani]	Romania
la Suède [sɥɛd]	Sweden
la Syrie [siri]	Syria
la Tchécoslovaquie [tʃekɔslɔvaki]	Czechoslovakia
la Thaïlande [tajlãd]	Thailand

le Viêt-nam *(also,* Vietnam) [vjɛtnam]	Vietnam
remplir	to fill out, to fill in
le goût	taste
seulement *adv*	only
maniaque *m/f*	finicky, fussy
l'ivoire [ivwar]	ivory
la Chaîne Intercontinental	name of a hotel chain
le quartier résidentiel	residential neighborhood
la baie	bay
la cascade	waterfall
la fontaine	fountain
le gymnase [ʒimnaz]	gymnasium
la patinoire à glace	ice-skating rink
le centre de congrès	conference center
Novotel	name of a hotel chain
Yaoundé [jaunde]	capital of Cameroon
de plein air	open-air

faire connaître	to make known, to publicize
introduire	to introduce
le commerce mondial	international business
vigoureux/euse	vigorous
d'ailleurs	furthermore, as a matter of fact
l'anglophone *m*	English-speaking person
le francophone	French-speaking person
le rééquilibre	new balance
s'accomplir	to be established
le Cameroun	republic in West Africa
s'affirmer	to affirm itself, to assert oneself
les marchés en expansion	expanding markets
alors que	while, when
se limiter à	to be limited to
le livre scolaire	schoolbook, textbook
parfois	sometimes
la poésie	poetry
se lancer dans qc	to plunge into
de plus en plus	more and more
épineux/-euse	thorny, difficult, problematic
le roman	novel
refléter	to reflect
cependant	yet, still, nevertheless
réaliser	to realize, to carry out, to accomplish
restant, -e	remaining
être le fait de	being the work of
le manque de	the lack of
la faiblesse	weakness
les moyens financiers *m pl*	financial means
la lacune	lack, gap, break
le réseau de distribution	distribution network
le point de vente	sales outlet
se conjuguer	*(here)* to add up to
rendre difficile	to make difficult
la percée	(market) penetration
peu à peu	little by little
l'ensemble de l'édition	the publishing industry in general
intelligemment *adv*	intelligently, nicely
à l'écart de	remote from, apart from
le circuit de visite	(convention) traffic
il vaut mieux	it is better
(Mieux eût valu)	it would have been better
sans doute	without doubt
quitte à occuper moins de place	even if it entailed occupying less space
être tenu en lisière	to be kept at the edge of things
prévaloir	to prevail
au surplus	besides, in addition

déboucher sur	*(here)* to result in
demeurer	to stay, to remain
compenser	to compensate
se succéder	to follow each other
aménager	to arrange, to furnish, to decorate
l'ouverture *f*	opening
la Maison des Jeunes	youth center
l'organisme *m*	institution, organization
le bibliophile	book lovers
la clôture	closing
prévoir	to forecast, to foresee
saharien/-ienne [saarjɛ/jɛn]	of *or* from the Sahara
le pays voisin	neighboring country
s'agir de	to be a question of
la primeur	a first
en effet	in fact
le patrimoine	heritage
tendre à	to tend to
le courant	current
en définitive	finally, in the last analysis
l'enrichissement *m*	enrichment
ériger	to erect, to build
la gamme variée	varied line, varied selection
le manuel	manual, textbook
l'ouvrage *m*	work
l'ouvrage de vulgarisation	popularization, book for a nonspecialized public
le chercheur	researcher
l'amoureux/-euse	lover
la bonne feuille	*(here)* good books

2.5

l'avenir *m*	future
le chef de fabrication	head of production
installer une succursale	to set up a branch
francophone	French-speaking
la maison	*(here)* publishing house, company
actuel/-elle	present, current
à l'heure actuelle	at the present time
jusqu'à présent	until now
l'inconvénient *m*	inconveniences, problems
le coût	cost
élevé, -e	high
le délai	delay
prendre rendez-vous avec qn	to make an appointment
Croyez, cher ami, à l'expression de mes sentiments les meilleurs	Yours truly, Sincerely yours, etc. *(literally,* Believe, dear friend, in the expression of my best feelings)
être de retour	to be back
former le personnel	to train personnel
l'entretien *m*	maintenance
le dépannage	repair
la Côte-d'Ivoire [kotdivwar]	the Ivory Coast, republic in West Africa
le Cameroun [kamrun]	Cameroon, republic in West Africa
amitiés	*(here)* all the best, warmest greetings, etc.
félicitations!	congratulations
signaler	to point out, to report
le Bénin [benɛ̃]	Benin, republic in West Africa
le Togo [tɔgo]	Togo, republic in West Africa
prolonger	to prolong, to extend
le séjour	stay
Accra [akra]	capital of Ghana
Lomé [lɔme]	capital of Togo
transmettre	to transmit, to convey
traduire	to translate
le pantalon ne lui va pas	the pants don't fit her
Saint-Pierre	St. Peter's Basilica in Rome

le pneumatique	express letter (transported by pneumatic tube)
le paquet	package (small)
le colis	package (large)
(par) exprès *m* [ɛksprɛs]	express
(en) recommandé *m*	registered
l'expéditeur *m*	sender
le destinataire	addressee
l'en-tête *m*	heading, letterhead
l'objet *m*	*(here)* subject
la formule de politesse	greetings and closing phrases in a letter
Veuillez croire, cher . . . à mes sentiments les meilleurs	
Recevez, . . . mon meilleur souvenir	
Veuillez agréer, Monsieur, l'expression de mes sentiments distingués	all possible closings for a business letter
Je vous prie d'agréer, Madame/Mademoiselle, mes sincères salutations	
mes respectueux hommages	my sincere respect
le déplacement	traveling
le rangement	ordering, putting in order
le soutien	support
le discours indirect	indirect discourse
rapporter une information pour qn	to report a piece of information to someone
supprimer	to suppress, to omit
les guillemets *m pl*	quotation marks
au moyen de	by means of
la conjonction de subordination	subordinating conjunction

il me faut	I need
il te faut	you need
sentir l'alcool *m*	to smell of alcohol
supporter	to tolerate, to put up with
ça prendra un an	that will take one year
construire	to construct, to build
le patron/la patronne	the boss
le chef d'entreprise	head of the company
travailler à la carte	to work flexible hours
l'horaire *m*	schedule

l'ambassadeur/-drice *m/f*	ambassador
deviner	to guess
debout	standing
se tenir debout	to be standing
face à	in front of
chuchoter	to whisper
parler bas	to speak low, to speak softly
à son tour	in turn

prévoir	*(here)* to think about, to plan for
la piste	trail
la trace	path, trail
combien de fois?	how many times?
faible *m/f*	*(here)* small
la frontière	frontier, border
chacun, -e	each one
par rapport à	in relation to
la Guinée [gine]	Guinea, republic in West Africa
la consigne de sécurité	safety instructions
la circulation	traveling, traffic
le matériel	material, equipment
le lit de camp	cot
le matelas mousse	foam mattress
le sac de couchage	sleeping bag
le duvet	down *(feathers)*

geler	to freeze
consulter un médecin	to consult a doctor
l'axe *m*	frequently traveled route
fréquenté, -e	*(here)* traveled
même si	even if
signaler	to point out, to announce
l'étape *f*	stage, step
la douane	customs
la gendarmerie	police
en tout cas	in any case
perdre de vue	to lose sight
le revêtement	*(here)* surface
paraître	to appear to be, to seem
s'effacer	to fade
le militaire	soldier
égarer	to lead astray

Bilan 2

le garagiste	auto mechanic, service-station employee
les cheveux *m pl*	hair
les verbes précédés de faire	verbs preceded by *faire*
drôle *m/f*	amusing
courir	to run
prendre une douche	to take a shower
Noël *m* [nɔɛl]	Christmas
portant sur	*(here)* about
au bout de 15 jours	at the end of two weeks, after two weeks
le produit	product
j'ai réussi	I succeeded, I was able to

Poèmes et chansons — **Poems and Songs**

la bannière	banner
(ne) point	not at all
lointain, -e	far away
la veilleuse	night-light
veiller	to keep watch over (usually at night)
la voix	voice
à travers de	through, across
vers	towards
la Ruzizi [ryzizi]	name of a river
le pas	step
baigner	to bathe
le frisson	shiver, shudder, *(here)* wave
nouer	to knot, to tie
le Bénoué [benwe], le Logone [lɔgɔn]	names of rivers
lier	to link, to tie
rugir	to roar, to howl
le Nyaragongo [njaragɔ̃go]	name of a body of water
une	*(here)* single, unique
tumultueux/-euse	tumultuous
la péripétie	event, episode
le bourrelet	bulge
à part	off to the side
à portée de	within the reach of
le siècle	century
de réserve	spare
la force	strength, power
incliner	to incline
la face	face, reverse side
la terre	earth
émietter	to crumble
le pouce	thumb
l'index *m*	index finger
se frotter de	to rub oneself with
nu, -e	nude
vêtu, -e de	dressed in

grandir	to grow up (get bigger)
l'ombre f	shadow
la douceur	softness
bander les yeux	to blindfold
le Midi	the south
découvrir	to uncover; to perceive; to discover
la terre promise	the promised land
haut	high
du haut de	from the top of
calciner	to char
foudroyer	to strike (with lightning)
l'éclair m	flash of lightning
l'aigle m	eagle
mûr, mure	ripe, mature
la chair	flesh
ferme f/m	firm
l'extase f	ecstasy
la savane	savannah (a high, grassy plain)
frémir	to quiver, to rustle
le tamtam	tom-tom drum
sculpter	to sculpt
tendre	to stretch
gronder	to rumble
le vainqueur	victor, conqueror
le contre-alto	contralto
l'aimée f	loved one, beloved
Aimé Césaire [emesezɛr]	French writer born in Martinique
Senghor (Léopold Sédar) [sãgɔr]	Senegalese statesman and writer; since 1974, member of the Académie Goncourt; President of Senegal from 1960 to 1980.

3.1

originaire de m/f	originally from, born in
veuf/veuve	widower, widow
depuis	(here) for
les jumeaux	twins
le stage	training period, training course
cet été-là	that summer
«tomber en amour»	(in Quebec) to fall in love
obtenir	to obtain
l'ingénieur de travaux publics	civil engineer
costaud, -e	strong, husky
barbu, -e	bearded
tout le temps	all the time
il m'a fait aimer le Québec	he made me love Quebec
le Québécois/-se	Quebecers
la job [dʒɔb]	(in Quebec) job
le faire-part	announcement, invitation
féliciter	to congratulate
malgré	despite
les frais m pl	expenses, charges
gagner	to earn
le chantier	work site
élever	to bring up, to raise
ne . . . que	only
le billet d'avion	airline ticket
l'urgence f	urgency
d'urgence	with urgency, immediately
mort, -e	dead

donner de ses nouvelles	to give news about oneself
le bureau de poste	post office
faire du tourisme	travel for pleasure
les Laurentides	mountain range and provincial park in Quebec
je te quitte	(here) I'm going to end the conversation
suivre un cours de langue	to take a language course

le Pays de Galles	Wales
ils pensent rentrer	they plan to come back
en vue mariage	with marriage in view
le professeur de lettres	literature professor
le/la prof	*(slang)* professor
bonne situation	(I have a) good job
(se) marier	to marry
se remarier	to remarry
s'entendre	to get along, to be compatible
le bonheur	happiness
le vœu *m*	wish
tous mes vœux de bonheur	all my wishes for happiness
faire part de qc	to tell about, to inform of

le marié	groom
la mariée	bride
les mariés	the couple
les beaux-parents *m*	in-laws
le gendre	son-in-law
la belle-fille	daughter-in-law
le mariage civil	civil ceremony
le mariage religieux	religious ceremony
le voyage de noces	honeymoon trip
le droit	law
se présenter à un examen	to sit for an exam
réussir	to succeed
réussir à un examen	to pass an exam
échouer	to fail, to miss
échouer à un examen	to fail an exam
une Grande Ecole	*(in France)* an elite school that specializes in one area of study
diplômé, -e	graduate
le/la stagiaire	trainee, intern
l'échange *m*	(conversational) exchange
demander de faire qc	to ask to do something
c'est pour ça	it's for that reason
la naissance	birth
le décès [desɛ]	death
avertir qn	to notify someone
la connaissance	acquaintance
la concordance des temps	sequence of tenses

Chamonix [ʃamɔni]	winter resort in the Alps
prendre quelqu'un pour un chien	*(slang)* to treat someone like a dog
la situation de famille	family status
évidemment *adv*	evidently, obviously

le prix unique	single price
les offres d'emploi	job offers
le rappel	reminder
la mort	death
la suite	events that follow(ed)
la devinette	riddle
c'est à son tour	it's his/her turn
le gagnant	winner

les Pays-Bas *m pl*	the Netherlands
la superficie	area
à vol d'oiseau	as the crow flies, in a straight line
R.F.A. (République Fédérale Allemande)	Federal Republic of Germany
R.D.A. (République Démocratique Allemande)	Democratic Republic of Germany
le rivage	shore
s'échelonner	to be staggered, to be spread out

nourrir	to feed
lutter contre	to struggle against
le froid	cold
au cœur de l'hiver	in the middle of winter
à raison de	at the rate of
les dépenses *f pl*	expenses
le pourcentage	percentage

3.2

la veuve	widow
se retrouver veuve	to find one's self a widow
avoir droit à	to have the right to
les économies *f pl*	savings
à cause de	because of
se recycler	to retrain
repartir à zéro	to start again from zero
l'informatique *f*	computer science, data processing
l'assurance *f*	insurance
l'assurance-vie	life insurance
toucher (de l'argent)	to earn, to get
vous êtes bien installé(e)?	are you comfortable there?
La Côte Ste-Catherine [sɛtkatrin]	residential neighborhood in Montreal
la chambre d'amis	guest room
la laverie	*(here)* laundry room
chauffer	to heat
découragé, -e	discouraged
à part	except for
jusqu'au bout	until the end

le/la biochimiste	biochemist
bilingue *m/f*	bilingual
le service du personnel	personnel office, personnel department
téléphoner pour l'annonce	to telephone about the ad
la carrière	career
l'informaticien/-ienne *m/f*	computer programmer *or* technician
la fille au pair	an au-pair girl (who works in return for room and board)

le pavillon	single-family home (in the suburbs)
la cave	basement
le sous-sol	basement, floor below ground level
le grenier	attic
les dépendances *f pl*	adjacent buildings
prévoir	to predict, to forecast
conclure	to conclude
aménager	*(here)* to build
au-dessous de	below
souterrain, -e	underground
se rattacher à	*(here)* to belong
à l'aide de	with the help of
le fait	fact
autre chose	something else
envisager	to consider
la manière	manner
car	for, because

rêver	to dream
le recyclage	retraining
s'arranger pour	to manage
la vie de tous les jours	everyday life
tuer	to kill
le commissaire	police superintendent
reprenons	*(here)* let's start again from the top
la raison	reason
dépenser	to spend

l'expression imagée	metaphorical expressions
s'appliquer à	to be applied to
maigre *m/f*	skinny
le clou	nail
l'éclair *m*	flash of lightning
bête *m/f*	stupid
l'âne *m*	ass, donkey
depuis bientôt 7 ans	for almost 7 years
descendre de	*(here)* to get off
le Quartier Latin [**kartjelatɛ̃**]	Latin Quarter (area of Paris inhabited by many students)
«Les Mots»	title of Sartre's biography
Jean-Paul Sartre [**sartr**]	French Existentialist philosopher and writer; he lived from 1905 to 1980.
Catherine Deneuve [**katrindənœv**]	French film star
Godard [**gɔdar**]; Truffaut [**tryfo**]	French film directors
c'est le jour de mes 16 ans	it's my 16th birthday
la mémoire	memory
les mémoires *m pl*	memoirs
l'amnésique *m*	amnesiac
corriger	to correct
la joie	joy

le motorhome	mobile home
hormis que	except that, apart from the fact that
la maniabilité	maneuverability
toutefois	yet, nevertheless, however
le genre	kind
lent, -e	slow
sensible *m/f*	sensitive
la vitesse maximale	maximum speed
plutôt	rather
par contre	on the other hand
réel/-elle	real, actual
défaire	to undo
le terrain	*(here)* campsite
aménager	to be equipped with
le terrain de sports	sports field
le branchement électrique	electrical outlet
réclamer	to demand, to require
à proximité de	near
posséder	to possess
suffisant	sufficient
les fournitures *f pl*	furnishings, supplies
le linge de toilette	towels
la vaisselle	dishes
être sur place	to be right there, on the premises
inclus, -e	included
l'accueil *m*	welcome, hospitality
en règle *(f)* générale	as a general rule
accueillir	to welcome
les commodités *f pl*	conveniences
le lieu de séjour	place one is staying at
la technique de secrétariat	secretarial skill
en groupes restreints	in limited groups
disponible *m/f*	available
s'inscrire	to register
communiquer avec	to contact

3.3

bien que + *subj*	although, even though
quotidien/-ienne	everyday
ressembler à	to resemble
une journée type	typical day
il vaut mieux que + *subj*	it's better that
pendant que	while
les céréales *f pl*	cereal

s'en aller	to go away
le bloc	block
il faut que je + *subj*	it is necessary that; I must
aller faire des achats	to go shopping
faire la journée continue	to work straight through the day
la plupart (des)	most
pour que + *subj*	so that, in order that
toucher un chèque	to cash a check
hebdomadaire *m/f*	weekly
le salarié	salaried worker
le char	*(in Canada)* car
usité, -e	used
le «chum» [tʃʌm]	*(in Canada)* friends, pals
souper	*(in Canada)* to have supper
le froid	*(in Canada)* cold
vif/vive	intense, sharp
la tempête	storm
ne pas mettre le nez dehors	not to set foot outside
se garer	to park
le centre d'achat	*(in Canada)* shopping center
recouvrir	to cover
le magasinage	*(in Canada)* shopping
«les vues»	*(in Canada)* the movies

il vous reste encore des places?	do you have any seats left?
l'orchestre *m* [ɔrkɛstr]	orchestra
le balcon	balcony
(une place) de côté	seats off to the side
être de face	to sit in the middle
«Le Bourgeois gentilhomme»	*The Would-Be Gentleman*, by Molière (1622-1673)
séparer	to separate
changer de l'argent	to exchange money
le cours	*(here)* exchange rate

le bain	bath
le gant (de toilette)	washcloth glove
la serviette	towel
brosser	to brush
se brosser les dents	to brush one's teeth
la brosse à dents	toothbrush
le dentifrice	toothpaste
le shampooing [ʃɑ̃pwɛ̃]	shampoo
se coiffer	to comb one's hair
le peigne	comb
se maquiller	to put on makeup
les produits *(m pl)* de beauté	beauty products
souhaitable *m/f*	desirable
inoubliable *m/f*	unforgettable
insupportable *m/f*	unbearable, intolerable, insufferable
paraître	to appear
le quotidien	daily paper
l'hebdomadaire *m*	weekly paper
l'Humanité *f*	daily newspaper of the French Communist party
Paris-Match *m*	weekly news and photo magazine
le Matin	daily newspaper (Paris, northern France)
l'Express *m*	prestigious weekly newsmagazine
Le Monde	liberal daily newspaper of high quality
France-Soir *m*	daily newspaper with the largest circulation in France
Le Provençal	one of the most widely read newspapers of southern France
La Dépêche du Midi	one of the oldest newspapers in France (since 1870)
Le Progrès	important Lyon daily
Le Nouvel Observateur	liberal weekly
Elle *m*	important women's fashion magazine

L'Expansion m	weekly business magazine
Télérama m	TV, radio, and general entertainment guide
Témoignage Chrétien m	Catholic weekly
mensuel/-elle	monthly
trimestriel/-elle	four times a year
semestriel/-elle	twice a year
le rapport logique	logical relationship
l'alcool m	alcohol
la tournure impersonnelle	impersonal expressions
vivre à l'américaine	to live American style
faire 100 m² minimum	to measure at least 100 square meters
un fait hypothétique	a hypothetical fact
disparaître	to disappear
un fait réel	an actual fact

être en forme	to be in shape
compter faire qc	to plan on doing something
réunir	*(here)* to bring together
faire des études supérieures	to do college-level studies
la sortie	exit

le séjour linguistique	staying in a foreign country to learn the language

le don	gift
la réussite	success
raffoler de	to be infatuated with, to be crazy about
se renouveler	to renew itself, to repeat itself
année après année	year after year
éclatant, -e	dazzling, brilliant
le pourpre	purple
l'or m	gold
le feuillage	leaves
l'érable m	maple tree
animé, -e	animated, lively
regorger de	to overflow with, to be crammed with
la terre	earth
la saison théâtrale	theater season
mondain, -e	*(here)* social
le millier	a group of a thousand
l'oie f	goose
sauvage m/f	wild
la marche	step
enneigé, -e	covered with snow
ressortir	to take out again
la souffleuse à neige	snowblower
le sujet	subject
le consommateur	consumer
faire place à	to make way for
le gazon	lawn, grass
la tondeuse à gazon	lawnmower
la pelle	shovel
déblayer	to clear, to clean
exigu, -ë	narrow, small, cramped
atteindre	to reach
la sorte	sort, kind
le matériau	material
la pelle à neige	snow shovel
l'acier m	steel
le grattoir	(ice) scraper
Hachette	important French publishing house with headquarters in Paris
bouleverser	to overturn, to upset
chacun, -e	each, each one, everyone
pester contre	to curse, to complain about

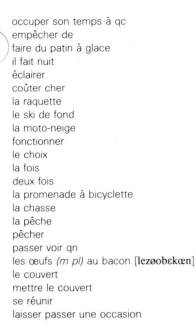

occuper son temps à qc	to spend one's time on something
empêcher de	to prevent
faire du patin à glace	to ice-skate
il fait nuit	it gets dark
éclairer	illuminate
coûter cher	to be costly, to cost a lot
la raquette	snowshoes
le ski de fond	cross-country skiing
la moto-neige	snowmobile
fonctionner	to function, to be on
le choix	choice
la fois	time
deux fois	two times, twice
la promenade à bicyclette	bicycle trip
la chasse	hunting
la pêche	fishing
pêcher	to fish
passer voir qn	to drop by to see someone
les œufs *(m pl)* au bacon [lezøobɛkœn]	bacon and eggs
le couvert	dishes and silverware
mettre le couvert	to set the table
se réunir	to get together, to meet
laisser passer une occasion	to let an opportunity get by

sans intérêt	without interest, uninteresting
difficile	difficult, *(here)* choosy
(re)peindre	to (re)paint

pratiquer un sport	to practice a sport
le club sportif	athletic club
le cyclisme	cycling
par rapport à	in relation to
la veille	day before, eve
l'avant-veille *f*	"day before the day before"
le lendemain	next day
le surlendemain	day after next
être ravi, -e	to be delighted
trouver dommage	to find it too bad, to find it a pity
cuisiner	to cook
le patinage	skating
comment se prononcent-ils?	how are they pronounced?
l'hypothèse *f*	hypothesis
la principale	main clause

entrer en faculté	to begin one's university studies
la carte d'identité	identity card, identification card
être bien accueilli	to receive a good welcome, to be well received
surtout	especially
être très apprécié	to be very favorably reviewed

la Libération	Liberation of the French from German domination during World War II
Foch (Maréchal) Ferdinand [fɔʃ]	French military leader, commander of the Allied forces during World War I
la pièce	*(here)* play
la fête populaire	festival, county fair, folk festival
la grève	strike
la bagarre	scuffle, brawl
la manifestation	demonstration
le défaut	fault, disadvantage, drawback
Alain Bosquet [alɛ̃bɔskɛ]	pseudonym of French writer Anatole Bisk, born in Odessa (U.S.S.R.) in 1919.
le charbon	coal
le corbeau	crow

le Guide Bleu	one of a series of travel guides published in France
le bonhomme	guy, *(in Canada)* old man
le bonhomme de neige	snowman
être entouré, -e de	to be surrounded by
parcourir	*(here)* to travel through, to travel up and down
le bal	ball, dance
le tournoi	tournament, competition
le bloc de glace	block of ice
le palais	palace
durcir	to harden
le défilé	parade
le concert populaire	folk-music concert
le canot	long, open boat
geler	to freeze
la foule	crowd
costumer	to dress up in a costume
retenir	*(here)* to reserve
à l'avance	in advance
le pourvoyeur	purveyor, supplier
le chenal	channel
petits poissons des chenaux	small fish caught in the winter in river channels about 40 miles west of Quebec city
la ligne	*(here)* fishing line
l'appât *m.*	bait
à deux pas	two steps away
le gel	*(here)* freezing weather
au lieu de	in place of, instead of
le millier	a group of a thousand
en principe	in principle, in theory
carrément *adv*	*(here)* firmly
au cours de	in the course of, during
la règle de sécurité	safety rule
quand même	even so, anyway
prendre la chance = prendre le risque	to take the risk
rassembler	to assemble, to bring together
la relationniste	public relations director
l'épaisseur *f*	thickness
à travers	through
le long de	along
la cabane de bois	wooden cabin

3.5

d'ailleurs	besides, furthermore
se réhabituer	to get reaccustomed
fin/fine [fɛ/fin]	*(in Canada)* nice
l'égalité *f*	equality
lutter (contre qc)	to struggle (against something)
s'améliorer	to improve, to get better
peu à peu	little by little
s'intégrer	to integrate one's self
immigrer [imigre]	to immigrate
six mois après	six months after
se faire des amis	to make (oneself) some friends
dès	as soon as, from the time of
faire partie de	to be part of
maudit, -e	damned
tout à fait	completely
la nostalgie du pays [... pɛi]	homesickness
le sentiment	feeling
la racine	root
se prononcer	to be pronounced

nous sommes dimanche	it is Sunday
de garde	*(here)* staying open all night
le bloc-notes	*(literally)* notepad
à cinq minutes	5 minutes from here

aimable *m/f*	nice, likable
tomber en panne	to break down
en pleine campagne	in the middle of the country
le mode de vie	life-style
se plaire	to like, to enjoy
je me plais ici	I'm happy here
côté (logement)	from the standpoint of (housing)
passionnant, -e	very exciting

toucher un salaire	to earn a salary
la misère	poverty
la paye [pɛj]	pay
le salaire de base	base salary
l'heure supplémentaire *f*	overtime hour
le taux	rate
le salaire brut	gross salary
la retenue	withholding
SS (= sécurité sociale)	social security
Mal. (= la maladie)	sickness
Sal. (= le salaire)	salary
plaf. (= le plafond)	ceiling
Vieil. (= la vieillesse)	old age
fonds chômage	unemployment insurance
la retraite complémentaire	supplementary retirement
le cadre	executive, manager
l'assurance *f* veuvage	insurance for widows
le net [nɛt]	net
l'indemnité *f*	allowance, compensation
l'acompte *m*	advance on salary
de nouveau	again, once again
de manière à	so as to, in such a way as to
retourner une carte	to turn a card over
éventuel/-elle	possible
soumettre	to submit
soumise à condition	subject to a condition
la valeur	value
incertain, -e	uncertain
iréel/-elle	unreal
sous-entendu, -e	understood

le beau parleur	good talker
faire le clown	to act like a clown
chinois	Chinese
consister à	to consist of
célèbre *m/f*	famous
la vache	cow
le costume	suit
apprendre la photographie	to learn photography
faire le tour du monde	to take a trip around the world
Jacques Prévert [prevɛr]	popular French poet (1900-1977)

chacun, -e	each, each one
la Loterie nationale	National Lottery
davantage	more, still more
la fée	fairy
le débat	debate, discussion
l'étranger *m*	foreigner, stranger
l'apprentissage *m*	learning period, learning

la restauration	restaurant business
le salon de coiffure	beauty parlor, barber shop
reprocher qc à qn	to blame someone for something
la phrase	sentence
épouser qn	to marry someone

mettre de côté	to put aside
la citoyenneté	citizenship
retirer	to take away
«bien de chez eux»	typically Québécois
l'Acadie f [akadi]	Acadia, southern part of the Canadian Atlantic coast
le sieur [sjœr]	(archaic) Lord, master
le gentilhomme [ʒɑ̃tijɔm]	gentleman
Saintonge [sɛ̃tɔ̃ʒ]	province in western France
le Nouveau-Brunswick [... brœsvik] la Nouvelle-Ecosse [... ekɔs] l'Ile du Prince Edouard [ildyprɛ̃sedwar]	New Brunswick; Nova Scotia; Prince Edward Island
le dérangement	trouble, disturbance
le colon	settler
acadien/-ienne	of or from Acadia
pour la plupart	for the most part
la Louisiane [lwizjan]	Louisiana
le peuplement	population
cajun, -e [kaʒœ̃, kaʒyn]	Cajun (a term that comes from the word "Acadian")
le Poitou [pwatu]	region around Poitiers
le prix Goncourt [gɔ̃kur]	literary prize (awarded annually)
la diaspora	diaspora, dispersed people
propre	own
d'après	according to

Bilan 3

en effectuant	making, carrying out
l'articulation f	link, connection
la locution prépositive	prepositional phrase
rayer	to cross out, to delete
de façon à	so as to, in order to
les termes de liaison (temps)	linking words (time)
la subordonnée conjonctive	subordinate clause introduced by a conjunction

Poèmes et chansons — Poems and Songs

de parole	(here) talkative
la causerie	talk, chat
parfois	sometimes
la vérité	truth
le mensonge	lie
saisir	to seize
emmaillé (à)	spangled (with), studded (with)
tant	so much
tout haut adv	very high
à l'aise	at one's ease
neigeux/-euse	snowy
le désert	desert, wilderness
s'entêter à	to continue stubbornly to
jeter	(here) to build, to establish
les parlers m pl, les dires m pl, les propos m pl, les parlures f pl	remarks, comments, words
la voix	voice
sonore m/f	sonorous, resonant, echoing
jaser	to chatter, to gossip
le perron	flight of steps
le cléon = le poteau	post
la clôture	fence
la demi-saison	between seasons, transitional period
le grément (gréement)	rigging
le labour	work in the fields
l'espoir m	hope
la récolte	harvest
marier	to marry
durcir	to harden
l'écorce f	bark
le cordage	rope

le plain-chant	plainsong (Gregorian chant)
l'amoureux/-euse	lover
attendri, -e	tender
l'air *m*	melody
s'ennuyer	to be bored
la piaillerie	chirping of small birds
les palabres *f pl*	palaver
le sparage = l'agitation *f*	agitation, unrest
arracher l'oreille	to resound in the ear
le patois (dix-septième)	dialect (from the seventeenth century)
faire plaisir	to give pleasure
la sagesse	wisdom
la folie	madness
à l'abri de	protected from, free from
le pas	step
claquer	to slap
la voile	sail
gronder	*(here)* to roar
la chute	(water)fall
rouler	to roll
le baril de poudre	(gun)powder barrel
grandir	to get bigger, to grow
le grain	grain, seed
cogner	to bang, to resound
la falaise	cliff
la débâcle	*(here)* breakup
le siècle	century
l'émigré *m*	emigrants
proche de qc	close to, similar
l'époque *f*	epoch, era, age
connu, -e	known

L'affaire des starlettes

Ouverture du Festival de Cannes

étrange *m/f*	strange, peculiar
mettre en émoi	to throw into a state of agitation
l'ouverture *f*	opening
envahir	to invade
la foule	crowd, mob
le producteur	producer
le metteur en scène	director
le photographe	photographer
encore	again, still
l'espoir *m*	hope
Menton [mãtɔ̃], St-Raphaël [sɛrafaɛl]	cities on the French Riviera
la Croisette [krwazɛt]	promenade along the beach in Cannes
vêtu, -e	dressed
poser	*(here)* to pose
être à l'affût de	stalking, on the lookout for
le bout	*(here)* bit
l'essai *m*	*(here)* screen test
(faire) un bout d'essai	to have a small screen test

Disparition d'une starlette

la disparition	disappearance
disparaître	to disappear
fournir	to furnish, to give, to supply
à son sujet	about her
se mettre en rapport avec	to get in touch with

Faits divers

les faits divers *m pl*	news items
le lotissement	housing estate, neighborhood

le pin	pine
comporter	to comprise, to consist of
une quinzaine	about fifteen
fréquenté, -e	frequented, populated
en effet	in fact, really, actually
à la suite de notre article	after our article
se manifester	to present oneself, to show up, to appear
s'agir de	to be a question of
les P.T.T. (Postes, Télégraphes, Téléphones)	abbreviation for the Post Office
reconnaître	to recognize
apercevoir	to perceive, to see
par ailleurs	in addition, furthermore
le jardinier	gardener
l'enlèvement *m*	kidnapping
en pleine rue	right in the streets
l'hôtelier *m*	hotel owner
cannois, -e	of *or* from Cannes
reparaître	to reappear
ouvrir une enquête	to open an investigation

Encore une disparition

oser	to dare
l'agent *(m)* immobilier	real-estate agent
se battre	to fight
désert, -e	deserted
sur les lieux	on the premises
rapporter	to bring back to
ne . . . aucun, -e	none
la gravité	gravity, seriousness
le ministre de l'Intérieur	Minister of Justice
confier	to entrust

Nous sommes à la préfecture. . .

la préfecture de Nice	police headquarters of Nice
responsable *m/f*	responsible person, authority
le commissaire divisionnaire	division chief
réunir	to assemble, to get together
faire le point	to get one's bearings
titrer	*(here)* to produce a headline
avancer	to advance, to progress
les yeux *(m pl)* fixés sur	eyes fixed on
la lecture	reading
le témoignage	testimony
recueillir	to gather
le dossier	file
le facteur	mail carrier
la tournée	rounds
faire signe	to signal, to wave
l'allée *f*	avenue
donner un rendez-vous	to arrange to meet
fouiller	to search
l'indice *m*	clue
la déposition	deposition, statement
posséder	to own
la camionnette	pick-up truck
lâchez-moi	let me go
se précipiter	to run, to rush
la grille	iron gate
relever	to note
le signalement	description
citer	to cite, to quote
se moquer de	to make fun of, to mock
couper (la parole à) qn	to cut off
éloigné, -e	far away (from the center of town)

le sac à main	handbag, purse
le ménage	household
la scène de ménage	(here) family squabble
le trottoir	sidewalk
domicilié, -e à	living at
à la fin de la matinée	late morning
enlever	to kidnap
faire le tour de	(here) to look at all sides of
le bilan	accounting sheet, summing up
en plein jour	in broad daylight

Le 14 mai, la mystérieuse affaire . . .

résoudre/résolu	to resolve
la présentatrice	presenter, announcer
le journal télévisé	TV newsmagazine, TV news
tout d'abord	first of all
la paix	peace
se souvenir de	to remember
l'énigime f	enigma, mystery
le policier	police officer
mettre fin à qc	to put an end to something
coupable m/f	guilty
à ses côtés m pl	at his side
disparu, -e	disappeared
le coup de pub (publicité)	publicity gimmick
au départ	at the beginning
la séquestration	illegal confinement
réussi, -e	successful
le genre	kind, sort
réaliser	to carry out, to accomplish
s'y prendre	to go about doing something
inconnu, -e	unknown
le personnage	character in a drama
servir à	to serve to, to be used for
entraîner	to drag away, to carry away
jeter	to throw
être mort, -e de peur	to die of fear
l'arme f	weapon, arm
braquer	to aim (a gun)
le projecteur	spotlight
du côté de Vence [. . . vâs]	outside of or near Vence
pousser dehors	to push out
(ré)apparaître	to (re)appear
mener à bien	to lead to a good conclusion
rassurer	to reassure
porter plainte	to lodge a complaint
la une	the first page, (here) the headlines
en fin de compte	in the final analysis, actually
parfaitement adv	perfectly
pareil/-eille	such, like that
tourner un film	to make a movie
être du goût de qn	to be to someone's liking, to be to their taste
l'outrage m	outrage, (here) contempt
le magistrat	judge, (here) court
à juste titre	rightly
l'amende f	fine

Poèmes et chansons / Poems and Songs

l'écran m	screen
la nuit blanche	sleepless night
se faire du cinéma	to make one's own movie, to fantasize
le pognon	(slang) money, dough
(Brigitte) Bardot	French film star
la vedette	star
flancher	to lose one's nerve

prendre sa revanche	to take one's revenge
le gros plan	close-up shot
la hanche	hip
le travelling panorama	traveling shot
le format	size
s'avancer vers	to advance towards, to move towards
la manche	sleeve
crever	to burst, to puncture
y compris	including
Claude Nougaro [klodnugaro]	French popular singer and songwriter (born 1932)
Michel Legrand [miʃɛlləgrã]	French composer of popular music (born 1932)